UNTERRICHTSEINHEITEN
standardbasiert und kompetenzorientiert

Der Nationalsozialismus

Band 2 | Ausgrenzung und Vernichtung

Christian Heuer
Hans-Jürgen Pandel
Gerhard Schneider
(Hg.)

Unterrichtseinheiten: Der Nationalsozialismus
Herausgegeben von: Christian Heuer, Hans-Jürgen Pandel, Gerhard Schneider
Band 2: Ausgrenzung und Vernichtung
Erarbeitet von: Markus Bernhardt, Christian Heuer, Martin Lücke, Vadim Oswalt, Gerhard Schneider

Verlagsredaktion: Götz Schwarzrock

Umschlaggestaltung: Klein & Halm Grafikdesign, Berlin

www.cornelsen.de

Die Links zu externen Webseiten Dritter, die in diesem Lehrwerk angegeben sind, wurden vor Drucklegung sorgfältig auf ihre Aktualität geprüft. Der Verlag übernimmt keine Gewähr für die Aktualität und den Inhalt dieser Seiten oder solcher, die mit ihnen verlinkt sind.

1. Auflage, 2. Druck 2013

© 2010 Cornelsen Verlag, Berlin
© 2013 Cornelsen Schulverlage GmbH, Berlin

Das Werk und seine Teile sind urheberrechtlich geschützt.
Jede Nutzung in anderen als den gesetzlich zugelassenen Fällen bedarf
der vorherigen schriftlichen Einwilligung des Verlages.
Hinweis zu den §§ 46, 52a UrhG: Weder das Werk noch seine Teile dürfen ohne eine
solche Einwilligung eingescannt und in ein Netzwerk eingestellt oder sonst öffentlich
zugänglich gemacht werden. Dies gilt auch für Intranets von Schulen und
sonstigen Bildungseinrichtungen.

Druck: H. Heenemann, Berlin

ISBN 978-3-06-065123-8

 Inhalt gedruckt auf säurefreiem Papier aus nachhaltiger Forstwirtschaft.

Ausgrenzung und Vernichtung — Band 2

Inhaltsverzeichnis

Vorwort 6

Markus Bernhardt
Produzieren für den Krieg
Wirtschaft im Nationalsozialismus 8

1. Sachanalyse – Überblick über den Forschungsstand 9
2. Didaktische Analyse mit Standards und Kompetenzen 14
3. Methodische Überlegungen 16

Arbeitsblätter
1 „Beseitigung der Arbeitslosigkeit" 21
2 Wirtschaftliche Lage der Bevölkerung 24
3 „Kriegsfähigkeit der Wirtschaft" 26
4 Rüstungssteigerung 27
5 Ausbeutung der besetzten Gebiete 30
6 Mitarbeit deutscher Unternehmer und Arbeiter 32
7 „Wunderwaffen" 34
8 Die NS-Wirtschaft im Urteil von Historikern 36
4. Lösungsvorschläge zu den Arbeitsblättern 39
Anmerkungen 42
Literatur 43

Martin Lücke
„Der Mann ein Soldat, die Frau eine Mutter"
Ideologisierung der Geschlechter im Nationalsozialismus 44

1. Sachanalyse – Überblick über den Forschungsstand 45
2. Didaktische Analyse mit Standards und Kompetenzen 47
3. Methodische Überlegungen 49

Arbeitsblätter
1 Idealisierte Männlichkeit 53
2 Körper und Geschlecht 54
3 Arbeit und Geschlechterrollen 56
4 Politische Erziehung 58
5 Antisemitische Hetzkarikaturen 60
6 Geschlechterbilder und Geschlechterpolitik 62
4. Lösungsvorschläge zu den Arbeitsblättern 65
Anmerkungen 69
Literatur 69

Inhaltsverzeichnis

Christian Heuer
Täter, Opfer, Zuschauer
Der Aprilboykott 1933 70

1. Sachanalyse – Überblick über den Forschungsstand 71
2. Didaktische Analyse mit Standards und Kompetenzen 75
3. Methodische Überlegungen 78

Arbeitsblätter
  1 „Deutsche, wehrt Euch!" – Die Aktion 83
  2 Der Boykott 85
  3 Täter, Opfer, Zuschauer? 87
  4 Opferperspektiven 89
  5 Ein stummer Ausschnitt 91
  6 „Davon haben wir nichts gewusst" 92
  7 Aus der Sicht von Historikern 94
  8 Die Jenninger-Rede vom 10. November 1988 98
  9 Reaktionen auf die Rede 100
10 Vergangenheit und Erinnerung 102
4. Lösungsvorschläge zu den Arbeitsblättern 104
Anmerkungen 108
Literatur 109

Vadim Oswalt
Der Völkermord an den europäischen Juden (1939–1945)
„Jede schu derwaren wir den toit" 110

1. Sachanalyse – Überblick über den Forschungsstand 111
2. Didaktische Analyse mit Standards und Kompetenzen 117
3. Methodische Überlegungen 121

Arbeitsblätter
  1 Die ideologischen Grundlagen für den Völkermord 122
  2 Ein Völkermord im europäischen Maßstab 124
  3 Das Schicksal der Sinti und Roma 125
  4 Jüdischer Widerstand 128
  5 Auschwitz – die größte Todesfabrik aller Zeiten 130
  6 Die Täter 133
  7 Ihre Geschichte – unsere Geschichte 135
  8 Singularität des Holocaust? 137
  9 Die Goldhagen-Browning-Debatte 138
10 Das Mahnmal für die ermordeten Juden Europas 141
4. Lösungsvorschläge zu den Arbeitsblättern 143
Anmerkungen 148
Literatur 149

Inhaltsverzeichnis

Gerhard Schneider
Der 9. November als deutscher Erinnerungsort 150

9. November 1848 151
9. November 1918 152
9. November 1923 153
9. November 1938 154
9. November 1989 156
9. November – ein gebrochener Erinnerungsort 158
Stimmen für den 9. November als Nationalfeiertag.................... 161
Stimmen gegen den 9. November als Nationalfeiertag 161
Der 9. November als allgemeiner deutscher Gedenktag?................ 162
Anmerkungen 163
Herausgeber und Autoren... 164
Bildquellennachweis 165

Vorwort

Der Nationalsozialismus ist nach wie vor ein zentraler Unterrichtgegenstand aller Schulformen und wird es auch in Zukunft bleiben. Stärker aber als andere Epochen und Themen des Geschichtsunterrichts ist er in der Geschichtswissenschaft ein äußerst virulentes Forschungsgebiet. Den jeweils neuesten Forschungsergebnissen und aktuellsten Deutungsversuchen ist stets eine große Medienaufmerksamkeit sicher. Die Debatte findet in den unterschiedlichsten wissenschaftlichen und journalistischen Publikationsorganen statt, und es dauert oft mehrere Jahre, bis sie in die Standardwerke Eingang findet. Das macht es für praktizierende Geschichtslehrerinnen und Lehrer schwierig, neben der Unterrichtspraxis die laufenden Debatten zu verfolgen. Schüler – und erst recht die in der Abiturstufe – haben aber ein Anrecht auf den aktuellen Diskussionsstand. Insofern liefern diese Unterrichtseinheiten nicht nur praktikable Unterrichtshinweise, sondern mit ihren Forschungsüberblicken stellen sie auch eine gedruckte Form der Lehrerfortbildung dar.

Das Thema Nationalsozialismus hat so viele Aspekte, die in keinem Unterricht – mögen ihm noch so viele Stunden eingeräumt werden – auch nur annähernd behandelt werden können. Die Einheiten treffen deshalb eine begründete Auswahl aus dem Themenfeld Nationalsozialismus. Sie nehmen den Unterrichtenden die Auswahlentscheidung ab, die manchmal durch fehlendes Material negativ beeinflusst wird. Wenn die Einheiten auch eine begründete Auswahl treffen, so ist damit nicht ausgeschlossen, dass die Unterrichtenden andere Aspekte ihrer eigenen Präferenz aufnehmen können.

Dieser zweite Band der Reihe stellt Ereignisse und Strukturen der nationalsozialistischen Herrschaft dar. An den Themen Wirtschaft, Aprilboykott/Holocaust und Geschlechterverhältnisse sollen Strukturprobleme diskutiert werden. Wirtschaft, „Rasse" und Geschlecht sind „Dauerereignisse" (Strukturen), die sich durch alle zwölf Jahre nationalsozialistischer Herrschaft ziehen. Das Thema Judenverfolgung prägt vom Beginn des Jahres 1933 an bis zum letzten Tage des „Dritten Reiches" die Epoche des Nationalsozialismus. Angesichts der perversen Logik vom Aprilboykott bis zu den Todes-märschen stellt sich erneut die Frage, ob dem ein zielstrebiger „Masterplan" oder ein Prozess „kumulativer Radikalisierung" unterschiedlicher Entscheidungsträger zugrunde lag.

Für die Frage des Verhältnisses von Nationalsozialismus und Wirtschaftseliten hat die Forschung ihren Erkenntnisse vertieft. Anfangs war es ein Bündnis mit partieller Interessenidentität von Partei, Reichswehr und Industrie. Die Gewichte der drei Teilhaber in diesem „Machtkartell" verschoben sich aber innerhalb der zwölf Jahre. „Politik und Wirtschaft, Ideologie und materielle Interessen" blieben jedoch „untrennbar miteinander verknüpft" (Kershaw). Die drei Stränge („Strukturlagen") verschränkten sich zudem wechselseitig. Die Wirtschaft profitierte sowohl von der Arisierung als auch von der militärischen Expansion nach Österreich, in die Tschechoslowakei und später in die Sowjetunion. Andererseits wurden die Konzentrationslager zu einem eigenen SS-Wirtschaftssystem ausgebaut.

Auch die Geschlechterpolitik verschränkte sich mit Rasse- und Wirtschaftspolitik. Das ideologische Ziel – die Frau als reine Hausfrau – ließ sich während des Krieges nicht durchhalten. Die Frauen mussten während des Krieges in den Betrieben die männlichen Arbeiter ersetzen. Auf den im bisherigen Unterricht wenig beachteten Aspekt der Verschränkung von Geschlechter- und Rassenpolitik wird in diesem Band besonderes Gewicht gelegt.

In einem Essay wird am Beispiel des 9. Novembers das Konzept der Erinnerungsorte dargestellt. Curricular gesehen stellen Erinnerungsorte Rückgriffe dar. Vermutlich haben sie deshalb im Geschichtsunterricht bisher so wenig Fuß gefasst. Der Beitrag „Der 9. November als deutscher Erinnerungsort" macht einen Vorschlag, wie dieses Thema in den Geschichtsunterricht integriert werden kann.

In der Geschichtskultur sind die Jahre des Nationalsozialismus in Film, Theater, Belletristik und bildender Kunst prominent vertreten – mit einer einzigen Ausnahme: der Wirtschaft. Sie ist kein Thema der Geschichtskultur. Hier setzt sich das fort, was im Geschichtsunterricht beginnt. Eine Lehrplanauswertung zeigt, dass wirtschaftsgeschichtliche Themen nur mit knapp 15 Prozent in den „Bildungsplänen" vertreten sind.

Die didaktische Konzeption dieser Reihe orientiert sich an den bildungspolitischen Gegebenheiten „nach Pisa", die über Richtlinien und KMK-Beschlüsse den Unterricht neu organisieren wollen. Standards sollen von Anfang an festlegen, was Schülerinnen und Schüler lernen sollen, um zu überprüfbaren Lernergebnissen zu kommen. Vorformulierte Standards haben den Vorteil, dass man das Ergebnis des Unterrichts an ihnen messen kann. Sie haben aber auch den Nachteil, dass sie Spontaneität und Interessen der Schüler beeinträchtigen. Die neue – besser: neu entdeckte – Lernzielgruppe *Kompetenzen* sollen den Schülern diejenigen Fähigkeiten, Fertigkeiten, Regeln, Techniken und Methoden vermitteln, die ihnen auch später als Erwachsene beim Umgang mit Geschichte von Nutzen sein sollen. Das Bewährungsfeld von Kompetenzen ist nicht allein die Schule, sondern auch das Alltagsleben.

Die in diesem Band mitgelieferten Lösungshinweise zu den Arbeitsaufträgen stellen kleine Erwartungshorizonte dar, die natürlich jeweils nach unterrichtlicher Situation und Schwerpunktsetzung erweitert und abgewandelt werden können.

Die Herausgeber

Markus Bernhardt

Produzieren für den Krieg

Wirtschaft im Nationalsozialismus

1. Sachanalyse – Überblick über den Forschungsstand

Die Wirtschaftsgeschichte des „Dritten Reiches" war bis vor kurzem nur wenig erforscht.[1] Man gab sich lange mit groben makrowirtschaftlichen Erklärungen zufrieden und betonte entweder den „Primat der Wirtschaft" oder den „Primat der Politik".[2] Die neuerliche Hinwendung zu wirtschaftsgeschichtlichen Zusammenhängen wurde durch Götz Alys Buch im Jahr 2005 ausgelöst. Dessen These, Hitler habe sich mit finanziellen Zuwendungen und Vergünstigungen die Zustimmung seiner „Volksgenossen" mit einer „Gefälligkeitsdiktatur" erkauft, wurde äußerst kontrovers diskutiert.[3] Demgegenüber bezeichnete der britische Wirtschaftshistoriker Adam Tooze in seiner 2007 erschienenen Monographie über die Wirtschaft im Nationalsozialismus Hitlers Herrschaft als „Mobilisierungsdiktatur".[4] Bei allen Gegensätzen betonen beide, dass Hitlers politisches Gesamtkonzept viel stärker mit wirtschaftlichen Überlegungen verschränkt gewesen sei, als man bislang angenommen hatte.

1.1 Die NS-Wirtschaft bis 1939

Ein wesentlicher Aspekt für die Beurteilung der NS-Wirtschaft sind die ökonomischen Voraussetzungen, die die Nationalsozialisten in Deutschland vorfanden. Entgegen dem hartnäckigen Vorurteil, Deutschland sei in den 1930er-Jahren eine „wirtschaftliche Supermacht in Wartestellung" gewesen, haben neuere Untersuchungen ergeben, dass der „Mythos der wirtschaftlichen Unbesiegbarkeit", begründet durch Markennamen wie Thyssen, Krupp, Siemens oder IG Farben, aufs Ganze gesehen unbegründet ist. Denn „das deutsche Pro-Kopf-Volkseinkommen war in den dreißiger Jahren des 20. Jahrhunderts durchweg mittelmäßig gewesen, nach heutigen Begriffen vergleichbar mit dem des Irans oder Südafrikas. Der Konsumstandard [der] Mehrheit der deutschen Bevölkerung war bescheiden […]. 15 Millionen Menschen verdienten ihren Lebensunterhalt nach wie vor mit einem traditionellen Handwerk oder in der Landwirtschaft."[5]

In Schulbüchern wird häufig der Eindruck erweckt, die deutsche Gesellschaft der 1930er-Jahre sei ähnlich modern strukturiert wie die heutige gewesen. Das führt in der Regel zu einer Überschätzung der wirtschaftspolitischen Maßnahmen der Nazis. Zum Beispiel hatte der immer wieder als gesellschaftspolitische Wohltat gepriesene Autobahnbau für die meisten Deutschen keinerlei Nutzen, da sich kaum eine Familie den Besitz oder den Unterhalt eines Autos leisten konnte.[6]

Foto auf S.8: Ein Panzer rollt in einer Berliner Rüstungsfabrik vom Fließband, nach 1939

Autobahnen

„Die Autobahnen sind keine Erfindung Adolf Hitlers. Die Bezeichnung ‚Straßen des Führers' ist lediglich eine Wendung der Goebbel'schen Propaganda. In nahezu allen Industrieländern der Welt wurden in den zwanziger Jahren umfangreiche Straßenbaupläne erarbeitet. Als Vorbilder galten die Mailänder ‚Autostrada' (gebaut 1922–23) und die amerikanischen ‚Highways'. Auch im Deutschland der Weimarer Republik besaßen diese Pläne einen nicht geringen Stellenwert. Der ‚Verein zur Vorbereitung der Autostraße Hamburg–Frankfurt–Basel' (Hafraba) legte bereits 1927 einen umfassenden Entwurf für ein Autobahnnetz in Deutschland vor, nur die wirtschaftliche Rezession verhinderte die schnellere Realisierung der meisten Pläne. Auch ist der Autobahnneubau schon 1932 an der Verbindung Köln–Bonn als Arbeitsbeschaffungsmaßnahme praktiziert worden. Zudem sind 130 000[7] Arbeitsplätze bei fast 1,8 Mio. Arbeitslosen im Jahre 1936 nicht überzubewerten. Neu am nationalsozialistischen Autobahnbau war vor allem die Tatsache, dass die Arbeitsbeschaffungsmaßnahmen zum großen Teil über die ‚Reichsanstalt für Arbeitsvermittlung und Arbeitslosenversicherung', also mit Arbeitnehmergeldern, finanziert wurde."[8]

Abb. 1: Arbeiter kurz vor der Fertigstellung eines Autobahnabschnittes, 1936. Zur Senkung der Arbeitslosenzahlen wurde bewusst auf den Einsatz von Maschinen verzichtet. 1933 waren etwa 1000 Arbeiter beim Autobahnbau beschäftigt, 1934 38 000, auf dem Höhepunkt 1936 130 000.

Hitler äußerte sich zu dem Problem des Wohlstandes einem Journalisten gegenüber: „Ich habe den Ehrgeiz, das deutsche Volk reich, das deutsche Land schön zu machen. Ich möchte, daß der Lebensstandard des Einzelnen gehoben wird."[9] Misst man das Ergebnis dieses Vorhabens an den Zahlen der Zeit bis 1939, kann man nur von einem Scheitern sprechen, da sich die Lebensumstände der Mehrheit der Deutschen nicht verbesserten. Dennoch wird das „Dritte Reich" bis zum Kriegsausbruch nicht nur von Zeitgenossen als nationalsozialistisches „Wirtschaftswunder" verklärt. Das liegt daran, dass die meisten Deutschen die Zeit von 1933 bis 1939 als Kontrast zur trostlosen Phase der vorangegangenen Weltwirtschaftskrise erlebten, in deren Folge Millionen Deutsche arbeitslos waren oder sich durch Arbeitslosigkeit bedroht fühlten. Genau diese Massenarbeitslosigkeit war aber bis 1936 praktisch verschwunden. Das Gefühl, einen sicheren Arbeitsplatz zu besitzen, verschaffte den Nazis eine Art Vertrauensvorschuss in der Bevölkerung. Flankiert wurde dieses Grundgefühl vieler Zeitgenossen durch die nationalsozialistische Propaganda, die nicht nur jeden eröffneten Autobahnkilometer frenetisch bejubeln ließ, sondern vor allem vorgab, die deutsche Klassengesellschaft in der organisierten „Volksgemeinschaft" aufheben zu wollen. Das gewährte vielen das Gefühl von Gleichheit, das für Befriedigung sorgte.

Hitler glaubte, die Eroberung von „Lebensraum" sei ein Mittel, das Niveau des Pro-Kopf-Einkommens in Deutschland zu heben. Aus seiner Sicht war daher „eine aggressive, auf militärischer Stärke beruhende Außenpolitik die einzig mögliche Ausgangsbasis für wirtschaftlichen Erfolg".[10] Gemäß seinen weltanschaulichen Grundüberzeugungen sah Hitler das deutsche Volk in einem Entscheidungskampf, der angeblich zwischen der arischen und der jüdischen Rasse tobe. Es war Hitler bewusst, dass gerade die Vereinigten Staaten, nach seiner Auffassung der Kopf der „jüdischen Weltverschwörung", dem Deutschen Reich ökonomisch um Längen überlegen waren. Diese ökonomische Überlegenheit, so glaubte Hitler, beruhe auf den unermesslichen Ressourcen, die den Amerikanern aufgrund ihres großen Landbesitzes zur Verfügung stünden. Diese Art von wirtschaftlicher Selbstversorgungsfähigkeit (Autarkie) strebte Hitler auch für Deutschland an. Sie lag aber nicht auf dem Gebiet des existierenden Reiches, nicht einmal in den Grenzen von 1914, sondern sie lag seines Erachtens in den Weiten Russlands, auf die die Deutschen ein Anrecht hätten.[11] Vor diesem Hintergrund ist zum einen der gigantische Umfang der Aufrüstung zu verstehen und zum anderen das ungeheure Tempo, in dem sie vonstatten ging. Nahezu jede verfügbare materielle oder finanzielle Ressource sollte der Aufrüstung zufließen.[12]

Der momentane Streit unter den Historikern geht darum, wem das NS-Regime die Kosten für diese Mobilisierung aufgebürdet hatte. Götz Aly vertritt die Meinung, dass dies in erster Linie die Bevölkerung der von Hitlers Raubkrieg betroffenen Staaten und die europäischen Juden waren, die ausgeplündert und ermordet wurden, um die Belastungen für die deutsche Bevölkerung möglichst gering zu halten.[13] Auf der anderen Seite argumentiert Adam Tooze, dass nach seinen Berechnungen die Deutschen den größten Teil der Lasten selbst getragen hätten und sie auch nicht durch steuerliche Vergünstigungen besonders pfleglich behandelt worden seien.[14] Unstrittig ist es, dass die NS-Regierung die durch die Aufrüstung verursachte enorme Verschuldung mit der erhofften Kriegsbeute kompensieren wollte.

1.2 Kriegswirtschaft

Der Versuch Hitlers, in der Rüstung die Sowjetunion und die Westmächte bis Kriegsbeginn zu überflügeln, war fehlgeschlagen. Da Großbritannien, Frankreich, die Vereinigten Staaten und auch die Sowjetunion ihre Rüstungsmaßnahmen verstärkten, wurde Hitler mit einer plötzlichen Verschiebung des Kräfteverhältnisses konfrontiert. Um in einem Krieg überhaupt Aussicht auf Erfolg zu haben, sah er sich nicht zuletzt deshalb zum Handeln gezwungen.[15]

Zu Beginn des Krieges bestand neben der Rüstungsindustrie eine Konsumgüterindustrie, die Waren für die Bevölkerung produzierte. In der Heimat sollte nicht wie während des Ersten Weltkriegs das Gefühl der nackten Not aufkommen.[16] Um die Rüstungsmaßnahmen zu koordinieren, wurde am 17. März 1940 das Reichsministerium für Bewaffnung und Munition unter Fritz Todt gebildet. Hier lag der Ausgangspunkt für eine immer weitgehendere Zentralisierung der Wirtschaft, die dann unter Albert Speer in der „Organisation der Selbstverantwortung der Industrie" (Q 10) ihren Höhepunkt fand. Die Unternehmer in dieser Organisation waren zwar „frei", betriebswirtschaftliche Entscheidungen zu treffen, aber es ging dabei ausschließlich um die Erreichung der Ziele, die die NS-Führung setzte.

Die „Blitzkriege" bis 1941 waren auch deshalb im Sinne des NS-Regimes, weil sie die ökonomischen Ressourcen am meisten schonen. Nach dem – unerwartet schnellen – Sieg gegen Frankreich war der Plan entstanden, Feldzüge grundsätzlich durch schnelles und hartes Zuschlagen rasch zu entscheiden. Die Soldaten der kämpfenden Truppe sollten anschließend in die Heimat zurückgeführt werden, um wieder in der Rüstungsproduktion zu arbeiten.[17] Der gescheiterte Blitzkrieg gegen die Sowjetunion führte zum Zusammenbruch dieser Strategie.

Seit August 1939 wurden Lebensmittel, Kleidung, Energie und Grundstoffe über ein Kartensystem rationiert. Nahrungsmittel waren nur deshalb in ausreichender Menge vorhanden, weil sie aus den besetzten Ländern rigoros dem deutschen Markt zugeführt wurden. 1942 mussten wichtige Grundnahrungsmittel gekürzt und 1945 in zunehmendem Maße durch Ersatzstoffe ausgetauscht werden. Um es deutlich zu sagen: Die deutsche Be-

Abb. 2: Entgegen den öffentlichen Bekundungen, die Frauen auf ihre „wesensmäßigen Aufgaben" als Hausfrauen und Mütter zu beschränken, griffen die Nationalsozialisten im Verlauf des Zweiten Weltkriegs selbst in der spezialisierten Rüstungsindustrie zunehmend auf Frauen zurück.

Die Rüstungsproduktion der Achsenmächte und der Alliierten von 1942-1944 (in 1 000)

	Gewehre	Maschinen-pistolen	Maschinen-gewehre	Geschütze	Mörser
USA	10 714	1 685	2 291	512	61,6
Großbritannien	2 052	3 682	610	317	65,3
Sowjetunion	9 935	5 301	1 254	380	306,5
Alliierte insg.	22 901	10 868	4 155	1 209	433,4
Deutschland	6 501	695	889	262	66,0
Italien			83	7	11,3
Japan	1 959	3	341	126	4,3
Achsenmächte insgesamt	8 460	698	1 313	395	81,6
Alliierte/Achse	2,7	15,6	3,2	3,1	5,3
Alliierte/Deutschland	3,5	15,6	4,7	4,6	6,6

	Panzer	Kampf-flugzeuge	Große Schlacht-schiffe	BIP (in PPP$)* 1941	BIP (in PPP$)* 1944	Stahlproduktion (in 1000 Tonnen) 1939	Stahlproduktion (in 1000 Tonnen) 1944
USA	86	153,3	6 755	1 094	1 499	55 731	81 321
Großbritannien	20,7	61,6	651	344	346	13 716	12 337
Sowjetunion	77,5	84,8	55	359	495	18 796	16 350
Alliierte insg.	184,2	299,3	7 461	1 797	2 340	88 243	110 008
Deutschland	35,2	65,0	703	412	437	21 528	24 218
Italien	2,0	8,9	218	144	137	2 283	1 025
Japan	2,4	40,7	438	196	189	6 693	6 366
Achsenmächte insgesamt	39,6	114,6	1 359	752	763	30 504	31 609
Alliierte/Achse	2,7	2,6	5,5	2,4	3,1	2,9	3,5
Alliierte/Deutschland	5,2	4,6	10,6	4,4	5,4	4,1	4,5

Aus: Adam Tooze: Ökonomie der Zerstörung. Die Geschichte der Wirtschaft im Nationalsozialismus, München 2007, S.734f.
Quelle: Statistisches Handbuch, S.292, M. Harrison (Hg.): The Economics of World War II, Cambridge, 1999, S.17

*Purchasing Power Parity (Kaufkraftparität)

völkerung wurde durch das bewusste Inkaufnehmen des massenhaften Todes der Zivilbevölkerung in den besetzten Gebieten ernährt (Q 10 und Q 12). Der starke Anstieg der Ermordungen der Juden im Generalgouvernement im Jahr 1942 wird ebenfalls mit der Ernährungsproblematik in Zusammenhang gebracht. Mit den auf diese Weise in den besetzten Gebieten „eingesparten" Lebensmitteln ließ sich die Ernährung der Arbeitskräfte in den Fabriken des Reiches annähernd stabil halten. Dennoch kam es gegen Ende des Krieges zu Ernährungsengpässen.

Seit der Wende im Krieg gegen Russland im Jahr 1942 und dem Eintritt der USA in den Krieg stand dem Deutschen Reich ein deutlich überlegenes wirtschaftliches und militärisches Potenzial gegenüber. Allen Deutschen, die bis dahin verantwortlich an der Organisation des Rüstungswesens beteiligt gewesen waren, war dieser Umstand bewusst. In dieser Phase des Krieges trat eine Riege neuer Männer auf den Plan, die Hitler kompromisslos ergeben waren und eine Wirtschaftspolitik betrieben, die dem Konzept des „totalen Krieges" von Joseph Goebbels entsprach. Zu ihnen gehörten Albert Speer[18], Fritz Sauckel[19] und Herbert Backe[20], die ohne die geringsten moralischen Bedenken den Tod von Millionen Menschen in Kauf nahmen, um mithilfe der schärfsten diktatorischen Zwangsmaßnahmen die Funktionsfähigkeit der Kriegs- und Vernichtungsmaschinerie des „Dritten Reiches" aufrechtzuerhalten.

Speers so genanntes Rüstungswunder seit 1942 beruhte auf vielen Einzelmaßnahmen und seinen diktatorischen Möglichkeiten, produktionshemmende „Reibungsverluste" möglichst auszuschließen. Speer startete eine Rationalisierungskampagne, die ausschließlich die Steigerung der Rüstung im Auge hatte. Nicht produktiv arbeitende Fabriken wurden geschlossen und die freigesetzten Arbeiter den produktiven Werkstätten zugewiesen. Firmen mit ressourcenschonendem Fertigungs-Know-how mussten ihre „Betriebsgeheimnisse" an andere Unternehmen weitergeben. Hunderttausende von Arbeitssklaven aus den besetzten Gebieten wurden unter der Leitung von Sauckel deutschen Rüstungsbetrieben zugeführt. Damit erreichte man bis 1943 eine erhebliche Steigerung des Rüstungsausstoßes. Einige Unternehmer begrüßten die Entrechtung der Arbeiter und die Zwangsarbeit (Q9), andere waren nicht glücklich darüber, dass sie ihren Betrieb vollständig Speer unterstellen mussten. Speer und Hitler versuchten dahingehende Vorbehalte von Unternehmern mit Profitaussichten nach dem „Sieg" zu entkräften (Q 14).

Durch die angloamerikanischen Flächenbombardements wurde die Rüstungsproduktion 1943 für sechs Monate gehemmt. 1944 zog ihr Tempo wieder an. Die Kosten dieser Steigerung bestanden in der gnadenlosen und mörderischen Ausbeutung der besetzten Gebiete und in der kosten- und materialsparenden Massenproduktion von Waffen in allen Fabriken im Machtbereich der Nationalsozialisten. Organisiert wurde dieser letzte und erfolglose Versuch, „gegen die amerikanische Massen-

Abb. 3: V2-Raketen wurden im Stollen von Mittelbau-Dora in der Nähe von Nordhausen im Südharz von Zwangsarbeitern und KZ-Häftlingen unter unmenschlichen Bedingungen produziert. In dieser Außenstelle des KZ Buchenwald wurden ca. 20 000 Menschen durch Arbeit und schlechte Behandlung zugrunde gerichtet.

produktion anzutreten", von einem in Speers Ministerium befindlichen Leitungsorgan mit dem Namen „Jägerstab" (D 3).

Die technologische Auseinandersetzung mit den Westalliierten um neue Waffen hatten die deutschen Rüstungsfabriken allerdings bereits verloren.[21] Denn in den Werkhallen wurde 1944 überwiegend veraltetes Kriegsgerät produziert. Das Regime versuchte diese Niederlage durch die Entwicklung von „Wunderwaffen" zu überspielen, die dem Krieg gewissermaßen in letzter Minute noch die Wende bringen sollten. Am bekanntesten sind die Flügelbombe V1 und die Rakete V2. Strategisch waren sie wenig erfolgreich, aber sie weckten in Teilen der deutschen Bevölkerung die Illusion, dass der Krieg 1944/45 noch zu gewinnen sei (Q 18–20).

V 1 und V 2
Von der V 1 wurden etwa 32 700 Exemplare produziert. Davon wurden nur zwei Drittel an der Front verschossen. Zudem waren sie weder zielgenau noch zuverlässig. Lediglich 13 000 dieser Geschosse trafen im Zielgebiet ein. Erfolgversprechender war die erste ballistische Rakete V 2, die in einer unterirdischen Fabrik in Mittelbau-Dora bei Nordhausen (Thüringen) von ca. 30 000 Zwangsarbeitern und KZ-Häftlingen unter mörderischen Bedingungen produziert wurde (Q 21, 22). Zwischen Januar 1944 und März 1945 verließen etwa 6 500 Raketen die Werkstätten, 3 170 wurden an der Front verschossen. Das Problem dieser technisch höchst anspruchsvollen Waffe bestand darin, dass sie „trotz des gewaltigen Aufwandes an Intelligenz und Material"[22] nur 976 kg Sprengstoff tragen konnte. Eine Abwehr dieser Waffe war mit den damaligen Mitteln nicht möglich, aber die Wirkung dieser Waffen war äußerst bescheiden.

---

2. Didaktische Analyse mit Standards und Kompetenzen

Die didaktische Analyse hat also bei dem vermuteten Gegenwartsverständnis der Schülerinnen und Schüler anzusetzen. Man kann davon ausgehen, dass manche Schüler den Mythos vom Autobahnbau und von der Abschaffung der Arbeitslosigkeit durch zivile Arbeitsbeschaffungsmaßnahmen vorbringen. Dieses Alltagswissen ist in der Stunde aufzugreifen. Im Zentrum der Stunde steht also die Frage, mit welchen Mitteln die Nationalsozialisten die Arbeitslosigkeit beseitigten und ob sie dabei das Wohl der Bevölkerung im Auge hatten. Die Behandlung des Themas zielt auf die Korrektur von Legenden, die bei Älteren noch vorhanden sind, und versucht Verständnis dafür zu wecken, dass bestimmte historische Ereignisse nur in einem größeren Kontext bewertet werden können.

Das Thema sollte in die Unterthemen „NS-Wirtschaft bis 1939" und „Kriegswirtschaft" aufgeteilt werden.

2.1 Die NS-Wirtschaft bis 1939

Dieses Thema ist Teil der deutschen Geschichtskultur. Denn im kommunikativen und kulturellen Gedächtnis der Deutschen haben die angeblichen „Wohltaten" des Nazi-Regimes einen festen Platz. Ob es nun um die Autobahnen, den Volkswagen, die angeblich niedrige Kriminalität oder die besondere Wertschätzung der (Haus-)Frauen geht, sämtliche dieser „Geschichten" sind erwiesenermaßen Mythen, die lediglich die Nazi-Propaganda reproduzieren. Gleichwohl halten sie sich mit großer Hartnäckigkeit und unter völliger Vernachlässigung der Gegenbeweise, die für alle diese Mythen existieren.[23]

> *Standards*
> - *Die Schülerinnen und Schüler nennen die grundlegenden Maßnahmen der nationalsozialistischen Wirtschaftspolitik und können diese der von der NS-Führung betriebenen Aufrüstungs- bzw. Kriegspolitik zuordnen. (AFB 1)*
> - *Die Schülerinnen und Schüler weisen nach, dass die Maßnahmen der NS-Wirtschaftspolitik propagandistisch aufgeladen waren und die damit verbundenen staatlichen Eingriffe in die Wirtschaft als „Wohltaten" für die Volksgemeinschaft bzw. als unvermeidbare Notwendigkeit zur Erlangung zukünftigen Wohlstandes verbrämt wurden. (AFB 2)*
> - *Die Schülerinnen und Schüler analysieren die Maßnahmen, die zur Steigerung der deutschen Produktion im Krieg geführt haben und können diese als Teil der menschenverachtenden Politik der Nationalsozialisten erklären. (AFB 2)*
> - *Die Schülerinnen und Schüler bewerten die Wirtschaftspolitik als untrennbaren Teil der nationalsozialistischen Ideologie, die nicht in gute und schlechte Seiten aufgespalten werden kann. (AFB 3)*

Die Erklärung liegt darin, dass viele Deutsche der Meinung sind, man könne die „guten" Seiten der Nazi-Diktatur, für die gewöhnlich die Jahre 1933 bis 1938 veranschlagt werden, von den „schlechten" Seiten trennen, die dann seit 1939 zum Vorschein kamen. Tatsächlich entspricht diese Trennung dem subjektiven Erleben vieler Zeitgenossen. In Wahrheit ging es Hitler nie primär um den Wohlstand der Deutschen, sondern um den „Endkampf" zwischen den „Rassen". Aus diesem Grund kann man auch keine „guten" von „schlechten" Seiten oder „Friedensjahre" von „Kriegsjahren" trennen. Die Aufstellung einer schlagkräftigen Armee war schon das Hauptziel in den so genannten Friedensjahren.

2.2 Kriegswirtschaft

Hier sollte sich ganz der Frage gewidmet werden, auf welche Weise es der deutschen Kriegswirtschaft gelungen war, die Produktion trotz des Bombardements der alliierten Luftflotten aufrechtzuerhalten, ja sogar noch zu steigern. Das führt schließlich zur Frage, warum der Krieg verloren ging beziehungsweise gar nicht gewonnen werden konnte. Auch hier gibt es zahlreiche Mythen in den Köpfen nicht weniger Deutscher. Besonders hartnäckig hält sich der Mythos, die im Grunde technische Überlegenheit deutscher Ingenieurskunst sei durch militärische und politische Fehlentscheidungen verspielt worden. Unterstellt wird, dass mit richtigen Entscheidungen dem Krieg eine Wende hätte gegeben werden können.[24] Bei der Bearbeitung dieser Frage sollte man seinen Blick weniger auf technologische Details als auf strukturelle Eigenheiten der deutschen Kriegswirtschaft richten, um einen realistischen Blick auf die deutschen Erfolgschancen im Krieg zu gewinnen.

Der Kern der didaktischen Überlegungen bezieht sich auf die zweite Hälfte des Krieges, weil die strukturellen Eigenheiten der NS-Kriegswirtschaft dort am besten greifbar werden. Hier ging es um eine brutale und von keinen moralischen Bedenken regulierte Mobilisierung noch der letzten Ressourcen für den mörderischen Rassenkrieg der Nationalsozialisten – obwohl der Krieg strategisch bereits verloren war.

Kompetenzen	
Die Schülerinnen und Schüler können …	
Interpretationskompetenz	• eine Strukturskizze zu einer Quelle anfertigen und damit wesentliche Aussagen extrahieren. Sie sind in der Lage, Quellen mit zusätzlichen Informationen zeitlich einzuordnen und die Aussageabsicht des Quellenautors kritisch zu analysieren;
Gattungskompetenz	• die Propagandawirkung von bildlichen und schriftlichen Quellen erfassen und beschreiben. Sie können den Unterschied zwischen schriftlichen Quellen und Darstellungen erkennen und benennen;
Narrative Kompetenz	• können die Bedeutung der Arbeitslosigkeit in den Jahren 1933 bis 1938 darstellen;
Geschichtskulturelle Kompetenz	• Legenden, Lügen und Vorurteile in der öffentlichen Debatte über den Nationalsozialismus widerlegen.

3. Methodische Überlegungen

3.1 NS-Wirtschaft bis 1939

„Das war ja das Erstaunlichste, dass bei Hitler die Arbeitslosigkeit innerhalb von einem Jahr verschwunden war".[25] Diese Erinnerung eines Zeitgenossen an die Jahre 1933/34 kann mündlich vorgetragen werden und soll neben einer grafischen Darstellung der Arbeitslosenzahlen zwischen 1928 und 1933 (M 1) den Stundeneinstieg bilden (Arbeitsblatt evtl. auf Folie). Die Schülerinnen und Schüler sollen anhand des Materials diskutieren, wie es zu dieser nicht der Wahrheit entsprechenden Erinnerung gekommen ist und was das für die Beurteilung der nationalsozialistischen Herrschaft bedeutet. Dabei kann thematisiert werden, dass bereits die Tatsache des Rückgangs der Arbeitslosigkeit nach den Jahren des ständigen Anstiegs bei den meisten Deutschen ein Gefühl der Zufriedenheit bewirkt und die Zustimmung zu Hitlers Regierung außerordentlich erhöht hat. Wer in dieser Situation auf Rechtsverletzungen und Ähnliches hinwies, machte sich schnell zum nörgelnden Außenseiter. Darüber hinaus kann man besprechen, dass persönliche Erinnerungen das Geschehen zumeist nur ausschnitthaft wahrnehmen und extrem perspektivisch sind.

Mit Q 1 kann erarbeitet werden, welche Bedeutung der Besitz eines Arbeitsplatzes hatte und welche politischen Konsequenzen dies für die Regierung Hitler haben konnte. Dabei ist allerdings darauf zu achten, dass in den Deutschland-Berichten eine Tendenz herrscht, die ablehnenden Stimmen in der Arbeiterschaft gegenüber dem Nationalsozialismus überzubewerten.

Unstrittig ist, dass es zwischen 1933 und 1939 zu einem starken Rückgang der Arbeitslosigkeit gekommen ist. Die Schülerinnen und Schüler werden nun zur Hypothesenbildung aufgefordert: „Was wisst ihr über die Ursachen, die für den Rückgang der Arbeitslosigkeit verantwortlich sind?" Vermutlich wird in dieser Phase alles Mögliche genannt werden. Die Lehrkraft kann zur Schulung von Methodenorientierung die Schülerinnen und Schüler auffordern, sich Gedanken darüber zu machen, wie und wo Informationen zu dieser Frage erhältlich sind. Unter Umständen muss man in diesem Zusammenhang auf problematische Websites im Internet hinweisen und die

Seriosität von Handbüchern betonen, die man in öffentlichen Bibliotheken erhält. Denn häufig werde ja behauptet, durch den Autobahnbau hätten die Nationalsozialisten die Arbeitslosigkeit beseitigt. Das gilt es zu überprüfen.

Bei der Erarbeitung soll zunächst das Propaganda-Bild von der Eröffnung der ersten Autobahnstrecke durch Hitler im Jahr 1935 (Q2) gezeigt werden. An dieser inszenierten Aufnahme kann man besonders gut die Wirkung der NS-Propaganda erkennen. Die üblichen Accessoires solcher Veranstaltungen fallen ins Auge: Fahnen, viele Zuschauer, grüßende SA-Leute, der Führer stehend im Cabrio, glänzende Luxuskarossen, Fotografen, Filmteams der Wochenschau, organisierte Begeisterung, eher ziviler Charakter. Es soll deutlich werden, dass sich die Nationalsozialisten dem Autobahnprojekt mit besonderer Hingabe widmeten. Tatsächlich war Hitler ein Autonarr und bewunderte die Vereinigten Staaten, in denen es bereits zu Beginn der 1930er-Jahre einen hohen Motorisierungsgrad der Bevölkerung gab. In Deutschland hingegen gab es 1932 gerade einmal 486 000 Pkw; in Berlin waren es knapp 51 000. Das war verschwindend wenig im Vergleich zu den 1,2 Millionen, die heute allein in Berlin unterwegs sind. Dazu kommt, dass der überwältigende Teil der zugelassenen Kfz in den dreißiger Jahren Firmen- oder Behördenwagen waren. Bis zum Ende der NS-Herrschaft wurde diese Quote nicht wesentlich gesteigert, weil Autos gemessen am durchschnittlichen Familieneinkommen einfach zu teuer waren.[26]

Abgesehen von der Frage, wem die Autobahnen nutzen sollten, trug ihr Bau nur wenig zum Abbau der Arbeitslosigkeit bei. Das verdeutlichen das Material M2 und die Darstellungen D1 und D2. Die Bearbeitung der Aufgaben kann zur Erkenntnis führen, dass der Autobahnbau ein Propagandaprojekt war, dessen Wirkung auf den Abbau der Arbeitslosigkeit überschätzt wurde.

Es bleibt allerdings die Frage, was tatsächlich zur Reduzierung der Arbeitslosenzahlen führte. Dies waren in erster Linie die mit der Rüstungsproduktion verbundenen öffentlichen Investitionen und die politischen Entscheidungen, die zu einer gigantischen Aufrüstung führten. Aus der Grafik (s.o.) ist dieser Umstand zu erschließen

Abb. 4: Propaganda: Hitler beim ersten Spatenstich für die Autobahn, deren Bau allerdings nur wenig zur Arbeitsbeschaffung beitrug, September 1933

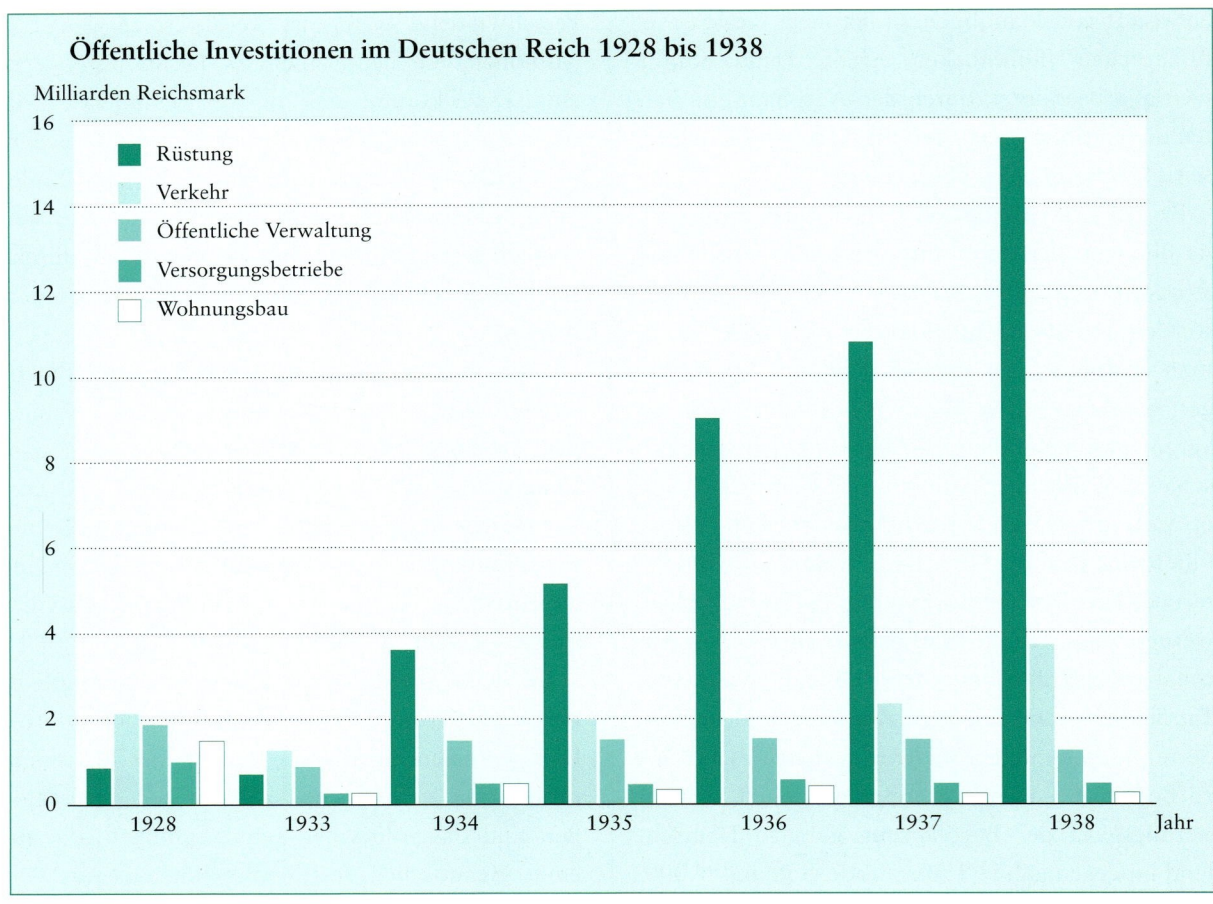

(kann auf Folie präsentiert werden). Die Aussage der Grafik zeigt den militärischen Charakter der NS-Wirtschaftspolitik. Im Verhältnis zu den Rüstungsinvestitionen waren alle anderen Investitionen bis 1938 unbedeutend. Innerhalb dieser Ausgaben wurde vor allem die Wehrmacht gefördert. Aber auch die Verkehrsprojekte, in die man in erheblichem Maße investierte, hatten erkennbar militärischen Charakter.

Die nationalsozialistische Politik hatte also den Aufbau einer großen Armee zum Ziel. Dazu brauchte man vor allem Waffen, Fahrzeuge, Flugzeuge, Schiffe und U-Boote. Je mehr davon gebaut wurden, desto mehr Arbeitsplätze entstanden in diesen Industrien. Das trug entscheidend zum Abbau der Arbeitslosigkeit in Deutschland bei. Die aggressiven Absichten bei diesen Maßnahmen sind den Materialien auf den Arbeitsblättern allerdings nicht unmittelbar zu entnehmen. Falls es nötig sein sollte, sollten auch die beiden Forderungen aus Hitlers geheimer Denkschrift über den Vierjahresplan von 1936 hinzugezogen werden (ggf. mit einer Folie an die Wand geworfen):
„I. Die deutsche Armee muß in 4 Jahren einsatzfähig sein.
II. Die deutsche Wirtschaft muß in 4 Jahren kriegsfähig sein."

Q 8 ist ein Auszug aus einer geheimen Denkschrift, in der Hitler sein Ziele enthüllt und die als Schlüsseldokument der NS-Wirtschaftspolitik gilt.[27] Sie ist mit entsprechenden Informationen auch als Hausaufgabe geeignet. Zur Förderung der Interpretationskompetenz sollen die Lernenden zunächst eine Strukturskizze dieser Quelle anfertigen (je nach Leistungsstand der Gruppe können die Hinweise rechts am Rand abgedeckt werden). Ferner ist eine historische Einordnung der Quelle wichtig: Die „Denkschrift" war so geheim, dass im September 1936 nur Göring und Kriegsminister von Blomberg eine vollständige Abschrift erhielten. Die Bedeutung dieses Textes für die Entschlüsselung von Hitlers Zielen kann also nicht hoch genug eingeschätzt werden. Er entwickelt darin nicht nur wirtschaftliche Zielsetzungen, sondern ordnet diese auch in den Rahmen seines strategischen Gesamtplans ein. An dieser Stelle setzt der Quellenauszug ein, der unmissverständlich das kompromisslose Zusteuern auf den angeblich schicksalhaften Kampf des deutschen Volkes verdeutlicht. Der Text zeigt vor allem, dass der Versuch, von Hitlers Politik eine „zivile" Phase bis 1939 abzutrennen, zum Scheitern verurteilt ist, weil eine politische und ökonomische Entwicklung Deutschlands ohne Krieg in seinem Denken nicht vorkam.

3.2 Vorschläge für die gymnasiale Oberstufe

An weiteren Statistiken (M 3) kann gezeigt werden, dass sich die wirtschaftliche Situation für Arbeiter während der NS-Herrschaft bis 1939 nicht verbessert hatte. Die von den Nazis viel beschworene Hebung des Wohlstandes blieb aus.

Q3 berichtet von den Auswirkungen der NS-Wirtschaftspolitik auf verschiedene Bevölkerungsgruppen, die so genannten kleinen Leute. Dabei wird deutlich, dass für die größten Teile der Bevölkerung bis 1939 das Leben sehr bescheiden verlief und die von Zeitgenossen häufig geäußerten positiven Erinnerungen an den „Wohlstand" im Dritten Reich subjektive Wahrnehmungen sind.

Die Auflistung „Maßnahmen der Nationalsozialisten bis 1937, die sich auf die deutsche Wirtschaft auswirkten" (S.20), kann für eine Diskussion genutzt werden, welche Effekte die Wirtschaftspolitik der Nationalsozialisten neben der Aufrüstung hatte.

3.3 Kriegswirtschaft

Mit dem Bild (Q6) und der Statistik (M4) wird dargestellt, dass es im Reich zwischen 1942 und 1944 zu einer erheblichen Steigerung der Rüstungsproduktion gekommen ist. Hier wird eine Beschränkung auf Munition und Handfeuerwaffen gewählt. Das Bild zeigt Speer bei einem Vortrag, in dem er sich mit sachlicher, aber sichtlich selbstsicherer Mimik und Gestik (er hat die Hand in der Tasche) zu den von ihm bewerkstelligten Rüstungssteigerungen äußert. Die auf dem Bild gut zu erkennenden, zum Teil steil nach oben führenden Linien der Grafik werden in der Tabelle präzisiert. Die Schülerinnen und Schüler sollen die Materialien auswerten und Hypothesen bilden, auf welche Weise die Rüstungsproduktion gesteigert werden konnte.

Eine erste Antwort, welche die Sicht der Nationalsozialisten darstellt, wird mit Q7 gegeben. Speer und Hitler setzten auf eine radikale Rationalisierung der Produktionsvorgänge, um den Ausstoß der Rüstungsproduktion zu erhöhen und den Verbrauch an Arbeitsstunden und Material zu verringern. Der Inhalt der Quelle ist betont sachlich. In der „Organisation der Selbstverantwortung der Industrie", ein reiner Euphemismus zur Verschleierung der staatlichen Lenkung, ist jedoch der diktatorische „Haken" zu erkennen: Die Industrie musste die Vorgaben der Nazis erfüllen und wichtiges Know-how, also Investitionskapital, ohne Gegenleistung hergeben. Sie hatte nur die „Freiheit", den Weg zur Erfüllung der Vorgaben zu organisieren. Gleichwohl gab es für Unternehmer auch eine positive Seite, wie aus der Stellungnahme eines Betriebsdirektors hervorgeht (Q9).

Das Speer'sche „Rüstungswunder" beruhte auf einer rücksichtslosen, von keinerlei Bedenken eingeschränkten Mobilisierung aller ökonomischen Ressourcen, die im Machtbereich der Nazis lagen. Unterschiedliche Aspekte dieser mörderischen Politik sollen in einer Gruppenarbeit erarbeitet werden. Es werden Materialien zu folgenden Themen präsentiert: Rüstungssteigerung (Arbeitsblatt 4), Ausbeutung der besetzten Gebiete (Arbeitsblatt 5), Mitarbeit deutscher Unternehmer und Arbeiter (Arbeitsblatt 6) und „Wunderwaffen" (Arbeitsblatt 7).

Die Ergebnisse der Gruppenarbeit sollen in einem Schaubild an der Tafel oder auf Folie gesammelt werden, sodass die brutalen und zum Teil widersprüchlichen Methoden der NS-Wirtschaftspolitik im Krieg sichtbar werden. Vor dem Hintergrund dieser Erarbeitung werden anschließend die Hypothesen überprüft, die die Schülerinnen und Schüler eingangs über die Ursachen der deutschen Rüstungssteigerung zwischen 1942 und 1945 geäußert haben. Dabei soll vor allem herausgearbeitet werden, dass dieser Steigerung die mörderische Ausbeutung der besetzten Gebiete zugrunde lag.

> **Maßnahmen bis 1937, die sich auf die deutsche Wirtschaft auswirkten**
>
> 2.5.1933 Zerschlagung der Gewerkschaften.
> 10.5.1933 Gründung der Deutschen Arbeitsfront (DAF). Zwangsorganisation anstelle der Gewerkschaften, die nicht um Lohnerhöhungen und Arbeitnehmerrechte kämpfte, sondern sich um die Freizeitgestaltung ihrer Mitglieder kümmerte. Ziel: Schaffung einer nationalsozialistischen Volksgemeinschaft.
> 1.6.1933 Erstes Gesetz zur Verminderung der Arbeitslosigkeit: Bau von Kanälen, Straßen, Flugplätzen, Kasernen; Instandsetzung und Errichtung öffentlicher Gebäude, Bau der Reichsautobahn. Maschinen durften nur in zwingenden Fällen eingesetzt werden, die Handarbeit, der Einsatz von Menschenkraft sollten begünstigt werden. Abschaffung der Kfz-Steuer; Steuervergünstigungen für die Beschäftigung weiblicher Arbeitskräfte in Haushalten; Vergabe von Ehestandsdarlehen (Heiratsprämie); Zurückdrängung von Frauen aus dem Berufsleben durch Betonung der Mutterrolle; Zulassungsbeschränkungen für Frauen beim Studium.
> 29.9.1933 Reichserbhofgesetz: Bauernhöfe gehen ungeteilt auf den nächsten Erben über; Bauernhöfe dürfen nicht mit Grundschulden belastet werden.
> März 1935 Einführung der allgemeinen Wehrpflicht, zuerst einjährige, ab 1936 zweijährige Dienstpflicht.
> 26.6.1935 Einführung einer sechsmonatigen Arbeitsdienstpflicht für 18-jährige Jungen und Mädchen (Straßen- und Deichbau, Erntehilfe, soziale Betreuungsaufgaben usw).
> Aug. 1936 Hitlers geheime Denkschrift über die Aufgaben des Vierjahresplans.
> Okt. 1936 Verordnung über den Vierjahresplan, der die Kriegsbereitschaft Deutschlands innerhalb von vier Jahren herbeiführen soll.
> 17.1.1936 Lohn- und Preisstopp.
> 10.2.1937 Die Reichsbank verliert ihre Unabhängigkeit und wird Hitler direkt unterstellt.

Diese nahm den millionenfachen Tod der Bevölkerung nicht nur in Kauf, sondern forcierte ihn im Falle der Osteuropäer sogar (Vernichtung durch Arbeit), um die nazistische Rassenideologie durchzusetzen.

Die Stunde endet mit einer Gegenüberstellung der Rüstungsproduktion der Achsenmächte und der Alliierten zwischen 1942 und 1945 (S. 12). Dabei wird deutlich, dass auch noch größere Anstrengungen es nicht vermocht hätten, die Wirtschaftskraft der Alliierten zu überflügeln. Vor allem macht diese Tabelle klar, dass die deutsche Kriegsplanung kaum langfristig angelegt war, sondern ökonomisch auf der winzigen Hoffnung beruhte, die Sowjetunion schnell vernichtend zu schlagen. Der Krieg war nach dem Scheitern der Offensive vor Moskau verloren.

Arbeitsblatt: „Beseitigung der Arbeitslosigkeit"

Hitler hatte in seiner Rundfunkrede vom 1. Februar 1933 den Wählern Arbeit und Brot versprochen. Er wusste, dass eine erfolgreiche Wirtschafts- und Arbeitsmarktpolitik dem nationalsozialistischen Regime einen Vertrauensvorschuss bringen würde, den es für seine Aufrüstungspläne brauchte. Dem NS-Regime wird von vielen Menschen auch heute noch das Verdienst zugeschrieben, die Arbeitslosigkeit beseitigt zu haben. Vor allem dem Bau der Autobahnen wird dabei eine große arbeitsbeschaffende Wirkung nachgesagt.

● **Q 1 Die Stimmung unter den Arbeitern**

Die Sozialdemokratische Partei gab 1934 aus ihrem Exil in Prag die so genannten Deutschland-Berichte heraus. Dabei handelt es sich unter anderem um Beschreibungen, welche Stimmung unter der Arbeiterschaft in verschiedenen Teilen Deutschlands zur Zeit des Nationalsozialismus herrschte.
Ein Bericht aus Südbayern, Juni 1934:

Der Arbeiter klagt über die geringe Entlohnung. Dabei sind viele doch wieder froh, daß sie wenigstens Arbeit haben. Der Arbeiter bildet sich seine Meinung, die durchaus nicht günstig für die Machthaber ist, aber er behält sie für sich. Allgemein betrachtet scheint die Arbeiterschaft gegenwärtig in einem Zustande der Unsicherheit und des Wartens zu verharren. Es fehlt ihr der Glaube.

Deutschland-Berichte der Sozialdemokratischen Partei Deutschlands (Sopade) 1934–1940. Erster Jahrgang 1934, Frankfurt/M. 1980, S.107.

● **M 1 Arbeitslosenzahlen im Deutschen Reich 1927–1937**

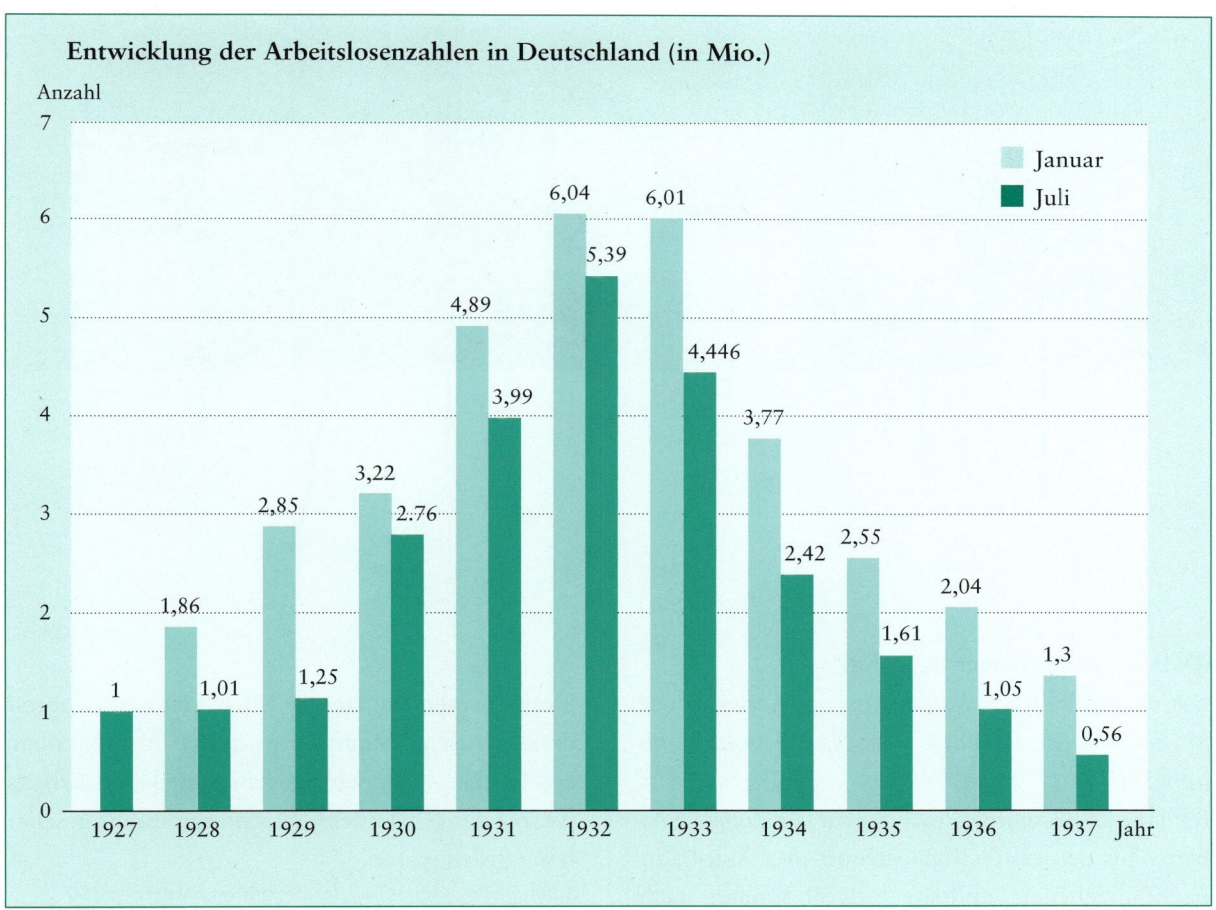

Zusammengestellt nach den Statistischen Jahrbüchern des Deutschen Reiches 1928 bis 1938

1 Arbeitsblatt: „Beseitigung der Arbeitslosigkeit"

Die Nationalsozialisten wussten, dass sie die Macht, die ihnen übertragen worden war, nur behalten würden, wenn es ihnen gelang, das Problem der Arbeitslosigkeit zu lösen. Unter den verschiedenen Arbeitsbeschaffungsmaßnahmen hat der Autobahnbau („Straßen des Führers") besondere Aufmerksamkeit auf sich gezogen.

● **Q2 Die erste Autobahnstrecke**
Eröffnung der ersten Reichsautobahnstrecke durch Hitler am 19. Mai 1935 bei Darmstadt. Dieses Ereignis wurde von den Nationalsozialisten für Propagandazwecke in Szene gesetzt.

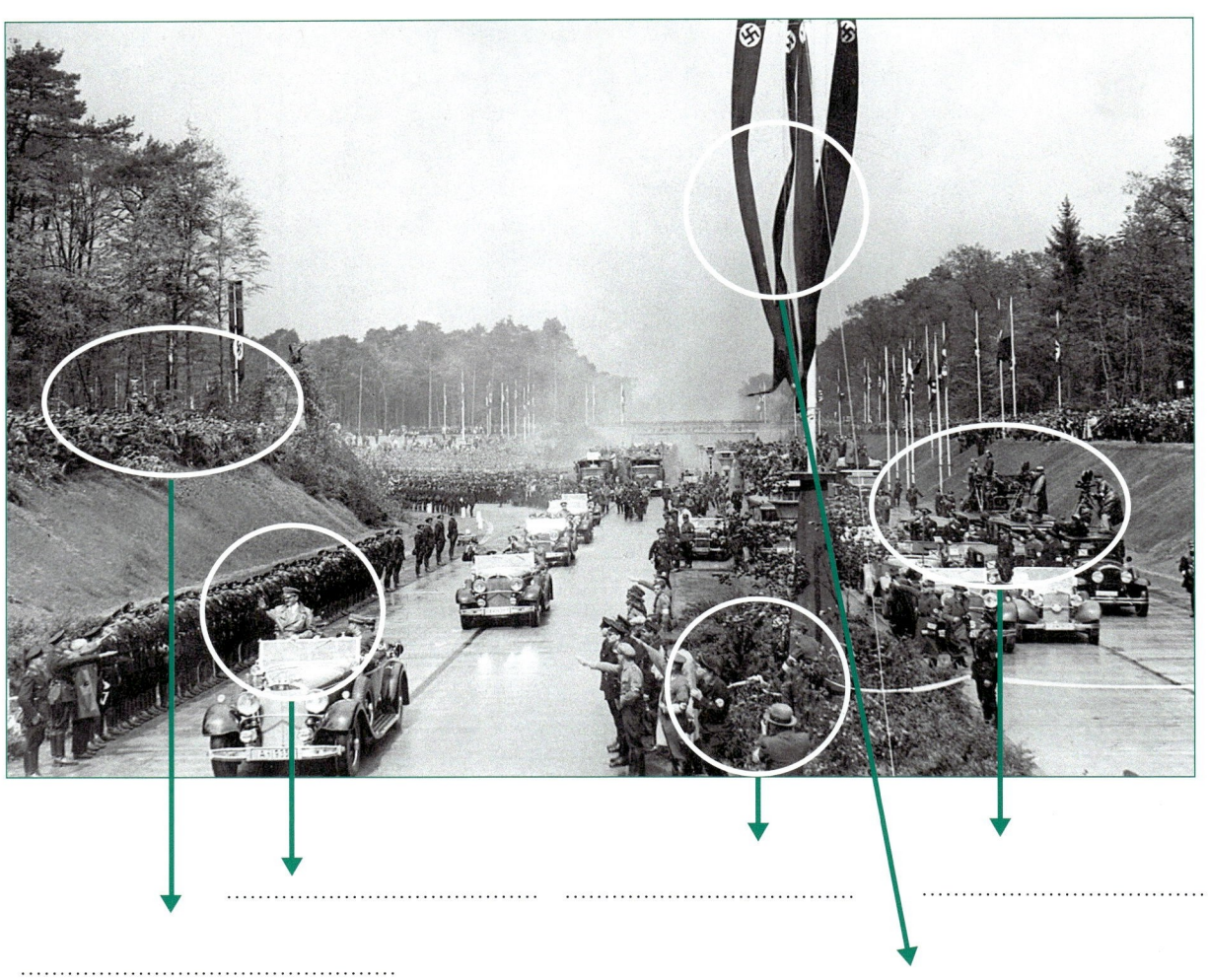

● **D 1: „Ein winziger Bruchteil"**
Der britische Wirtschaftshistoriker Adam Tooze in einer Untersuchung zur NS-Wirtschaft im Jahr 2007:
Im Jahr 1933 wurden nicht mehr als tausend Arbeiter für den ersten Teilabschnitt [des Autobahnbaus] angeheuert, und sogar zwölf Monate nach Todts Ernennung [zum Generalinspekteur für das Straßenwesen im Jahr 1933] waren erst achtunddreißigtausend Mann im gesamten Autobahnbau beschäftigt – ein winziger Bruchteil der Arbeitsplätze, die seit Hitlers ‚Machtergreifung' geschaffen worden waren.
Adam Tooze: Ökonomie der Zerstörung, München 2007, S.70.

PRODUZIEREN FÜR DEN KRIEG

Arbeitsblatt: „Beseitigung der Arbeitslosigkeit" 1

● **M 2 Arbeitskräfte im Reichsautobahnbau 1933–1936**

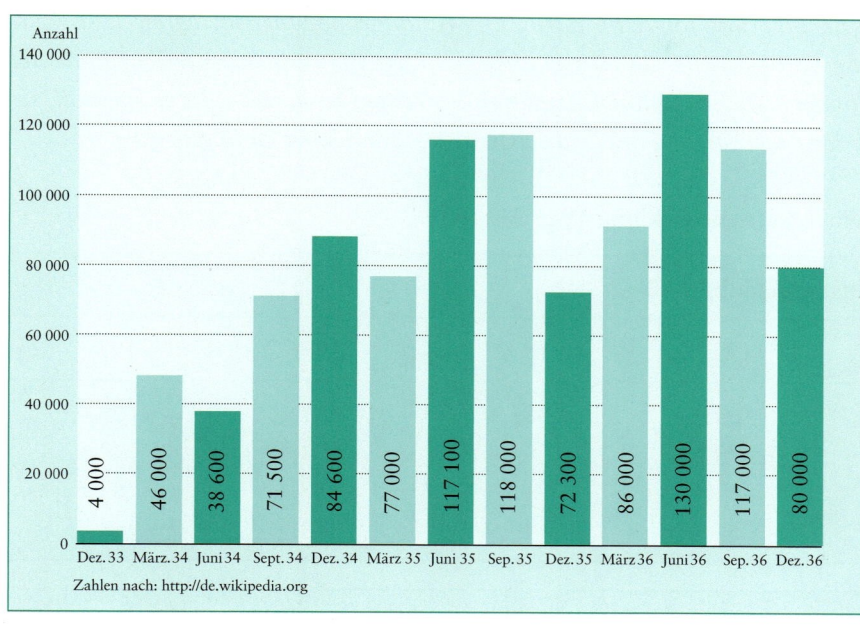

Dez. 33: 4 000
März 34: 46 000
Juni 34: 38 600
Sept. 34: 71 500
Dez. 34: 84 600
März 35: 77 000
Juni 35: 117 100
Sep. 35: 118 000
Dez. 35: 72 300
März 36: 86 000
Juni 36: 130 000
Sep. 36: 117 000
Dez. 36: 80 000

Zahlen nach: http://de.wikipedia.org

● **D 2 Autobahnen und Krieg**
Der Historiker Hans-Ulrich Thamer, 1986:

Der geradezu legendäre Autobahnbau, bereits in der Weimarer Republik planerisch vorbereitet, war nicht nur der spektakulärste, sondern auch der charakteristischste Teil der öffentlichen Infra-
5 strukturmaßnahmen. Es waren die technikgläubigen, modernistischen Züge im Nationalsozialismus, die hinter dem Autobahnbau standen und weniger militärisch-strategische Überlegungen, die man mitunter dahinter vermutet hat. Mit dem
10 Ausbau der Autobahnen konnte es Hitler nicht schnell genug gehen, aber, so schränkte er ein, „an die Stahl- und Eisenindustrie müsse auch gedacht werden". Tatsächlich be-
15 einträchtigte seit 1936 der Autobahnbau die Rüstungsindustrie, die um die knapper werdenden Arbeitskräfte und Rohstoffe
20 besorgt war. Der militärisch-strategische Wert der Autobahnen war, allen Legenden zum Trotz, recht gering. Auch die Wehr-
25 machtführung gab der Eisenbahn als Beförderungsmittel eindeutig den Vorzug […]. Wichtiger waren, zumindest in den Anfangsjahren, die arbeitsmarktpolitischen Vorteile des Autobahnbaus. Alle
30 öffentlichen Arbeiten wie Straßenbau, Landmeliorationen, Flugplatz- und Kasernenbau erforderten viel menschliche Arbeitskraft, und bei der Vergabe dieser Bauvorhaben wurde zusätzlich der Einsatz maschineller Hilfsmittel ausdrücklich ein-
35 geschränkt.

Hans-Ulrich Thamer: Verführung und Gewalt. Deutschland 1933–1945, Berlin 1986, S.474-476

Arbeitsaufträge

1. Fasst die Entwicklung der Arbeitslosenzahlen von 1927 bis 1937 zusammen (M1).
2. Benennt die Folgen, die die Entwicklung der Arbeitslosenzahlen für die damalige Beurteilung der NS-Herrschaft hatte. Berücksichtigt dabei den Bericht Q1.
3. Im Bild (Q2) sind Details mit Kreisen makiert. Benennt diese Details und tragt sie ein.
4. Erklärt, warum die Nationalsozialisten den Autobahnbau propagandistisch in den Vordergrund gestellt hatten. Beschreibt, worin die Propagandawirkung des Bildes Q2 besteht.
5. Beurteilt mithilfe der Statistik M2, welchen Anteil der Autobahnbau an der Beseitigung der Arbeitslosigkeit hatte. Zieht die Stellungnahmen D1 und D2 hinzu.
6. Nehmt Stellung zur These, dass die Autobahnen vor allem für militärische Zwecke gebaut worden seien.

2 Arbeitsblatt: Wirtschaftliche Lage der Bevölkerung

Die NS-Propaganda stellte die wirtschaftliche Lage der deutschen Bevölkerung zwischen 1933 und 1939 positiv dar. Ein großer Teil der Bevölkerung folgte ihr darin. Die Hauptgründe hierfür waren die Beseitigung der Arbeitslosigkeit und die Verbesserung der wirtschaftlichen Lage im Vergleich zur Zeit Ende der Weimarer Republik. Um die Propaganda der Nationalsozialisten beurteilen zu können, ist es sinnvoll, sie anhand statistischer Daten und der Einschätzung ausländischer Korrespondenten zu überprüfen.

● **M 3 Statistische Daten zur Wirtschaftsentwicklung 1928 bis 1939**

Entwicklung der Löhne (Tarifstundenlohn in Pfg.)				
	1929	1932	1936	1939
Facharbeiter	101,1	81,6	81,6	79,1
Hilfsarbeiter	79,5	64,4	64,4	62,8
Facharbeiterin	63,4	53,1	53,1	51,5
Hilfarbeiterin	57,7	43,9	43,9	44,0

Verbrauch eines durchschnittlichen Vier-Personen-Haushaltes pro Jahr				
	Fleisch (kg)	Eier (Stück)	Milch (Liter)	Butter (kg)
1928	146,5	146,5	481	17,9
1937	118,5	258	358	19,1
	Fette (kg)	Kartoffeln	Gemüse	Obst
1928	55,4	507,8	127,3	96,2
1937	37,3	530,3	117,8	64,9

Werner Ripper (Hg.): Themenhefte Weltgeschichte im Aufriss. Der europäische Faschismus und das Dritte Reich, Frankfurt/M. 1974, S.101f.

● **Q 3 Die wirtschaftliche Lage der Bevölkerung**
Der Schweizer Journalist Hermann Böschenstein war zwischen 1935 und 1937 Auslandskorrespondent der „Basler Nachrichten" in Berlin und berichtete über die allgemeine wirtschaftliche Lage in Deutschland.

Die amtliche Statistik gab nun bekannt, 65 Prozent aller deutschen Erwerbstätigen hätten ein Monatseinkommen von 125 Mark und weniger, und nur 0,7 Prozent kämen auf 12 000 Mark Jahresgehalt und mehr. Ein Einkommen von 250 Mark im Monat galt bereits als recht ansehnlich. Wie gestaltete sich das Haushaltsbudget dieser Erwerbstätigen? Eine Vierzimmerwohnung in Berlin kostete bei einigem Komfort monatlich 150 bis 170 Mark, in Hamburg, Köln und München etwa 120 Mark. Auf dem Lande waren die Mieten nur halb so hoch. Wir unterhielten uns mit einem Berliner Handwerksmeister, der von seinem Gewerbebetrieb 200 Mark im Monat erhielt. 30 Mark im Monat gingen ab für Steuern, Versicherungen, Winterhilfe, die Deutsche Arbeitsfront usw. Ein Untermieter bezahlte der Familie 25 Mark. Die Wohnung im ärmlichen Arbeiterviertel des Berliner Ostens kostete monatlich 65 Mark. Für die Eltern und zwei Kinder wurden täglich 2 Mark Verpflegungsgeld aufgewendet. Was aß diese Familie, die nie hungerte? Butter war ein unbekannter Luxus; an ihrer Stelle wurde Margarine konsumiert. Abends wurden Stullen mit einer billigen

Arbeitsblatt: Wirtschaftliche Lage der Bevölkerung

Volkswurst verzehrt. Die Hauptnahrung bestand aus Kartoffeln; feinere Salate und Gemüse wurden durch saure Gurken und Radieschen ersetzt. Meerfische, Eier und Fleisch waren ein Sonntagsessen. Am Sonntag ging die Familie in sorgfältig gepflegten Anzügen; der Haarschnitt war stets korrekt. Für einen Luxus wie eine Angelrute, einen Photoapparat zu 3,50 Mark wurde monatelang gespart. Für öffentliche Transportmittel wurden etwa 10 Mark im Monat ausgegeben. Gelegentlich konnte sich ein Familienvater durch Schwarzarbeit etwas Nebenverdienst verschaffen.

Viele Familien trachteten danach, in der Umgebung ein kleines Haus mit einem winzigen Garten zu erwerben, und hier wurden Hühner und Kaninchen gehalten, Kartoffeln und Salat gepflanzt. Für die Kinder fielen bei Kinderreichen stets Kleider und Schuhe aus Sammlungen ab. Millionen lebten so in einem Grenzzustand von äußerst knapper Existenzsicherung und Not. Ein Lohnabbau von zehn Prozent oder eine entsprechende Erhöhung der Preise und Mieten brachten bereits eine gefährliche Störung des Gleichgewichts.

Aus: Klaus-Jörg Ruhl: Brauner Alltag. 1933-1939 in Deutschland, Düsseldorf 1981, S.90.

● Q 4 „Winterhilfswerk des deutschen Volkes"

Hitlerjungen bei der Kleidersammlung für das „Winterhilfswerk" (WHV) in Berlin, 1934.
Die Not der durch die Weltwirtschaft Betroffenen war groß und konnte auch von den Nationalsozialisten nicht von heute auf morgen behoben werden. Zur Linderung sollten Sammlungen des „Winterhilfswerkes" beitragen. Das Winterhilfswerk (WHV) entstand im Krisenwinter 1931/32, also noch in der Weimarer Republik, als Organisation zur Unterstützung Erwerbsloser und Bedürftiger mit Geld, Lebensmitteln, Kleidung und Heizmaterial. Die NSDAP organisierte 1933/34 eigene Winterhilfsmaßnahmen, und das WHV wurde nach und nach der NS-Volkswohlfahrt unterstellt.

Arbeitsaufträge

1. Stellt die Entwicklung der Löhne in Diagrammen dar (M3).
2. Beschreibt die Entwicklung von Löhnen und Lebensmittelkonsum im Deutschen Reich in den gegebenen Zeiträumen und beurteilt, inwieweit sich die Situation der arbeitenden Bevölkerung bis 1939 verbessert hatte.
3. Erklärt, was die Nationalsozialisten mit dem „Winterhilfswerk" beabsichtigten (Q 4).

Arbeitsblatt: „Kriegsfähigkeit der Wirtschaft"

Im August/September 1936 schrieb Hitler eine Denkschrift, mit der er Hermann Göring mit der Umsetzung seines neuen Vierjahresplans beauftragte.

● **Q 5 „Die Wirtschaft muß kriegsfähig sein"**
Aus Hitlers geheimer Denkschrift über den Vierjahresplan (1936)):

Das Ausmaß und das Tempo der militärischen Auswertung unserer Kräfte können nicht groß und nicht schnell genug gewählt werden! Es ist ein Kapitalirrtum zu glauben, daß über diese Punkte irgendein Verhandeln oder ein Abwägen stattfinden könnte mit anderen Lebensnotwendigkeiten. So sehr auch das gesamte Lebensbild eines Volkes ein ausgeglichenes sein soll, so sehr müssen doch in gewissen Zeiten einseitige Verschiebungen zuungunsten anderer, nicht so lebenswichtiger Aufgaben vorgenommen werden. Wenn es uns nicht gelingt, in kürzester Frist die deutsche Wehrmacht in der Ausbildung, in der Aufstellung der Formationen, in der Ausrüstung und vor allem auch in der geistigen Erziehung zur ersten Armee der Welt zu entwickeln, wird Deutschland verloren sein! [...]

Wir sind überbevölkert und können uns auf der eigenen Grundlage nicht ernähren. [...] Die endgültige Lösung liegt in einer Erweiterung des Lebensraumes bzw. der Rohstoff- und Ernährungsbasis unseres Volkes. Es ist die Aufgabe der politischen Führung, diese Frage dereinst zu lösen. [...]

Ich stelle damit folgende Aufgabe:

I. Die deutsche Armee muß in 4 Jahren einsatzfähig sein.

II. Die deutsche Wirtschaft muß in 4 Jahren kriegsfähig sein.

Aus: Walther Hofer (Hg.): Der Nationalsozialismus. Dokumente 1933–1945, Frankfurt/M. überarb. Neuausgabe 1982

Strukturskizze von Q 5

Ziel:

Methode zur Erreichung des Zieles:

Folgen:

Behauptung, warum die Folgen in Kauf zu nehmen sind:

Begründung und Behauptung:

Konkretisierung des Zieles:

Arbeitsaufträge

1. Wertet Q 5 aus, indem ihr die „Strukturskizze" im Kasten ausfüllt.
2. Eine vollständige Abschrift des gesamten Textes erhielten 1936 nur der Beauftragte für den Vierjahresplan, Hermann Göring, und Kriegsminister Werner v. Blomberg. Begründet, warum Hitler diesen Plan streng geheim hielt.

4 Arbeitsblatt: Rüstungssteigerung

Im Februar 1942 ernannte Hitler Albert Speer (1905–1981) als Nachfolger des tödlich verunglückten Fritz Todt (1891–1942) zum „Reichsminister für Rüstung und Munition". Das Speer-Ministerium hatte diktatorische Vollmachten und entscheidenden Anteil an der Steigerung der Rüstungsproduktion bis 1944. Speer erreichte dies mit neuen und großenteils unmenschlichen Methoden. Selbst die pausenlosen Bombenangriffe der Alliierten konnten diesen Prozess nur zeitweilig unterbinden.

● **Q 6 Vortrag von Albert Speer, Juni 1944**

Unmittelbar nach der Landung der Alliierten in der Normandie hält Rüstungsminister Albert Speer am 9. Juni 1944 vor den wichtigsten Unternehmern des Ruhrgebietes einen Vortrag mit dem Titel „Das Wunder der Rüstung".

● **M 4 Gewehr- und Munitionsproduktion des Deutschen Reiches 1941 bis 1944**

	1941	1943	1944
Gewehre	133 000	209 000	307 000
davon Maschinengewehre (42 und 43)	7 100	14 000	28 700
Gewehrmunition zusätzlich	76 000 000	203 000 000	486 000 000
Gewehrgranaten		1 850 000	2 987 000
Minen	79 000	1 560 000	3 820 000
Handgranaten	1 210 000	4 929 000	3 050 000

● **Q 7 Weg zur Steigerung der Rüstung**
Propagandakundgebung für die Rüstung im Berliner Sportpalast am 3. Juni 1943. Aus der Rede des Reichsministers für Bewaffnung und Munition Albert Speer:

Als der Führer mir im Februar vorigen Jahres die präzise Aufgabe stellte, für fast alle Waffen, alle Panzer und für das gesamte Gebiet der Munition ein Vielfaches des bisherigen Aufbringens zu schaffen, schien diese Aufgabe mir und meinen 5

4 Arbeitsblatt: Rüstungssteigerung

Mitarbeitern zunächst kaum lösbar. Es mußte daher ein neuer Weg gefunden werden, um eine Steigerung der Rüstung durchführen zu können.

Es hatten nun in dieser Zeit bereits zahlreiche wichtige Betriebe damit begonnen, ihre neuen Fabrikationsmethoden, die sich aus den Erfahrungen der ersten Jahre des Krieges ergeben hatten, untereinander vorbehaltlos auszutauschen. Der Erfolg war überraschend. Bei Vergleichen zwischen Betrieben mit derselben Produktion konnte festgestellt werden, daß einzelne Firmen bedeutend weniger Arbeitskräfte einsetzten oder weniger Material oder weniger Werkzeugmaschinen benötigten, um die gleiche Stückzahl in derselben Zeit herzustellen.

Zweifellos waren also in der Industrie zahlreiche führende Köpfe vorhanden, die auf Grund ihres Könnens bei den Fertigungen ihrer Firmen Verbesserungen so durchgeführt hatten, daß diese weit über dem Durchschnitt der anderen lagen. Es galt nun, für die Allgemeinheit der Rüstung diese Männer verantwortlich einzuschalten. Es galt, diese Tausende von fähigen Betriebsführern, Technikern und Betriebsleitern von ihren betrieblichen Bindungen zu befreien; es galt, sie systematisch einzuordnen und zu gliedern, um sie dann mit diktatorischen Vollmachten auszustatten. Sie konnten dann ihre Kenntnisse auch bei den weniger guten Betrieben vorbehaltlos durchsetzen. Dabei mußten sie allerdings den Vorsprung, den ihre Firma durch bessere Bearbeitungsmethoden hatte, zugunsten der Allgemeinheit preisgeben. […]

Aus diesem Gedanken entstand eine Organisation, die heute einzigartige Erfolge aufzuweisen hat. Den Mitarbeitern wurden Vollmachten für ihre Arbeit mitgegeben, die es ihnen gestatteten, beliebig in die Fertigung sämtlicher Betriebe einzugreifen, diese vollständig neu aufzugliedern, die Verlagerung von Aufträgen zur Bereinigung des Auftragsbestandes vorzunehmen oder Betriebe stillzulegen. Unterdes besteht diese mächtige Organisation der Selbstverantwortung der Industrie seit über einem Jahr.

Mit der verantwortlichen Einschaltung dieser Organisation der Selbstverantwortung der Industrie, die mit neuen Kräften und mit neuen Vorstellungen von dem Aufbau einer Fertigung die gestellte Aufgabe übernahm, ergaben sich in kurzer Zeit günstige Aussichten zur Erfüllung der großen Forderungen des Führers. […]

Heute können wir mit Stolz feststellen, daß wir die Forderungen des Führers nicht nur erreichten, sondern teilweise wesentlich übertroffen haben.

Aus: Herbert Michaelis/Ernst Schraepler (Hg.): Ursachen und Folgen. Vom deutschen Zusammenbruch 1918 und 1945 bis zur staatlichen Neuordnung Deutschlands in der Gegenwart. Eine Urkunden- und Dokumentensammlung zur Zeitgeschichte, Bd. 19 II, Berlin ca. 1973, S.127ff.

● **Q 8 „Wir hatten ständig Hunger"**
Eine polnische Zwangsarbeiterin, 24 Jahre alt, erinnert sich, 1994:

Ich musste in eine Munitionsfabrik bei Grasleben, die sich in einem Salzbergwerk 645 Meter unter der Erde befand. Man behandelte uns schlecht, aber wir wurden nicht geschlagen. Außer einer Schürze und Holzschuhen bekamen wir keine anderen Kleider. Wir hatten das an, was wir noch in Polen anhatten. Die Schuhe verletzten immer wieder unsere Füße. Wir schliefen auf Etagenpritschen mit nur einer Decke ohne Bezug und Bettlaken. Es hat sich herausgestellt, dass überall Wanzen waren. Ich war nur unter Polen. Die Deutschen waren unterschiedlich zu uns: gut und schlecht. Ich selbst wurde einmal von einem Offizier verprügelt. Es passierte im Schacht. Unser Vorarbeiter schrie zu uns schneller, schneller. Es ging um die Waggons mit Munition, die wir ausladen sollten. Ich sagte nur laut auf polnisch, dass wir es schaffen. Der Vorarbeiter beschwerte sich deshalb beim Offizier. Der verhörte mich und schlug mir dabei ins Gesicht. Mir drohte ein Verfahren wegen Ungehorsamkeit. Unsere Dolmetscherin rettete mich. Sie erklärte, dass das, was ich gesagt hatte, nichts Besonderes bedeuten würde und ich eine gute Arbeiterin wäre.

Aus: Gudrun Fiedler, Hans-Ulrich Ludewig (Hg.): Zwangsarbeit und Kriegswirtschaft im Lande Braunschweig 1939–1945, Braunschweig 2003, S.310f.

Arbeitsblatt: Rüstungssteigerung

● **Q 9 „Selbst die Abortzeit wird kontrolliert"**
Ein Direktor der Fieseler-Flugzeugwerke 1943 in einem Vortrag über Zwangsarbeiter:

Der größte Vorteil der Ausländerbeschäftigung liegt darin, dass wir nur Befehle zu erteilen brauchen, kein Widerspruch erfolgt, kein Verhandeln notwendig ist. Der Ausländer ist sofort zur Stelle,
5 wenn er für Überstunden und Sonntagseinsatz benötigt wird. Viel überflüssige Schwarzarbeit ist in Fortfall gekommen und eine nahezu hundertprozentige Anwesenheit des Ausländers am Arbeitsplatz der Fall. Selbst die Abortzeit mit zehn Minu-
10 ten wird kontrolliert, überwacht und bei Übertretung bestraft. Der Arbeitsbeginn ist pünktlich, da die Ausländer zum größten Teil abgeholt werden; Fehlzeiten wegen Besorgungen auf Behörden und in den Geschäften kommen kaum in Fra-
15 ge. Die Entlastung deutscher Männer an gesundheitsschädlichen Plätzen ist eingetreten und von erheblichem Wert.

Aus: Bernd Hey/Hans-Jürgen Pandel/Joachim Radkau: Weimarer Republik und Nationalsozialismus. Demokratie und Diktatur in Deutschland 1918–1945, Stuttgart u.a. 1992, S.223.

● **M 5 Zwangsarbeiter im Deutschen Reich (in Mio.)**

Unter Zwangsarbeit wird jede Art von Arbeit verstanden, die von einer Person unter Androhung von Strafe verlangt wird, die sich nicht freiwillig zur Verfügung gestellt hat. Während des Zweiten
5 Weltkriegs wurde Zwangsarbeit von Fremdarbeitern und Kriegsgefangenen geleistet. Fremdarbeiter wurden in den von deutschen Truppen besetzten Gebieten zunächst angeworben und ab 1942 verstärkt zwangsrekrutiert.

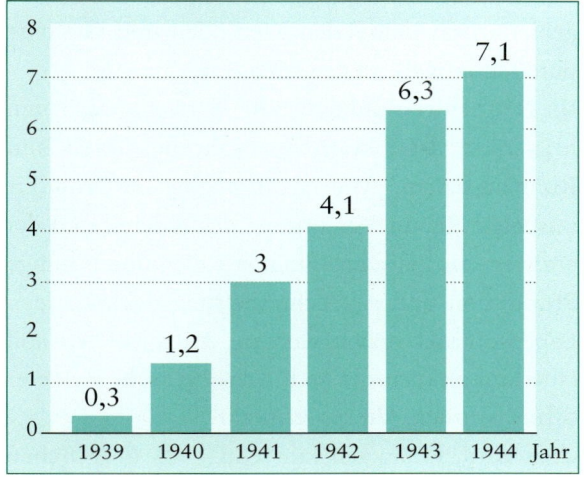

Zusammengestellt nach Angaben der Statistischen Jahrbücher des Deutschen Reiches 1940–1945.

Arbeitsaufträge

1. Beschreibt die Entwicklung der deutschen Waffenproduktion zwischen 1941 und 1944 (M 4). Berücksichtigt dabei den Zeitpunkt der Ernennung Speers zum Rüstungsminister.
2. Erklärt, warum Speer im Juni 1944 von einem „Rüstungswunder" sprach (Q 6).
3. Beschreibt die Entstehung der „Organisation der Selbstverantwortung der Industrie" (Q 7).
4. Erläutert anhand der Darstellung Speers, durch welche Eingriffe die Steigerung der Rüstungsproduktion gelang (Q 7).
5. Arbeitet die Vor- und Nachteile heraus, die sich für einen Hersteller von Gewehren aus diesen Produktionsmethoden ergaben.
6. Beschreibt die Lage der Zwangsarbeiter und wofür sie eingesetzt wurden (Q 8, Q 9).
7. Erklärt die Entwicklung der Zwangsarbeiterzahlen (M 5).

PRODUZIEREN FÜR DEN KRIEG

5 Arbeitsblatt: Ausbeutung der besetzten Gebiete

Die deutsche Besatzungspolitik nahm besonders in den osteuropäischen Gebieten wenig Rücksicht auf die ansässige Bevölkerung, sie nahm sogar häufig brutale, menschenverachtende Züge an. Ihre Hauptziele waren die wirtschaftliche Ausbeutung und die Verfolgung der Juden.

● **Q 10 Wirtschaftspolitik im besetzten Russland**
Richtlinien über die Wirtschaftspolitik im besetzten Russland (8.11.1941):
I. Für die Kriegsdauer sind die Bedürfnisse der Kriegsindustrie das höchste Gesetz aller wirtschaftlichen Unternehmungen in den neu besetzten Ostgebieten.
II. Auf lange Sicht werden die neu besetzten Ostgebiete nach kolonialen Methoden und Gesichtspunkten ausgebeutet werden [...].
III. Der Schwerpunkt für alle Wirtschaftsarbeiten liegt in der Produktion von Nahrungsmitteln und Rohmaterialien. Die größtmöglichen Produktionspreise für die Versorgung des Reiches und der anderen europäischen Staaten sollen durch billige Produktion und Aufrechterhaltung des niedrigen Lebensniveaus erzielt werden. Auf diese Art soll eine Einkommensquelle für das deutsche Reich eröffnet werden, die es ermöglichen wird, in einigen Jahrzehnten einen großen Teil der Schulden – verursacht durch die Finanzierung des Krieges – zu decken, während der deutsche Steuerzahler soweit als möglich geschont wird und gleichzeitig der europäische Bedarf an Nahrungsmitteln und Rohmaterialien so weit wie möglich gedeckt wird. [...]
Versorgung der Bevölkerung:
1. Die Versorgung der Bauernbevölkerung wird keine großen Schwierigkeiten machen.
2. Die Stadtbevölkerung kann nur ganz geringe Nahrungsmengen bekommen. Für die großen Städte (Moskau, Leningrad) kann zurzeit überhaupt nichts getan werden. Die Folgen, die sich daraus ergeben werden, sind daher hart, aber unvermeidbar.
3. Leute, die unmittelbar für deutsche Interessen arbeiten, werden in den Werken selbst durch direkte Lebensmittelausgabe so weit ernährt werden, dass ihre Arbeitskraft bis zu einem gewissen Grade erhalten bleibt.
4. Auch im Ostraum werden die Lebensmittelrationen für die eingeborene Bevölkerung so weit heruntergesetzt werden müssen, dass sie erheblich unter dem Stand der deutschen Rationen zu liegen kommen, sodass auch von dort die größtmöglichen Überschüsse für das Reich herausgepresst werden können. [...]

Anlagen der Nürnberger Prozesse. Dokument NI-440; aus: Bernd Hey/Hans-Jürgen Pandel/Joachim Radkau: Weimarer Republik und Nationalsozialismus. Demokratie und Diktatur in Deutschland 1918–1945, Stuttgart u.a. 1992, S.221.

● **Q 11 Behandlung der russischen Bevölkerung**

Verwundete deutsche Soldaten lassen sich von einem russischen Jungen die Stiefel putzen, Sowjetunion 1943.

Arbeitsblatt: Ausbeutung der besetzten Gebiete

● **Q 12 Das „Dilemma" der deutschen Wirtschaftspolitik in Polen**

Generalgouverneur Frank auf einer Arbeitstagung der Politischen Leiter am 14.12.1942:

Sie wissen, daß innerhalb der Partei im allgemeinen absolut die Meinung vertreten wird, daß die Aussiedlung der Polen, ihre Vernichtung oder ihre Behandlung lediglich als Arbeitswesen Ausdruck unserer Polenpolitik ist. Sie wissen auch, daß das in weitem Umfange in die Tat umgesetzt wurde. Nun zeigt sich aber in zunehmendem Maße auf diesem Gebiet eine ungeheure Erschwerung. Sie liegt insbesondere darin, daß das Reich in seiner territorialen Notsituation zur Verlagerung großer Industrien aus den einfluggefährdeten Gebieten in das Generalgouvernement gezwungen ist. Andererseits besteht auch die Notwendigkeit, die bereits vorhandenen Betriebe des Generalgouvernements mit einheimischen Arbeitskräften unter allen Umständen durchzuhalten, das Transportwesen und die gesamte Verwaltungsapparat aufrechtzuerhalten, die Ernte zu sichern usw. Auf Grund dieser Sachlage gewinnt man dann plötzlich die Einsicht, daß man nicht gleichzeitig das Polentum vernichten und andererseits mit der Arbeitskraft des Polentums Berechnungen anstellen kann.

Die eine Seite im Reich sagt: alle Polen, die arbeitsfähig sind, müssen ins Reich abtransportiert werden. Die andere Seite sagt: alle Polen, die im Lande und arbeitsfähig sind, müssen im Lande bleiben, damit wir ein Arbeiterreservoir für die Rüstungswerke, für das Transportwesen, für die Industrie usw. haben. Solche diametral entgegengesetzten und völlig unvereinbaren polenpolitischen Anregungen hageln auf meinen Tisch …, – entweder von den Dienststellen des Parteigenossen Speer und Parteigenossen Sauckel.

Aus: Rolf Schörken (Hg.): Das Dritte Reich. Geschichte und Struktur. Schwerpunkt-Materialien für Grund- und Leistungskurse der Sekundarstufe II, Stuttgart 1982, S.129

● **Q 13 Jüdische Arbeitskräfte in Polen**

Jüdische Ghettobewohner in einer Uniformschneiderei, die für die deutsche Wehrmacht produziert, Lodz 1940/41.

Arbeitsaufträge

1. Untersucht, in welcher Weise die Wirtschaftspolitik im besetzten Russland über die „Bedürfnisse der Kriegsindustrie" hinausging.
2. Erklärt das „Dilemma" der deutschen Wirtschaftspolitik in Polen (Q 12).

6 Arbeitsblatt: Mitarbeit deutscher Unternehmer und Arbeiter

Die NS-Führung war auf die Unterstützung ihrer Kriegspolitik durch Unternehmer und Arbeiter angewiesen. Besonders nachdem die Wehrmacht nach der Niederlage von Stalingrad im Februar 1943 zunehmend in die Defensive geraten war, musste die deutsche Wirtschaft nach Auffassung der NS-Regierung ihre Produktion noch mehr steigern, um den „Endsieg" doch noch herbeizuführen.

● Q 14 Sieg oder Selbstmord

Hitler vor Leitern der Rüstungsindustrie auf dem Obersalzberg, Anfang Juli 1944:

Es ist daher der Krieg auch auf dem Gebiet nur eine Fortsetzung der Friedenswirtschaft, nur mit einem Unterschied, daß die maßvoll vertretenen Interessen der Gemeinschaft im Frieden gegenüber der individuellen Wirtschaft im Krieg natürlich viel stärker in Erscheinung treten, weil sich ja alles hier letzten Endes nach gesamten, größeren Interessen zu organisieren und zu richten hat. Der Krieg wird ja geradezu geführt um die beiden Prinzipien. Denn es gibt keinen Zweifel, daß, wenn wir diesen Krieg verlieren würden, dann nicht etwa eine private deutsche Wirtschaft übrig bliebe, sondern mit der Vernichtung des ganzen deutschen Volkes würde selbstverständlich auch die deutsche Wirtschaft vernichtet. Meine Herren, ich habe überhaupt gar keine Sorge heute über den Frieden, sondern nur eine Sorge für den Sieg. Wenn wir in diesem Krieg gewinnen, bekommt die deutsche Wirtschaft derartig gigantische Aufträge, daß sie sowieso auch dann nur mit Massenproduktion dem gerecht werden wird. Wenn der Krieg verloren ginge, meine Herren, dann brauchen Sie keine Umstellung vornehmen; dann ist nur, daß jeder Einzelne sich seine private Umstellung vom Diesseits zum Jenseits sich überlegt, ob er das persönlich machen will, oder ob er sich aufhängen lassen will, oder ob er sich einen Genickschuß geben lassen will, oder ob er verhungern will, oder ob er in Sibirien arbeiten will, das sind die einzigen Überlegungen, die dann der Einzelne zu machen braucht.

Aus: Hildegard v. Kotze/Helmut Krausnik (Hg.): „Es spricht der Führer". Sieben exemplarische Reden, Gütersloh 1966, S. 343 u. S. 350f.

● D 3 „Das „Arbeitsprinzip" des „Jägerstabes"

Beim „Jägerstab" handelt es sich um ein 1944 gegründetes diktatorisches Leitungsorgan im Rüstungsministerium, das mit allen Vorrechten ausgestattet und ermächtigt war, jede Maßnahme zu ergreifen, die ihm für eine Produktionssteigerung notwendig erschien. Ein britischer Historiker urteilt 2007 über die Arbeit des Jägerstabs:

Unter der Ägide des Jägerstabs war das zuerst von Todt [Fritz Todt, 1891–1942, bis 1942 Rüstungsminister] angewandte und dann von Speer übernommene Prinzip der „industriellen Selbstverantwortung" definitiv zu einem diktatorischen System mutiert, das von keinen Gesetzen mehr gebremst wurde und in dem kein zivilisierter Verhaltenskodex mehr galt. Nachdem die Amerikaner Ende Februar 1944 die erste Welle ihrer Luftangriffe geflogen hatten, begaben sich Saur [Karl Otto Saur, 1902–1966, Stellvertreter von Rüstungsminister Speer] und Milch [Erhard Milch, 1892–1972, Generalinspekteur der Luftwaffe] auf eine Inspektionsreise zu allen Flugzeugfabriken. Sie benutzten dazu einen Sonderzug, Deckname Hubertus. Und von diesem aus übten sie Schnelljustiz an allen Betriebsleitern, die ihrer Meinung nach ihre Pflichten vernachlässigt hatten. In Regensburg ließen sie zum Beispiel zwei Subunternehmer standrechtlich erschießen, weil sie den Wiederaufbau des Messerschmittwerks mit der Forderung nach einer angemessenen Unterbringung ihrer deutschen Arbeitskräfte verschleppt hätten.

Adam Tooze: Ökonomie der Zerstörung. Die Geschichte der Wirtschaft im Nationalsozialismus, München 2007, S. 720.

● Q 15 Sicherung der Mitarbeit der deutschen Arbeiter

Manifest des Generalbevollmächtigten für den Arbeitseinsatz vom 20. April 1943:

Arbeitsblatt: Mitarbeit deutscher Unternehmer und Arbeiter

Die künftigen Aufgaben des Arbeitseinsatzes
1. Der gesamten deutschen Kriegswirtschaft müssen im Reich und allen besetzten Gebieten ständig alle notwendigen Arbeitskräfte zur Verfügung stehen […].
2. Die Leistung aller deutschen und fremden Arbeitskräfte muß auf den denkbar höchsten Stand gebracht und erhalten werden.
3. Die zu schaffenden Voraussetzungen hierfür sind deren umsichtige Pflege, straffe Erziehung, sorgfältige Schulung sowie ihr sparsamster, sinnvollster und zweckmäßigster Einsatz.

Aus: Herbert Michaelis/Ernst Schraepler (Hg.): Ursachen und Folgen, Bd. 19 II, Berlin ca. 1973, S.25.

● **Q 16 Steigerung der Rüstungsproduktion**

Der „Reichsminister für Rüstung und Munition" Albert Speer spricht zur Belegschaft eines Berliner Rüstungsbetriebes, Februar 1943

● **Q 17 „Bericht über die Verschlechterung des Gesundheitszustandes der im verstärkten Arbeitseinsatz stehenden Volksgenossen"**

Diese Krankheitserscheinungen, die zu einem großen Teil durch Überbeanspruchung des Nervensystems hervorgerufen werden, entwickelten sich vielfach mit der Zeit zu schweren organischen Krankheiten. Erfahrene Ärzte seien der Ansicht, daß die teilweise übermäßige Arbeitsleistung, welche die Kriegszeit an fast jeden im Arbeitsprozeß stehenden Volksgenossen stellte, und der Mangel an Erholungsmöglichkeiten eine übermäßig starke Beanspruchung des Nervensystems bedeuten und daher eine Hauptursache für die Häufung der geschilderten Krankheitszeichen bildeten. Es sei zu bedenken, daß die heute geltenden Anforderungen im Widerspruch stünden zu allen Grundsätzen, welche früher von maßgebenden Stellen der Gesundheitsführung in bezug auf die Notwendigkeit der Erholung, Ausspannung usw. für den schaffenden Menschen aufgestellt worden seien.

Aus: Herbert Michaelis/Ernst Schraepler (Hg.): Ursachen und Folgen, Bd. 19 II, Berlin 1973, S.151.

Arbeitsaufträge

1. Analysiert Hitlers Rede unter der Fragestellung, inwieweit sie der Doppelstrategie „Zuckerbrot und Peitsche" entspach (Q 14).
2. Arbeitet heraus, wie der Historiker die Arbeit des „Jägerstabs" beurteilt (D3).
3. Erläutert, wie die Nationalsozialisten die Mitarbeit der Arbeiter sicherstellen wollten (Q 15).
4. Beschreibt, welchen Belastungen die Arbeiter in der Rüstungsindustrie ausgesetzt waren (Q 17).

Arbeitsblatt: „Wunderwaffen"

Im Jahr 1944 schürte die NS-Propaganda die Hoffnung, dass deutsche Wissenschaftler und Ingenieure an einer „Wunderwaffe" arbeiteten. Dadurch gelang es der NS-Führung bis zuletzt, große Teile der Bevölkerung in dem Glauben zu halten, die Wehrmacht könne den Krieg noch gewinnen.

● Q 18 „Deutsches Erfindungsgenie"
Propagandaminister Goebbels in einer Rundfunkansprache am 26. Juli 1944:
Wir haben bei Erkennen der zeitweiligen technischen Überlegenheit des Feindes auf bestimmten Gebieten von vorne anfangen müssen. Es ist uns seit langem klargeworden, daß wir die Gegenseite nicht durch Übersteigerung ihrer eigenen, sondern nur durch Schaffung neuer Mittel und Möglichkeiten der technischen Kriegführung schlagen können. Es handelte sich hier also nicht so sehr darum, den Vorsprung, den sie hielt, einzuholen, als vielmehr, ihn zu überholen. Das ist im Laufe der vergangenen zwei Jahre auf den verschiedensten Gebieten der Kriegstechnik geschehen. Die Resultate dieser einschneidenden Entwicklung werden mehr und mehr auf den Schlachtfeldern in Erscheinung treten. Der Einsatz unserer V 1-Waffe ist gewissermaßen die Einleitung dazu.

Entscheidend bei dieser Entwicklung ist, daß sie sich in gänzlich neuem Rahmen bewegt, deshalb also mit Recht erwartet werden kann, daß sie den Feind auch vor völlig neue Tatsachen stellen und somit ziemlich unvorbereitet treffen wird. Wenn heute die britische Öffentlichkeit nach Abwehrmitteln gegen unsere V 1-Waffe schreit, so ist das ganz verständlich, denn der wesentlichste Vorteil dieser Waffe besteht nicht sosehr darin, daß die fliegende Bombe unbemannt fliegt, als vielmehr darin, daß sie das ganze feindliche Abwehr- und Verteidigungssystem über den Haufen wirft. Ähnlich wird es bei anderen neuartigen Waffen der Fall sein, die wir demnächst auf den verschiedensten Gebieten zum Einsatz bringen werden. [...]

Ich würde mich schämen, eine solche Sprache zu sprechen, wenn die Tatsachen mich nicht dazu berechtigten. Ich sah kürzlich moderne deutsche Waffen, bei deren Anblick mir nicht das Herz höher schlug, sondern einen Augenblick stillstehen blieb.

Ich sage das nicht, um zu prahlen oder zu bluffen. Ich bin mir immer – auch und gerade in den kritischen Phasen dieses Krieges – der Gerechtigkeit und damit des letzten Erfolges unserer Sache absolut sicher gewesen. Das deutsche Erfindungsgenie hat seine Zerreißprobe bestanden. Die Welt hat lange darauf warten müssen, bis es sich wieder zu Wort meldete. Nun wird es bald soweit sein!

Aus: Helmut Heiber (Hg.): Goebbels-Reden. Bd. 2, Düsseldorf 1972, S. 356f.

● Q 19 „Lage nicht rosig"
Brief des Soldaten Hans K. vom 27. Juli 1944:
Gestern soll Goebbels gesprochen haben. Ob Ihr wohl seine Rede gehört habt? Aus seiner Rede soll u.a. zu entnehmen gewesen sein, daß wir in Kürze die Welt mit weiteren neuen Waffen in Erstaunen und Schrecken versetzen werden. Auch ich bin fest davon überzeugt, daß wir noch weitere Geheimwaffen besitzen, deren Einsatz aber von einem bestimmten Zeitpunkt abhängig ist, den leider wir nicht bestimmen können. [...] Damit behaupte ich von mir aus nicht, daß wir mit den Truppen, die uns hier zur Verfügung stehen, imstande sein werden, je einmal den Tommie hinaus zu bekommen, genauso wie es uns leider nicht mehr gelingen wird, den Feind in Italien und im Osten vernichtend zu schlagen, hier können nur neue Waffen helfend eingreifen und eine Wendung der Lage, die im Augenblick nicht rosig aussieht, herbeiführen.

Aus: Gunda von Kriegsheim: „Mir geht es gut, mach Dir keine Sorgen". Feldpostbriefe zwischen Front und Heimat – Standards und Besonderheiten. Online im Internet: URL: http://www.uni-hamburg.de/volkskunde/Texte/Vokus/2000-1/krieg.html.

PRODUZIEREN FÜR DEN KRIEG

Arbeitsblatt: „Wunderwaffen" 7

● Q 20 Skepsis
Marie Wassiltschikow (1917–1978) aus Gmunden, Tagebucheintrag vom 20. April 1945:
Adolfs Geburtstag. Eine lächerliche Rede von Goebbels: „Der Führer ist in uns und wir in ihm!" Wie weit will er das noch treiben? Er fügte hinzu, daß es keine Schwierigkeiten bereiten werde, alles
5 Zerstörte wieder aufzubauen. Unterdessen rücken die Alliierten von allen Seiten weiter vor. […]
 Die Frau des Obersten [eine Nachbarin] scheint jedoch all diese Kundgebungen zu glauben. Sie ist überzeugt, daß Deutschland eine geheime Wun-
10 derwaffe besitzt, die in letzter Minute eingesetzt werden wird; die Arme kann sich nicht vorstellen, wie sie [die Nationalsozialisten] sonst derartige Dinge sagen könnten.
Aus: Walter Kempowski: Das Echolot. Abgesang 1945. Ein kollektives Tagebuch, München 2005, S.16.

● Q 22 Die Situation der Zwangsarbeiter in unterirdischen Rüstungsbetrieben
Ein Beamter des Bergamts Celle berichtete am 29.9.1944 an das Oberbergamt Clausthal-Zellerfeld (Harz) über Missstände bei der Unterbringung von „Strafgefangenen". Bei diesen handelte es sich zumeist um Zwangsarbeiter, die wegen Kleinigkeiten (z.B. Schwarzschlachtung: 5 Jahre Arbeitslager) zur Arbeit unter Tage verurteilt waren. Dort wurde auch die Rakete V2 von Häftlingen und Zwangsarbeitern in großer Stückzahl hergestellt.

Untertage sind zurzeit etwa 70 Strafgefangene beschäftigt, die auch untertage untergebracht sind und jede Woche nur ein bis zwei Stunden ans Tageslicht kommen. Es machen sich bereits Krankheitserscheinungen bei den Gefangenen durch 5 Mangel an Tageslicht und Tagesluft bemerkbar, doch hat die für die Strafgefangenen verantwortliche Zuchthausverwaltung Celle erklärt, dass die Gesundheit und das Leben eines einzelnen Strafgefangenen nicht 10 wesentlich sei und sie im Augenblick keine Veranlassung sähe, die Leute anders unterzubringen. Das Bergamt glaubt jedoch, dass durch eine Unterbringung der 15 Strafgefangenen übertage die Leistung wesentlich gesteigert würde.
Aus: Anette Wienecke: „Besondere Vorkommnisse nicht bekannt". Zwangsarbeit in unterirdischen Rüstungsbetrieben. Wie ein Heidedorf kriegswichtig wurde, Bonn 1996, S.121.

● Q 21 KZ-Zwangsarbeiter

KZ-Zwangsarbeiter des Lagers Mittelbau-Dora (Nordhausen/Thüringen) bei der V2-Raketenproduktion 1944

Arbeitsaufträge

1. Arbeitet heraus, was Propagandaminister Goebbels seinen Zuhörern mit der Entwicklung der neuen Waffen verspricht.
2. Vergleicht Q 19 und Q 20 unter dem Gesichtspunkt, wie die Ankündigungen der „Wunderwaffen" auf die Menschen wirkten. Erklärt die Unterschiede.
3. Zeigt auf, was der Beamte des Bergamts kritisiert und welche Lösung er vorschlägt. Diskutiert, welche Einstellung er zur der Politik der Nationalsozialisten gehabt haben könnte (Q 22).

8 Arbeitsblatt: Die NS-Wirtschaft im Urteil von Historikern

● **D 4 „Schonung des ‚Durchschnittsariers'"**

Götz Aly (geb. 1947)

Der Historiker Götz Aly deutet das NS-Regime als „Gefälligkeitsdiktatur":

[Ich] betrachte die NS-Herrschaft aus einem Blickwinkel, der sie als Gefälligkeitsdiktatur zeigt. Hitler, die Gauleiter der NSDAP, ein Gutteil der Minister, Staatssekretäre und Berater agierten als
5 klassische Stimmungspolitiker. Sie fragten sich fast stündlich, wie sie die allgemeine Zufriedenheit sicherstellen und verbessern könnten. Sie erkauften sich den öffentlichen Zuspruch oder wenigstens die Gleichgültigkeit jeden Tag neu. Auf
10 der Basis von Geben und Nehmen errichteten sie eine jederzeit mehrheitsfähige Zustimmungsdiktatur. [...]

Erstens [versuchte die NS-Führung] die Lebensmittel möglichst so zu verteilen, dass die Vergabe
15 namentlich von den einfachen Leuten als gerecht empfunden wurde. Zweitens tat sie alles, um die Reichsmark wenigstens äußerlich stabil zu halten. So sollte skeptischen Hinweisen auf die Kriegsinflation von 1914 bis 1918 wie auf den Zusam-
20 menbruch der deutschen Währung im Jahr 1923 der Boden entzogen werden. Drittens ging es darum, die Familien der Soldaten – im klaren Gegensatz zum Ersten Weltkrieg – mit genug Geld zu versorgen. Sie erhielten an die 85 Prozent dessen,
25 was der eingezogene Soldat zuletzt netto verdient hatte. [...]

Um die Illusion von einem gesicherten, allenfalls noch zu verbessernden Besitzstand weiter zu stärken, erwirkte Hitler, dass weder die Bauern
30 noch die Arbeiter, noch die kleinen und mittleren Angestellten und Beamten in nennenswertem Maß mit Kriegssteuern belastet wurden. Parallel zur Schonung der großen Mehrheit der deutschen Steuerzahler stieg jedoch die Steuerlast für den gut und sehr gut verdienenden Teil der deutschen Ge- 35
sellschaft erheblich. Ein markantes Beispiel für die vom Dritten Reich betriebene und zur Schau gestellte Politik der sozialen Gerechtigkeit findet sich in der einmaligen Steuerzahlung von acht Milliarden Reichsmark, die die deutschen Haus- 40
besitzer Ende 1942 zu entrichten hatten. Ein entgegengesetztes Beispiel kann in der Steuerfreiheit für Zuschläge auf Nacht-, Sonn- und Feiertagsarbeit gesehen werden, die nach dem Sieg über Frankreich verfügt wurde und den Deutschen bis 45
in die jüngste Zeit als soziale Errungenschaft erhalten blieb. [...]

Selbstverständlich konnten die Wohlhabenden – damals verdienten vier Prozent aller deutschen Steuerzahler mehr als 6000 Reichsmark im Jahr – 50
nicht die für den Zweiten Weltkrieg notwendigen Gelder aus ihren Steuern aufbringen. Wie aber wurde der kostspieligste Krieg der Weltgeschichte bezahlt, wenn die Mehrheit davon so wenig wie nur möglich spüren sollte? Die Antwort liegt auf 55
der Hand: Hitler schonte den Durchschnittsarier auf Kosten der Lebensgrundlagen anderer. Um das eigene Volk bei Laune zu halten, ruinierte die Reichsregierung die Währungen Europas, indem sie ständig höhere Kontributionen erzwang. Zur 60
Sicherung des nationalen Lebensstandards ließ sie viele Millionen Tonnen Lebensmittel zur Versorgung deutscher Soldaten rauben und das dann noch Greifbare nach Deutschland verfrachten. So wie sich die deutschen Armeen aus dem besetzten 65
Land ernähren sollten und weitgehend ernährten, so sollten sie ihre laufenden Kosten mit dem jeweils landeseigenen Geld begleichen. Auch das gelang weitgehend.

Die im Ausland eingesetzten deutschen Solda- 70
ten, also fast alle, und sämtliche im Ausland erbrachten Dienstleistungen für die Wehrmacht, im Ausland aufgekauften Rohstoffe, Industrieprodukte und Lebensmittel, die an die Wehrmacht

Arbeitsblatt: Die NS-Wirtschaft im Urteil von Historikern

oder nach Deutschland gingen, wurden in nichtdeutscher Währung bezahlt. Die Verantwortlichen
handelten ausdrücklich nach den Maximen: Wenn
in diesem Krieg jemand hungert, dann die anderen; wenn sich die Kriegsinflation schon nicht vermeiden lässt, dann soll sie überall stattfinden, nur
nicht in Deutschland. In die deutsche Kriegskasse
flossen auch die Milliardenbeträge, die aus der
Enteignung der Juden Europas gewonnen wurden.
[...]
Im Folgenden wird also gezeigt, wie Juden zuerst in Deutschland enteignet wurden, später in
Staaten, die mit Deutschland verbündet waren,
und in solchen, die von der Wehrmacht besetzt
wurden.

Götz Aly: Hitlers Volksstaat. Raub, Rassenkrieg und nationaler Sozialismus, Frankfurt/M. 2005, S.36ff.

● **D5 „Kein Durchbruch zur Massenkonsumgesellschaft"**

Adam Tooze (geb. 1967)

*Der britische Wirtschaftshistoriker Adam Tooze
zu Alys These von der „Gefälligkeitsdiktatur" in
einem Interview, 2007:*
*Herr Tooze, haben die Deutschen unter den Nazis
gut gelebt?*
Bis 1944 ging es ihnen nicht schlecht. Es gelang
dem Regime, den Lebensstandard auf dem Niveau
der späten Zwanzigerjahre zu halten. Andererseits
wurden in den Dreißigerjahren Wachstums- und
Konsummöglichkeiten nicht realisiert. Der Durchbruch zur Massenkonsumgesellschaft fand nicht
statt.
Warum?
Weil das Regime den Konsum systematisch ge-

drosselt hat. Zwischen 1932 und 38 wurden
zwanzig Prozent des Bruttosozialprodukts in die
Rüstungsproduktion geschoben. Das ist in der Geschichte kapitalistischer Staaten zu Friedenszeiten
die größte, radikalste, schnellste Verschiebung.
Also Kanonen statt Butter...
Die Wehrmacht war in den Dreißigern extrem po-
pulär. Die Mehrheit der Deutschen wollte die Re-
militarisierung der Gesellschaft. Und das Militär
war für die Identifikation mit dem Regime wichtiger als die Olympischen Spiele und der Massenur-
laub. Für die Mehrheit der Deutschen war die Re-
militarisierung ein Wert an sich. [...]
*Wie wichtig war denn die Ausplünderung der Ju-
den und der besetzten Gebiete für die Aufrechterhaltung der Konsummöglichkeiten im Reich von
1940 bis 1945?*
Natürlich hat die Ausplünderung der besetzten
Länder das deutsche Konsumniveau abgepuffert.
Das Besatzungsregime in Frankreich zum Beispiel
war eines der ergiebigsten aller Zeiten. Es gab eine
gigantische Ressourcenmobilisierung in Frankreich – zwischen dreißig und vierzig Prozent des
französischen Bruttosozialprodukts wurden ver-
einnahmt. Allerdings bricht die französische Wirtschaft deswegen ein – und NS-Deutschland ist mit
dem Problem konfrontiert, dass es einen größeren
Anteil von einem schwindenden Kuchen nimmt.
Maximal kommen siebzehn Prozent des deutschen
Bruttosozialprodukts aus den gesamten okkupier-
ten Ländern ...
*Das sieht Götz Aly in seinem Buch „Hitlers Volks-
staat" anders. Er geht davon aus, dass viel mehr
aus den besetzten Ländern gepresst wurde.*
Ja, aber mit dieser These steht Aly unter den Historikern völlig allein. Aly meint, dass ungefähr
siebzig Prozent der Kriegsanstrengungen aus dem
Ausland kamen, die restlichen dreißig Prozent aus
Deutschland. Dabei waren die realen Verhältnisse
umgekehrt. Aly ist ein toller Historiker – aber hier
irrt er völlig.
*Können Sie beschreiben, wie stark der Durch-
schnittsdeutsche im NS-Regime von der Ausplünderung der Juden profitiert hat?*

8 Arbeitsblatt: Die NS-Wirtschaft im Urteil von Historiker

Von den Juden viel weniger als von Frankreich. Die jüdische Bevölkerung hatte überall in Westeuropa nur einen kleinen Anteil an der Bevölkerung, meist unter einem Prozent. Selbst wenn viele reich waren, lässt sich durch deren Ausplünderung kein Krieg bezahlen und nicht der deutsche Gesamtkonsum mittelfristig abpuffern. Im Reich gab es in einzelnen Städten, in Wien, Berlin, Hamburg und Frankfurt, große jüdische Bevölkerungen, von deren Enteignung viele Deutsche profitierten. Aber das sind lokale Umverteilungen, die makroökonomisch kaum ins Gewicht fallen. Die großen jüdischen Bevölkerungen im Osten waren überwiegend arm – bei denen war nichts ausbeutbar außer ihrer Arbeitskraft.
Und das heißt?

Die Ausplünderung der deutschen und österreichischen Juden brachte dem Reich selbst in den Jahren 1938/39 nicht viel mehr als zwei Milliarden Mark an flüssigen Mitteln – die Besatzung Frankreichs 1943 hingegen dreizehn Milliarden Mark. Die Ausbeutung der besetzten Länder und jene der Juden sind also zwei verschiedene Themen, mit unterschiedlichen Größenordnungen. Das zu vermischen, ist ein weiterer Fehler bei Götz Aly. [...]

taz.de vom 23.6.2007. Online im Internet: URL: http://www.taz.de/index.php?id=archiv&dig=2007/06/23/a0006); das Interview führten Jan Feddersen, Stefan Reinecke und Christian Semler.

Arbeitsaufträge

1. Stellen Sie mithilfe von D 4 dar, was Götz Aly unter dem Begriff „Gefälligkeitsdiktatur" versteht. Untersuchen Sie, wie Aly seine These von der „Gefälligkeitsdiktatur" begründet.
2. Arbeiten Sie heraus, mit welchen Argumenten Adam Tooze (D5) versucht, Alys These zu widerlegen.
3. Diskutieren Sie in der Klasse, welche Argumente Sie mehr überzeugen.

4. Lösungsvorschläge zu den Arbeitsblättern

Arbeitsblatt 1

1. Die Arbeitslosigkeit stieg – vor allem in den Wintermonaten – von 1927 bis 1932 stark an. Von 1933 bis 1937 fiel sie nahezu in derselben Weise wieder. Im Jahr 1937 lag sie schließlich unter dem Niveau von 1927.
2. Der Rückgang der Arbeitslosigkeit wurde von den meisten Menschen auf die Politik der Regierung Hitler zurückgeführt. Dies war ein wesentlicher Grund für die positive Einschätzung der NS-Herrschaft durch den größten Teil der Bevölkerung. Einige Bevölkerungsgruppen verhielten sich abwartend, Gegner waren in der Minderheit.
3.
4. Die Propagandawirkung besteht in einem scheinbaren Beleg für die Tatkraft der Regierung beim Autobahnbau, der wiederum Fortschritt, Motorisierung und Modernität symbolisiert.
5. Der Anteil des Autobahnbaus an der Beseitigung der Arbeitslosigkeit war – im Gegensatz zur Propaganda und zur heute oftmals geäußerten Meinung – gering.
6. Die Autobahnen wurden für militärische Zwecke wenig benutzt – dies ebenfalls im Gegensatz zu heute vielfach geäußerten Meinungen.

Arbeitsblatt 2

1. Die Löhne entwickelten sich bis 1936 zurück und stiegen 1939 ganz leicht an. Sie blieben aber unter dem Niveau von 1929.
2. Bis auf Butter und Kartoffeln ging der Durchschnittsverbrauch zurück. Die Situation der arbeitenden Bevölkerung hatte sich nicht verbessert. Der Durchschnittsdeutsche lebte unter bescheidenen Verhältnissen.
3. Mit dem Winterhilfswerk sollte der Eindruck geschaffen werden, dass sich die Deutschen in der Not umeinander kümmern. Die Nationalsozialisten wollten damit die „Volksgemeinschaft" stärker im Volk zu verankern.

Arbeitblatt 3

1. Ziel: Schaffung einer schlagkräftigen Armee. Methode: Keine Kompromisse eingehen. Folgen: Zurückstehen ziviler Aufgaben. Behauptung: Wenn Aufrüstung nicht gelingt, ist Deutschland verloren. Überbevölkerung, fehlende Ernährungsgrundlage. Konkretisierung des Ziels: Kriegsfähigkeit in vier Jahren.
2. Die offen angesprochene Kriegsvorbereitung hätte die außenpolitische Situation des Dritten Reiches kompliziert.

Arbeitsblatt 4

1.

	1941	1943 (Steigerung gegenüber 1941, in Prozent)	1944 (Steigerung gegenüber 1941, in Prozent)
Gewehre	133 000 (100)	209 000 (157)	307 000 (147)
davon Maschinengewehre (42 und 43)	7 100 (100)	14 000 (199)	28 700 (204)
Gewehrmunition zusätzlich	76 000 000 (100)	203 000 000 (267)	486 000 000 (239)
Gewehrgranaten		1 850 000 (100)	2 987 000 (161)
Minen	79 000 (100)	1 560 000 (197)	3 820 000 (245)
Handgranaten	1 210 000 (100)	4 929 000 (407)	3 050 000 (–62)

2. In den meisten hier dargestellten Bereichen der Rüstung war es Speer mit seinen Maßnahmen gelungen, den Rüstungsausstoß wenigstens zu verdoppeln.
4. Die Entstehung der „Organisation der Selbstverantwortung der Industrie" beruht auf „diktatorischen" Eingriffen in das reguläre Marktgeschehen. Ohne Rücksicht auf das geistige Eigentum und die Entwicklungskosten, welche die Firmen in die Entwicklung von Knowhow gesteckt hatten, wurden in einem dirigistischen Konzentrationsprozess Firmen zusammengelegt oder geschlossen. Die gesamte Rüstungsproduktion wurde beaufsichtigt, rationelle Fertigung gefördert, umständliche Methoden beseitigt.
5. Stichworte: Austausch der Fabrikationsmethoden, Ausstattung der „befähigten" Betriebsführer mit diktatorischen Vollmachten, Ausnutzung von Betriebs- und Fertigungs-Knowhow, Stilllegung von unrentablen Betrieben, Rationalisierung der Arbeitsprozesse u. a.
6. Einerseits verlor der Unternehmer sein Urheberrecht für bestimmte Fertigungstechniken, andererseits konnte er mit steigenden Einnahmen und Gewinnen rechnen. Die Weiterentwicklung von Technik nach Marktmechanismen geriet aber aus dem Blick. Ein Grund, warum die Wehrmacht am Ende fast ausschließlich über veraltetes Kriegsgerät verfügte.
7. Zwangsarbeiter beiderlei Geschlechts wurden häufig in der Rüstungsindustrie unter unmenschlichen Bedingungen eingesetzt. Der Vorteil für einen Unternehmer, Zwangsarbeiter zu beschäftigen, lag darin, dass er auf keinerlei Arbeitnehmerrechte Rücksicht zu nehmen brauchte, ja bisweilen nicht einmal auf Grundformen der Menschlichkeit.

Arbeitsblatt 5
1. In der Quelle wird deutlich, dass die Wirtschaftspolitik nicht allein ökonomischen Motiven folgte, sondern gleichzeitig Ausdruck der NS-Rassenpolitik war, indem die Ausbeutung der Arbeitskräfte in den besetzten Gebieten auf deren Leben keine Rücksicht nahm.

2. In Polen kam die NS-Wirtschaftspolitik in den besetzten Gebieten an ihre Grenze, weil das Arbeitskräftereservoir nicht unerschöpflich war. Rassenpolitik und Wirtschaftspolitik widersprachen sich.

Arbeitsblatt 6
1. Hitler verspricht den anwesenden Unternehmern garantierte „gigantische" Gewinne nach dem Krieg, aber er droht ihnen auch mit dem Tod.
2. Beim Jägerstab galt im Umgang mit Menschen kein „zivilisierter Verhaltenskodex" mehr.
3. Die Nationalsozialisten wollten durch „umsichtige Pflege, straffe Erziehung, sorgfältige Schulung" und durch sparsamen und sinnvollen Einsatz die Mitarbeit der Arbeiter sicherstellen.
4. Die Arbeiter waren hohen physischen und psychischen Belastungen ausgesetzt, die zu Gesundheitsschäden führten.

Arbeitsblatt 7
1. Minister Goebbels spricht davon, dass der Einsatz einer oder mehrerer Wunderwaffen kurz bevorstehe, welche dem Krieg die entscheidende, für Deutschland günstige Wende geben würden.
2. Die Ankündigung der Wunderwaffen wirkte ganz unterschiedlich auf die Bevölkerung. Diejenigen, die den Versprechungen der Nationalsozialisten glaubten, fühlten sich beflügelt und sahen die Wende des Krieges nahen. Diejenigen, die das nicht taten, begegneten der Ankündigung mit Skepsis, teilweise mit Sarkasmus.
3. Der Beamte des Bergamtes kritisiert die unmenschliche Behandlung der Zwangsarbeiter. Er äußert sich aber nicht offen, sondern führt wirtschaftliche Gründe für eine Änderung der Verhältnisse an.

Arbeitsblatt 8
1. Aly begründet seine These der „Gefälligkeitsdiktatur" damit, dass er behauptet, die NS-Führung hätte die gewaltigen Kosten des Krie-

ges eher den Juden und der Bevölkerung in den besetzten Gebieten aufgebürdet als der eigenen. Diese sei vielmehr durch zahlreiche Privilegien am Raubkrieg der Nazis beteiligt gewesen.

2. Tooze widerspricht Aly aufgrund von empirischen Datenerhebungen, indem er die Dimension der Behauptung Alys anzweifelt. Das, was man aus den Juden und der vergleichsweise armen Bevölkerung im Osten herauspressen konnte, war im Vergleich zu den Gesamtkosten des Krieges marginal. Folglich hätten die Deutschen zu einem erheblichen Teil selbst dafür aufkommen müssen.

3. Alys Behauptung hat einen gewissen Charme, erklärt sie doch schlüssig, warum der Zusammenhalt zwischen Führer und Geführten bis zur letzten Minute funktionierte. Gleichwohl ist die Kritik von Tooze nicht zu ignorieren, wenn er die empirischen Defizite von Alys Argumentation herausstellt.

Anmerkungen

1 Ian Kershaw: Der NS-Staat. Geschichtsinterpretationen und Kontroversen im Überblick, Reinbek 3. Aufl. 2002, S. 80–111. Die von Kershaw genannte Literatur stammt fast ausschließlich aus den Jahren vor 1980 und untersucht vor allem die makrohistorische Frage nach dem „Primat der Politik oder der Wirtschaft".
2 Für den Primat der Wirtschaft z.B. Dietrich Eichholtz/Kurt Gossweiler: „Noch einmal: Politik und Wirtschaft 1933–1945, in: Das Argument 10 (1968), S. 211; für den Primat der Politik z.B. Ernst Nolte: „Big Business and German Politics: A Comment", in: AHR 75 (1969/70), S. 76.
3 Götz Aly: Hitlers Volksstaat. Raub, Rassenkrieg und nationaler Sozialismus, Frankfurt/M. 2005.
4 Adam Tooze: Ökonomie der Zerstörung. Die Geschichte der Wirtschaft im Nationalsozialismus, München 2007.
5 Tooze: Ökonomie, S. 13f.
6 Tooze: Ökonomie, S. 184. Eine vierköpfige Familie hätte 1938 für den Erwerb und den Unterhalt eines Autos bei einer Fahrleistung von 10 000 km jährlich 67,45 Reichsmark monatlich aufwenden müssen, also ihr gesamtes Einkommen, das nach Abzug der unmittelbaren Lebenshaltungskosten blieb.
7 Es gibt unterschiedliche Zahlen, wie viele Arbeiter beim Autobahnbau beschäftigt wurden. Für 1936 werden Zahlen bis zu 130 000 angegeben.
8 Markus Tiedemann: „In Auschwitz wurde niemand vergast." 60 rechtsradikale Lügen und wie man sie widerlegt, München 2000, S. 32 f.
9 Zitiert nach: Tooze: Ökonomie, S. 166.
10 Tooze: Ökonomie, S. 177–179.
11 Zu Hitlers Vorstellungen einer „nationalen Bedarfs- und Ausgleichswirtschaft", aus der sich der Gedanke der Autarkie speiste, vgl. Ludolf Herbst: Der totale Krieg und die Ordnung der Wirtschaft. Die Kriegswirtschaft im Spannungsfeld von Politik, Ideologie und Propaganda 1939–1945, Stuttgart 1982, S. 84–92.
12 Hermann Weiß: Autobahnen, in: Wolfgang Benz (Hg.): Legenden, Lügen, Vorurteile. Ein Wörterbuch zur Zeitgeschichte, München 3. Aufl. 1993, S. 40–43.
13 Götz Aly,: Volksstaat, S. 36–39.
14 Adam Tooze: Stramme junge Männer in braunen Uniformen, in: DIE ZEIT Nr. 18 v. 28.4.2005.
15 Tooze: Ökonomie, S. 718ff.
16 Eine der derzeitigen geschichtswissenschaftlichen Kontroversen betrifft das Ausmaß dieses Konsums. Vgl. Hartmut Berghoff: Gefälligkeitsdiktatur oder Tyrannei des Mangels? Neue Kontroversen zur Konsumgeschichte des Nationalsozialismus, in: GWU 58, 2007, H. 9, S. 502–518.
17 Bernhard R. Kroener: „Soldaten der Arbeit". Menschenpotential und Menschenmangel in Wehrmacht und Kriegswirtschaft, in: Dietrich Eichholtz (Hg.): Krieg und Wirtschaft. Studien zur deutschen Wirtschaftsgeschichte 1939–1945, Berlin 1999, S. 109–127, bes. S. 114.
18 Albert Speer (1905–1981), seit 1942 Reichsminister für Rüstung und Kriegsproduktion.
19 Fritz Saukel (1894–1946), Gauleiter in Thüringen, seit 1942 Generalbevollmächtigter für den Arbeitseinsatz, verantwortlich für die rücksichtslose Ausbeutung von Fremd- und Zwangsarbeitern.
20 Herbert Backe (1896–1945), seit 1942 Leiter des Reichsministeriums für Ernährung und Landwirtschaft, verantwortlich für die Planung des Hungertodes von Millionen von Menschen.
21 Deutschland besaß bei Kriegsbeginn nur auf einigen Gebieten, wie etwa bei den Strahlflugzeugen, einen knappen technischen Vorsprung vor den Alliierten, der allerdings während des Krieges verspielt wurde. Die angebliche technologische Überlegenheit deutscher Waffeningenieure ist ein Mythos. Vgl. „Technische Leistungen im Vergleich", in: Bernhard R. Kroener/Rolf-Dieter Müller/Hans Umbreit (Hg.): Organisation und Mobilisierung des deutschen Machtbereichs. Zweiter Halbband: Kriegsverwaltung, Wirtschaft und personelle Ressourcen 1942–1944/45, Stuttgart 1999, S. 688–692 (Das Deutsche Reich und der Zweite Weltkrieg, Bd. 5.2).
22 „Wunderwaffen", in: Dietrich Eichholtz: Geschichte der deutschen Kriegswirtschaft 1939–1945. Bd. 3: 1943–1945, Berlin 1996, S. 195–205.
23 Vgl. dazu die lesenswerten und instruktiven Bände von Markus Tiedemann: In Auschwitz (Anm. 8) und von Wolfgang Benz: Legenden (Anm. 12).
24 Ein beliebtes Beispiel ist die Legende vom „Wunderjäger" Me 262, dem ersten Düsenstrahlkampfflugzeug, dem unterstellt wird, das Zeug besessen zu haben, den Verlauf des Krieges zu beeinflussen (Christian Zentner: Der Zweite Weltkrieg. Daten, Fakten, Kommentare, Rastatt o. J., S. 448). Dem widerspricht, dass die 1300 produzierten Exemplare dieses Typs „nur" auf 150 Abschüsse bei 100 eigenen Verlusten gekommen waren („Hochleistungsflugzeuge", in: Eichholtz: Geschichte der deutschen Kriegswirtschaft, S. 172–175).
25 Erinnerung des Zeitgenossen L. Z., in: Walter Kempowski: Schöne Aussicht, München/Hamburg 1981, S. 311.
26 Tooze: Ökonomie, S. 183f.
27 Kompletter Text in: Wilhelm Treue: Hitlers Denkschrift zum Vierjahresplan 1936, in: Vierteljahrshefte für Zeitgeschichte 3, 1955, S. 184–210.

Literatur

Fachliche Titel:

Götz, Aly: Hitlers Volksstaat. Raub, Rassenkrieg und nationaler Sozialismus, Frankfurt/M. 2005

Wolfgang Benz (Hg.): Legenden, Lügen, Vorurteile. Ein Wörterbuch zur Zeitgeschichte, München 3. Aufl. 1993

Fritz Blaich: Wirtschaft und Rüstung in Deutschland 1933–1939, in: Karl Dietrich Bracher/Manfred Funke/Hans-Adolf Jacobsen (Hg.): Nationalsozialistische Diktatur. Eine Bilanz, Bonn 1986, S.285–316

Dietrich Eichholtz: Geschichte der deutschen Kriegswirtschaft 1939–1945, 3 Bde., Berlin (Ost)/München 1984–1999.

Dietrich Eichholtz (Hrsg.): Krieg und Wirtschaft. Studien zur deutschen Wirtschaftsgeschichte 1939–1945, Berlin 1999

Ian Kershaw: Der NS-Staat. Geschichtsinterpretationen und Kontroversen im Überblick, Reinbek 3. Aufl. 2002, S.80–111

Bernhard R. Kroener/Rolf-Dieter Müller/Hans Umbreit (Hg.): Organisation und Mobilisierung des deutschen Machtbereichs. Zweiter Halbband: Kriegsverwaltung, Wirtschaft und personelle Ressourcen 1942–1944/45, Stuttgart 1999, S.688–692 (Das Deutsche Reich und der Zweite Weltkrieg, Bd. 5.2)

Timothy Mason (Hrsg.): Arbeiterklasse und Volksgemeinschaft. Dokumente und Materialien zur deutschen Arbeiterpolitik 1936-1939, Opladen 1975

Adam Tooze: Ökonomie der Zerstörung. Die Geschichte der Wirtschaft im Nationalsozialismus, München 2007

Didaktische Titel:

Wolf-Rüdiger Größl/Harald Herrmann: Stundenblätter. Das Dritte Reich – Beispiel eines faschistischen Staates. Sekundarstufe II, Stuttgart 4. Aufl. 1992

Hartmut Müller: Stundenblätter. Der Nationalsozialismus: Die große Täuschung. Sekundarstufe I, Stuttgart 2. Aufl. 1988

Dieter Petzina/Wolfgang Abelshauser/Anselm Faust (Hg.): Sozialgeschichtliches Arbeitsbuch. Bd. 3: Materialien zur Statistik des Deutschen Reiches 1914–1945, München 1974

Herbert Prokasky: Kriegsvorbreitung und Revolutionsfurcht. Wirtschafts- und Gesellschaftspolitik, in: Rolf Schörken (Hg.): Unterrichtsmodelle zum Nationalsozialismus, Stuttgart 1982, S.99–138 (Anmerkungen und Argumente)

Rolf Schörken (Hg.): Das Dritte Reich. Geschichte und Struktur. Schwerpunkt-Materialien (für Grund- und Leistungskurse der Sekundarstufe II), Stuttgart 1982, S.93–115

Markus Tiedemann: „In Auschwitz wurde niemand vergast." Sechzig rechtsradikale Lügen und wie man sie widerlegt, Mülheim 1996

Martin Lücke

"Der Mann ein Soldat, die Frau eine Mutter"

Ideologisierung der Geschlechter im Nationalsozialismus

44

1. Sachanalyse – Überblick über den Forschungsstand

Welche Bilder von Männlichkeit und Weiblichkeit in einer Gesellschaft als positiv und welche als negativ bewertet werden, unterliegt dem historischen Wandel. Geschlecht wird fast immer als eine Kategorie entworfen, die eng mit den sichtbaren Körpern von Männern und Frauen verknüpft ist; Geschlechterbilder sind zunächst die bloßen Abbildungen solcher vorbildlichen oder ablehnenswerten Männer und Frauen. Sie offenbaren sich unter anderem in Propagandafotografien, verschmähenden Spottbildern oder in filmischen Bildern. Vernetzt man solche visuellen Geschlechterbilder mit Texten, in denen sich Zeitgenossen zum Thema Geschlecht geäußert haben, so zeigt sich, welche gesellschaftlichen Einflüsse für den Entwurf solcher Geschlechterbilder verantwortlich waren.

Die gesellschaftlichen Spielräume des Handelns und Leidens eines Menschen bestimmen sich, darin sind sich die Geistes- und Sozialwissenschaften einig, vor allem durch die Parameter der „Rasse", der sozialen Herkunft und des Geschlechts.[1] Das Kriterium der „Rasse" war im Nationalsozialismus die wirkmächtigste dieser drei Kategorien. Mit ihrer Hilfe wurde die verhängnisvolle Entscheidung getroffen, ob eine Person „arisch" oder „nicht-arisch" war, ob sie als der „Volksgemeinschaft" zugehörig betrachtet wurde oder nicht. Eng verknüpft mit antisemitischen Vorstellungen konnte aber auch die Kategorie des Geschlechts eine immense Bedeutung entfalten, indem im Nationalsozialismus bestimmte Bilder von Männern und Frauen als besonders vorbildlich und andere als besonders negativ und ablehnenswert entworfen wurden. Auf diese Weise wurde neben rassistischen und antisemitischen Exklusions- und Inklusionskriterien auch mit dem Kriterium des Geschlechts gearbeitet, um die nationalsozialistische Ideologie zu propagieren und zu festigen. Race und gender funktionierten im Nationalsozialismus als miteinander verschränkte Kategorien. Auch im Nationalsozialismus galten Männer als das dominierende erste und Frauen als das zweite, untergeordnete Geschlecht. Dieser Umstand „ist keine Erfindung der Nationalsozialisten", sondern hat „eine lange, weit in die Vergangenheit zurückreichende Tradition."[2] Spezifisch nationalsozialistisch war die besondere ideologische Aufladung der Vorstellungen vom Geschlechterverhältnis und ihre strenge und stete Rückkopplung an das Konstrukt der Volksgemeinschaft. „Der Mann ein Soldat, die Frau eine Mutter (von künftigen Soldaten) – in dieser Formel lässt sich das Geschlechterbild des frühen Nationalsozialismus zusammenfassen."[3] Dies bedeutet jedoch nicht, dass das nationalsozialistische Bild der Frau als Gebärerin von „arischem" Nachwuchs dieser ausschließlich eine vermeintlich unpolitische, weil natürlich-biologisch konstruierte Sphäre als Mutter zuwies. Im Gegenteil: Das mütterliche Frauenbild war genauso politisch aufgeladen wie das des Mannes als Kämpfer und Soldat. Die ideologischen Hintergründe solcher Geschlechterbilder sind vor allem im aggressiven und am Konzept des „Lebensraums" orientierten außenpolitischen Expansionsdrang des Nationalsozialismus sowie in der rassistisch-antisemitischen Grundkonzeption der NS-Ideologie zu suchen: Geschlechterpolitik diente dem Ziel, die Geburtenrate der „arischen" Rasse zu steigern und somit die Wehrhaftigkeit der Bevölkerung zu erhöhen.

Geschlechterpolitik fing bei der Erziehung an. Das wesentliche Ziel der NS-Erziehung in HJ und BDM („Bund Deutscher Mädel") war „das Heranzüchten gesunder Körper und […] die Ausbildung eines Charakters mit starker Willens- und Entschlußkraft".[4] Eine solche Körper- und Charakterschulung für Jungen und Mädchen sah allerdings sehr unterschiedlich aus: Während sich die Jungen in der HJ häufig paramilitärisch anmutenden Übungssequenzen unterziehen mussten, bestand sportliche Körpererziehung für Mädchen oft aus Turnübungen oder Reigentänzen.

Ein ganzes Bündel an Gesetzesmaßnahmen und finanziellen Lockangeboten sollte zudem dafür sorgen, dass die Geburtenrate der „arischen Rasse" steigen sollte: So wurde ab 1936 erstmalig ein Kindergeld von zehn Reichsmark monatlich aus-

Zum Bild auf S.44: Plakat aus dem Jahr 1944 (Zitat von Frevert, s. Anm.2)

gezahlt (das durchschnittliche Jahreseinkommen abhängig Beschäftigter betrug zur gleichen Zeit im Durchschnitt 1520 RM). Davon profitierten zunächst Familien ab dem fünften und ab 1938 auch Familien ab dem dritten Kind. Heiratswillige, die den strengen rassischen Anforderungen der Nationalsozialisten entsprachen, konnten zudem ein Ehestandsdarlehen beanspruchen, das nach vier Geburten als „abgekindert", also als beglichen galt.[5] Die nationalsozialistische Geschlechterpolitik kann als ein Zweiklang von politischen Maßnahmen und der Begleitung dieser Maßnahmen durch eine wirkungs- und effektvolle Propaganda angesehen werden. Flankiert wurden die finanziellen Lockangebote nämlich propagandistisch, indem Frauen an ihre staatsbürgerliche Reproduktionsaufgabe erinnert und die Mutterschaft gleichzeitig ideologisch überhöht wurde. So hieß es in einer bereits 1933 vorgelegten Broschüre der Nationalsozialisten: „Ihr Mütter und ihr, die ihr Mütter sein werdet, seid Euch dessen bewußt, daß bei Euch Deutschlands Zukunft ruht, daß aus Eures Herzens Glutwellen die heilige Flamme völkischer Erneuerung emporlodern muß."[6]

Geschlechterpolitik für Mitglieder der „arischen" Rasse grenzte sich – hier tritt die Bedeutung des Faktors race zu Tage – scharf von einer Geschlechterpolitik ab, wie sie die Nationalsozialisten für Jüdinnen und Juden entwarfen: Während etwa Abtreibungen bei „arischen" Frauen im Nationalsozialismus deutlich schärfer bestraft wurden als noch in der Zeit der Weimarer Republik, war es Frauen „artfremden Blutes" ab 1938 ohne Angabe von Gründen gestattet, Abtreibungen vorzunehmen. Hierzu zählten neben Jüdinnen auch Sinti und Roma, „Mischlinge" oder „Ostarbeiterinnen". Die Nürnberger Gesetze aus dem Jahr 1935 verkündeten ein Heiratsverbot zwischen deutschen Reichsbürgern und Angehörigen „artfremden Blutes" und schrieben auf diese Weise eine Diskriminierung in die Rechtsordnung des „Dritten Reiches" ein, in der sich die Faktoren race und gender zu einem wirkungsvollen Exklusionsmechanismus verbinden konnten.[7] Auch diese Maßnahmen wurden von einer lebhaften Propa-

Abb. 1: Plakat für die Ausstellung „Die Frau. Frauenleben und -wirken in Familie, Haus und Beruf", Berlin 1933

ganda begleitet. So wartete Julius Streichers Hetzblatt „Der Stürmer" bereits in den 1920er-Jahren mit antisemitischen Karikaturen und Spottbildern auf, in denen – zeitgenössische Geschlechterstereotype aufgreifend – effeminierte Bilddarstellungen jüdischer Männer und vermännlichte Darstellungen jüdischer Frauen präsentiert wurden. Diese Inszenierungsstrategie wurde konsequent bis zur letzten Ausgabe des Blattes am 1.2.1945 beibehalten. Solchen Verkörperungen ablehnenswerter Geschlechterbilder wurden im Stürmer die Körper „arischer" Männer und Frauen gegenübergestellt, in denen die zeitgenössischen Geschlechterstereotype auf positive Weise ästhetisch überformt wurden. So standen den Jüdinnen und Juden besonders vorbildliche vergeschlechtlichte „Arier"-Körper gegenüber.[8] Schon im Januar 1932 etwa karikierte der Stürmer einen fiktiven Boxkampf zwischen einem als muskulös dargestellten „Arier" und einem als schwächlich-dick überzeichneten Juden (vgl. Q19) und stellte dieser Auseinandersetzung zweier so ungleicher Männlichkeiten die Überschrift „Auf zur letzten Runde" voran – in retrospektiver Betrachtungsweise bereits ein deutliches Zeichen auf das Unheil des Holocaust.

2. Didaktische Analyse mit Standards und Kompetenzen

Geschlechterbilder – hegemoniale ebenso wie marginalisierende, „arische" genauso wie „jüdische" – bilden keine natürlichen Tatsachen ab, sondern sind interessengeleitete Konstruktionen. Dieser Umstand, innerhalb der historischen Geschlechterforschung längst eine Binsenweisheit, mag für Schülerinnen und Schüler zunächst als eine recht sonderbare Idee erscheinen. Um sich im Unterricht diesem komplexen Zusammenhang anzunähern, kann auf produktive Weise aufgegriffen

Standards nach Anforderungsbereichen (AFB) Die Schülerinnen und Schüler können …	
AFB 1	Merkmale vorbildlicher und marginalisierender Geschlechterbilder im Nationalsozialismus anhand von Bilddarstellungen benennen: • vorbildlich für Männer: z.B. soldatisches Erscheinungsbild, kämpferische Körperhaltung, sportlich anmutende Gestalt; • vorbildlich für Frauen: z.B. Verbindung von Körperpflege und Eleganz, Zopf als Kennzeichen für jugendliche Weiblichkeit;. • marginalisierend für Männer und Frauen: z.B. Absprechen von sexueller Attraktivität, Verwendung von unathletischen Bildelementen bei Männern (etwa extrem dick oder extrem hager) und von vermännlichenden Bildelementen bei Frauen (etwa Körperbehaarung);
AFB 2	den Zusammenhang von Geschlechterbildern und NS-Propaganda erläutern: • Erläutern des Propagandagehaltes von Bilddarstellungen von Männern und Frauen; • Rassistische Aufladung der NS-Ideologie erkennen und ihre Abhängigkeit vom Faktor Geschlecht erläutern (Verweis auf das Reproduktionsgebot der „arischen" und das sich abzeichnende Reproduktionsverbot für „minderwertige" Rassen in ihrer Interdependenz beschreiben); • Erläutern, dass der Entwurf von Geschlechterbildern im Nationalsozialismus dem Zweck der rassistischen Aufladung der NS-Ideologie gedient hat; • Herausarbeiten, dass die Kategorie Geschlecht im Nationalsozialismus besonders in Erziehung, Erwerbsarbeit und Sport wirksam wurde;
AFB 3	über Relevanz und Reichweite von Geschlechterbildern und Geschlechterpolitik im Gesamtzusammenhang des NS-Herrschaftssystems diskutieren: • Die massive antijüdische Propaganda in Hetz- und Spottbildern als wirkungsvolles Mittel der Ausgrenzung bewerten; • Die NS-These von der „nationalen Revolution" auf ihre Rechtfertigung und ihre Auswirkungen hin untersuchen; • Die begrenzte Reichweite von Geschlechterpolitik auf das Fertilitätsverhalten einer Gesellschaft erkennen und dabei die Grenzen von Propaganda diskutieren; • Die begrenzte Reichweite von Geschlechterpolitik vor dem Hintergrund ökonomischer Sachzwänge erkennen.

werden, dass Geschlecht, besonders im Nationalsozialismus, eine sichtbar gemachte Kategorie war: Geschlechterbilder waren häufig in der Tat Bilder. Ihre Wirkweise, ihr propagandistischer Zweck und Einzelheiten ihrer Ausprägung lassen sich deshalb besonders gut über das Medium der Bildquelle erschließen. In dieser Unterrichtsstunde sollen daher schwerpunkthaft Bildquellen aus dem Bereich der politischen Publizistik und der propagandageleiteten Sportfotografie verwendet werden. Nicht um die Körper realer Frauen und Männer geht es also in dieser Unterrichtseinheit, sondern um die ideologische Formung solcher Körper zum Zwecke der Propaganda.

Um die in den Bildquellen sichtbar werdenden Geschlechterbilder in die NS-Ideologie einordnen zu können, werden sie mit Textquellen verbunden, die sich ebenfalls mit der Geschlechterproblematik im Nationalsozialismus beschäftigen. Um die Texte möglichst nah an die Lebenswelt der Schülerinnen und Schüler anzukoppeln, sollen in erster Linie Quellen verwendet werden, die sich mit Jugend

Kompetenzen Die Schülerinnen und Schüler …	
Interpretationskompetenz	• sind in der Lage, den Bildgehalt von Propagandadarstellungen und Karikaturen zu erfassen und zu beschreiben. Sie können anhand weiterer Bild- und Textquellen die Bildaussagen interpretieren und bewerten. Sie sind in der Lage, Texte der Sekundärliteratur zu erfassen und deren Inhalte durch einen Rückbezug auf die Bild- und Textquellen quellenkritisch zu überprüfen;
Gattungskompetenz	• können die Bild- und Textquellen auf ihren Quellenwert untersuchen und erkennen dabei insbesondere den unterschiedlichen Quellenwert von Spott- und Hetzbildern, von Propagandatexten und Sportfotografien;
Geschichtskulturelle Kompetenz	• wissen, dass Geschlechterbilder in wichtigen geschichtskulturellen Gattungen hergestellt und reproduziert werden. Sie sind in der Lage, ihr erworbenes historisches Wissen auch auf die Deutung gegenwärtiger Geschlechterbilder anzuwenden und auf diese Weise gegenwärtige Wissensformationen zu Geschlecht zu dekonstruieren bzw. in ihrem Konstruktcharakter zu erkennen;
Narrative Kompetenz	• können durch eine Auseinandersetzung mit Quellentexten und Bilddarstellungen die Inhalte dieser Materialien mithilfe leitender Fragestellungen systematisch gegenüberstellen. Sie sind in der Lage, Merkmale der nationalsozialistischen Geschlechterpolitik mündlich und schriftlich darzustellen. Sie sind insbesondere in der Lage, die Ergebnisse ihrer Bild- und Textquelleninterpretation erörternd in diese Darstellung einzubinden.

Abb. 2: Karikatur aus dem „Stürmer": „Sein neuester Trick"

und Erziehung beschäftigen. Schwerpunkthaft werden dabei Texte, die im Zusammenhang mit dem „Bund Deutscher Mädel" (BDM) entstanden sind, herangezogen. Die Texte aus dem Umfeld des BDM beziehen sich nicht nur auf Mädchen und auf Konzepte von Weiblichkeit, sondern setzen diese auch zumeist in ein Verhältnis zu Männlichkeit. Auf diese Weise geben die Texte Auskunft über die Relationalität von Frauen- und Männerbildern. Dass die NS-Geschlechterbilder einem historischen Wandel unterworfen waren, kann durch die Verwendung von Quellen aus unterschiedlichen Phasen der nationalsozialistischen Herrschaft verdeutlicht werden. So unterscheiden sich die Weiblichkeitsbilder von 1934 in vielen Punkten von denen aus dem Jahr 1940, eine Distanz zu den Männern als erstem Geschlecht wurde jedoch immer strikt eingehalten.

Welche geschlechtlich aufgeladenen Körperbilder von den Nationalsozialisten für Jüdinnen und Juden entworfen wurden, kann dann wieder anhand von Bildquellen verdeutlicht werden – in diesem Stundenentwurf anhand von Spottbildern aus dem antisemitischen Hetzblatt „Der Stürmer".

Hier erscheint es besonders wichtig, auf den extremen propagandistischen Konstruktcharakter dieser Geschlechterbilder hinzuweisen, da ansonsten bei den Schülerinnen und Schülern der Eindruck weiblicher Körper entsteht.

Durch die hier skizzierte Vorgehensweise lernen die Schülerinnen und Schüler nicht nur nationalsozialistische Geschlechterkonzepte und Merkmale nationalsozialistischer Propaganda kennen, sondern werden auch mit einem Kernanliegen der Geschlechtergeschichte konfrontiert: Indem der Konstruktcharakter von Geschlecht thematisiert wird, decken die Schülerinnen und Schüler die Perspektivität ideologisch aufgeladener Geschlechterbilder durch die Arbeit an historischen Quellen auf und interpretieren auf diese Weise zeitgenössische Geschlechterkonzepte. Möglicherweise entwickeln sie durch die Arbeit an den historischen Quellen auch die Bereitschaft, in ihrer Gegenwart nach visuell und textuell transportierten Geschlechterbildern Ausschau zu halten.

3. Methodische Überlegungen

Da in der Unterrichtsstunde sowohl auf den Themenkomplex Antisemitismus als auch auf die Jugendorganisationen HJ und BDM eingegangen wird, sollte die Stunde erst im Anschluss an die Behandlung dieser Themen durchgeführt werden. Auf diese Weise kann an bekanntes Wissen angeknüpft und dieses mit neuen Lerninhalten verbunden werden.

Unterschiedliche Leistungsstände können in binnendifferenzierten Themenblöcken berücksichtigt werden.

3.1 Einstieg mit dem Filmplakat „Hitlerjunge Quex" und mit Fotos Leni Riefenstahls

Filmplakate gehören heute noch zur Lebenswelt von Schülerinnen und Schülern; dass sie ein werbendes Medium sind und deshalb auf eindringliche Weise Idealbilder transportieren, ist deshalb unmittelbar einsichtig. Das Filmplakat zum NS-Propagandafilm Hitlerjunge Quex aus dem Jahr 1933 (Q 1) zeigt auf sehr anschauliche Weise einen Entwurf vorbildlich-jugendlicher Männlichkeit. Die Verfilmung von Karl A. Schenzingers gleichnamigem Jugendbuch aus dem Jahr 1932 erzählt die Geschichte des „Hitlerjungen" Heini Völkel alias Quex, der in einem als heroisch inszenierten Kampf von einem Kommunisten getötet und dann von den Nationalsozialisten zum Märtyrer stilisiert wird. Das Filmplakat kann als Einstiegsmedium etwa als OH-Projektion präsentiert werden. Die Schülerinnen und Schüler können nach einer formalen Beschreibung des Mediums und einer Beschreibung des Bildinhalts aufgefordert werden, die Attribute, die die Darstellung des „Hitlerjungen" Quex kennzeichnen, noch einmal genau zu benennen: blonde, kurze Haare, entschlossenkämpferische Körperhaltung, soldatisches Erscheinungsbild durch das Tragen einer Uniform. Auf diese Weise benennen die Schülerinnen und Schüler bereits wichtige Charakteristika vorbildlicher Männlichkeit im Nationalsozialismus. Alternativ oder ergänzend zum Filmplakat können Bildquellen aus der Sportpropaganda verwendet werden. Hier bietet sich Bildmaterial aus Leni Riefenstahls Olympia-Filmen „Fest der Völker" bzw. „Fest der Schönheit" aus dem Jahr 1938 an. Die Pose des Zehnkämpfers Glenn Morris beim Speerwurf (Q 2) etwa verdeutlicht durch die aufwärts strebende Blickrichtung den Dominanzanspruch von idealisierter Männlichkeit auf besonders signifikante Weise, während die Fotografie des siegreichen Ruderers Gustav Schäfer mit Lorbeerkranz (Q 4) Siegesgewissheit und – durch den von ihm vollzogenen Hitlergruß – gleichzeitig Unterordnung unter das NS-Regime zum Ausdruck bringt.

Inwieweit sich das durch die Bildquellen erarbeitete NS-Männlichkeitsbild in die NS-Ideologie einbettet und wie es mit dem Weiblichkeitsbild zusammenhängt, kann in der Erarbeitungsphase in drei Themenkomplexen behandelt werden.

3.2 Vorschläge zur Erarbeitung
Für die Erarbeitungsphase können Materialien mit unterschiedlichem Schwierigkeitsgrad verwendet werden, die den Blick auf unterschiedliche Aspekte der NS-Geschlechterideologie richten. Während Themenkomplex 1 „Körper und Geschlecht" Material mit einfachem Schwierigkeitsgrad bereithält, sind die Materialien im Themenkomplex 2 „Arbeit und Geschlechterrollen" von mittlerem Schwierigkeitsgrad. Der Themenkomplex 3 „Politische Erziehung" ist für fortgeschrittene Schülerinnen und Schüler konzipiert.

Die Schülerinnen und Schüler sollten die Materialien zunächst in Einzelarbeit bearbeiten und ihre Ergebnisse in themengleichen Gruppen austauschen und diskutieren. Im Anschluss daran können die Ergebnisse der gesamten Lerngruppe präsentiert werden. Denkbar wäre auch, nach einem Ergebnisaustausch in den Gruppen themenverschiedene neue Gruppen zusammenzustellen, in denen sich die Schülerinnen und Schüler ihre Ergebnisse untereinander vorstellen.

Themenkomplex 1 „Körper und Geschlecht" knüpft an die Körperdarstellung des „Hitlerjungen" Quex, aber auch an die Abbildungen aus der Sportpropaganda an, indem Idealbilder weiblichjugendlicher Körperlichkeit erarbeitet werden und mit den Idealen für die Jungen bzw. körperlich aktiven Männer verglichen werden können. Q 5 aus dem „Führerorgan der nationalsozialistischen Jugend" Wille und Macht gibt Auskunft über die körperliche Verortung von Weiblichkeit zwischen sportlicher Betätigung und weiblich-sexueller Attraktivität. Bemerkenswert am Text ist in erster Linie, dass eine solche Verortung nur im schmalen Spannungsfeld zwischen einem „schwächliche[n] Dämchen" auf der einen und einem „äußerlich nicht genügend gepflegte[n] Sporttyp" auf der anderen Seite stattfinden sollte. Q 7 bis Q 9 zeigen Bildmaterial zu den im Text geäußerten Vorstellungen. Sie präsentieren ein Mädchen bei der Vorbereitung zu einem Speerwurf (Q 7), eine Gruppe tanzender „BDM-Mädels" (Q 8) sowie eine weibliche Turngruppe (Q 9). Indem auch hier Bildquellen verwendet werden, kann die Methode der Bildbeschreibung und -interpretation vertieft und auf die inhaltlichen Aussagen des Textes bezogen werden. Indem die Schülerinnen und Schüler durch die Arbeitsaufträge aufgefordert werden, einen Vergleich zwischen dem Bild des „Hitlerjungen" Quex bzw. den Sportlerdarstellungen und den „BDM-Mädels" herzustellen, geraten die Gemeinsamkeiten und Unterschiede der im NS-Sinn vorbildlichen Männlichkeit und Weiblichkeit in den Blick.

Der Themenkomplex 2 „Arbeit und Geschlechterrollen" beschäftigt sich mit der Funktion von Geschlechterrollen in der Arbeitswelt und stellt auf diese Weise einen Bezug zur gesellschaftlichen Dimension von Geschlechterbildern her. Der Themenkomplex knüpft an den Einstieg an: Auch hier (besonders in Q 11 aus dem Jahr 1940) wird auf ein militärisches Männlichkeitsbild verwiesen, wie es das Filmplakat zu Hitlerjunge Quex bereits 1933 abgebildet hat, das aber nun in Relation zum weiblichen Arbeitsdienst gesetzt wird. Q 10 lenkt den Blick jedoch zunächst auf einen frühen Zeitpunkt der NS-Herrschaft. Anhand der hier ausführlich entwickelten Argumentation zum „Hauswirtschaftlichen Jahr" wird deutlich, welche Argumente die Nationalsozialisten vortrugen, um Mädchen und jungen Frauen Haushalt und Familie als Lebenssphäre zuzuweisen. Der Text entwirft für Jungen und Mädchen jeweils unterschiedliche Bedrohungsszenarien durch Arbeitslosigkeit und ungelernte Fabrikarbeit und richtet so den Blick ein weiteres Mal auf die Unterschiede der Geschlechterbilder im Nationalsozialismus.

Der Themenblock 3 „Politische Erziehung" hält anspruchsvolle Quellen (Q 12 und Q 13) bereit, die sich in abstrakter Weise mit Geschlechterkonzepten in der NS-Erziehung befassen. Leistungsstärkere Schüler können hier nicht nur Merkmale von NS-Geschlechterbildern erarbeiten, sondern auch die Abgrenzung der Nationalsozialisten zu vermeintlich marxistischen Geschlechtervorstellungen kennen lernen. Da beide Quellen einen recht umfangreichen Textkorpus darstellen, könnte auch eine Beschränkung ausschließlich auf Quelle 13 stattfinden, da hier insbesondere durch die Verwendung von „gleichwertig" und „gleichartig" eine begriffliche Besonderheit der NS-Geschlechterideologie benannt wird.

3.3 Transfer: Antisemitische Geschlechterbilder und die Relationalität von „Rasse" und „Geschlecht"

Indem in der Transferphase mit antisemitischen Hetzkarikaturen aus der Wochenzeitung „Der Stürmer" gearbeitet wird, tritt nun ein gänzlich anderes Bildmedium ins Blickfeld. Das zuvor erarbeitete Wissen über die Art und Weise, wie im Nationalsozialismus vorbildliche Geschlechterbilder entworfen wurden, kann so anhand einer anderen Sorte von Bildquelle auf den ideologischen Mechanismus der Konstruktion negativ konnotierter Geschlechterbilder angewendet werden. Eine solche Transferleistung erfordert zunächst vonseiten der Lehrkraft oder mittels eines kurzen Schülervortrags Informationen über die Wochenzeitung „Der Stürmer", damit den Schülerinnen und Schülern von vornherein präsent ist, dass es sich bei den Karikaturen aus diesem Blatt um antisemitische Spottbilder handelt. D 1 aus der „Enzyklopädie des Nationalsozialismus" hält hierzu Informationen bereit. Q 15 bis Q 19 zeigen mit deutlicher agitatorischer Bildsprache, auf welche Weise antisemitische Männer- und Frauenbilder im Stürmer entworfen wurden.

Die einzelnen Abbildungen können von Kleingruppen jeweils zunächst gesichtet und beschrieben werden. Auch eine frontale Präsentation, etwa als OH-Projektion, wäre hier denkbar. Dann nennen die Schülerinnen und Schüler die konkreten Attribute der Darstellung der Männer- und Frauenkörper: etwa unmuskulöse Körper, Unklarheit über die Geschlechtszuordnung in Q 17, klare Unterlegenheit gegenüber einer „arischen" Männlichkeit und Weiblichkeit in Q 18 und Q 19. Auf dieser Grundlage erschließen sie Merkmale von marginalisierten Geschlechterkonzepten und setzen sie mit antisemitischen Stereotypen in Verbindung, denen sie bereits im Verlauf der Unterrichtsreihe begegnet sind.

Um die Historizität von Geschlecht zu verdeutlichen, können Schülerinnen und Schüler aufgefordert werden, im Nachklang der Stunde mit wachen Augen Ausschau nach gegenwärtigen Geschlechterstereotypen zu halten, die sich etwa in aktuellen Zeitschriften, auf Filmplakaten oder bei der Inszenierung von Sportlerinnen und Sportlern zeigen. Auf diese Weise kann diskutiert werden, ob und inwiefern sich die ideologisch geformten Geschlechterbilder des Nationalsozialismus gewandelt haben oder ob sie nach wie vor Kontinuität besitzen beziehungsweise wie heute Idealbilder von Geschlecht aussehen und wie solche Geschlechterbilder entworfen werden.

3.4 Vorschläge für die Sekundarstufe II

Um die erarbeiteten Inhalte in der gymnasialen Oberstufe zu vertiefen und die Schüler/-innen gleichzeitig mit der Argumentationsweise wissenschaftlicher Texte vertraut zu machen, kann anhand von Darstellungen der Historikerinnen Gisela Bock und Ute Frevert (D 2 und D 3) das Verständnis für den komplexen Zusammenhang zwischen Fragen der Rassen- und Bevölkerungspolitik, der Politisierung der Mutterrolle und dem Faktor weiblicher Erwerbsarbeit geschärft werden. Gisela Bock beschreibt in ihrem Text zunächst den Einfluss, den die NS-Ideologie auf die Trennung von Privatem und Öffentlichem entfalten konnte und zeigt auf, dass sich die Erwerbstätigkeit von Frauen im Nationalsozialismus nicht an den ideologischen Vorgaben, sondern an wirtschafts- und kriegspolitischen Sachzwängen des Regimes ausrichtete. Ute Frevert analysiert zunächst die völkisch motivierten Maßnahmen der NS-Familien- und Frauenpolitik. Sie zeigt auf, dass es im Nationalsozialismus trotz massiver Propaganda nicht gelang, den langfristigen Trend zur Zwei-Kind-Familie aufzuhalten. Im Unterricht können die Schülerinnen und Schüler die Inhalte der Sekundärtexte thesenhaft zusammenfassen und unter Zuhilfenahme der zuvor bearbeiteten Text- und Bildquellen die Stichhaltigkeit der Thesen überprüfen. Aufgrund der Länge des Artikels kann die Textlektüre in die Hausaufgabe verlegt werden und die Textdiskussion zu Beginn der Folgestunde erfolgen.

"DER MANN EIN SOLDAT, DIE FRAU EINE MUTTER"

1 Arbeitsblatt: Idealisierte Männlichkeit

● Q1 Filmplakat zu Hitlerjunge Quex (1933)

● Q2 Der Zehnkämpfer Glenn Morris beim Speerwurf während der Olympischen Spiele (1936)

● Q3 Der „Ruderer Hannemann, die Nr. 7 des deutschen Achters" (1936)

● Q4 Der Olympiasieger im Ruder-Einer, Gustav Schäfer, mit Lorbeerkranz (1936)

Arbeitsaufträge

1. Nennt die Merkmale bzw. Attribute, die die Nationalsozialisten Männern zuordneten. Tragt sie in den linken Kasten auf S. 53 (Arbeitsblatt 2) ein.

2 Arbeitsblatt: Körper und Geschlecht

● **Q5 „Freude am schönen Menschen"**
Die NS-Zeitschrift „Wille und Macht" über die BDM-Unterorganisation „Glaube und Schönheit", 1938:

Mit der Befreiung von der kirchlichen Minderbewertung des Körperlichen, mit dem Bekenntnis zum griechischen Schönheitsideal und mit dem Einsatz einer großen Sportbegeisterung unseres Volkes sind die Menschen in Deutschland schöner geworden. Die Freude am schönen Menschen muß mit der weiblichen Eitelkeit erwachen, muß mit einer Körperpflege und einer Eleganz sich verbinden. Zum gepflegten Auftreten gehört aber die sportliche Betätigung, der Wille, den Körper auszubilden und zu stärken. Weder das schwächliche Dämchen noch ein äußerlich nicht genügend gepflegter Sporttyp kann auf diese Weise sich einseitig ausbilden. Tanz und sportliche Spiele, Geselligkeit und die Anteilnahme am kulturellen Leben werden den Rahmen der erzieherischen Einrichtungen […] bestimmen und den Idealtyp junger deutscher Frauen prägen. Wir wissen, daß gerade die schönen Mädels mit Begeisterung sich dieser Aktion verschreiben werden.

Wille und Macht 6 (1938), aus: Gisela Miller-Kipp: „Auch Du gehörst dem Führer". Die Geschichte des Bundes Deutscher Mädel (BDM) in Quellen und Dokumenten (Materialien zur historischen Jugendforschung), Weinheim/München 2002.

● **Q6 Plakat des „Bundes Deutscher Mädel" (BDM), um 1935. Chromolithografie, Entwurf von Ludwig Hohlwein**

● **Q7 „BDM-Mädel" (1940)**

● **Q8 „Reigen im BDM" (1940)**

2 Arbeitsblatt: Körper und Geschlecht

● Q 9 Freiübungen der amerikanischen Turnerinnen bei den Olympischen Spielen 1936

Arbeitsaufträge

1. Beschreibt das Idealbild weiblicher Schönheit nach Q 5. Durch welche Eigenschaften sollen sich Mädchen und junge Frauen auszeichnen?
2. Q 7 bis Q 9 zeigen nationalsozialistische Propagandafotografien von Frauen. Prüft, ob in diesen Darstellungen das im Text beschriebene Schönheitsideal sichtbar wird. Begründet eure Meinung mit genauen Verweisen auf die Bilddarstellungen.
3. Vergleicht eure Ergebnisse mit der Darstellung des „Hitlerjungen Quex" bzw. mit den Sportlern Morris, Hannemann und Schäfer (Arbeitsblatt 1) und stellt die Gemeinsamkeiten und Unterschiede in einer Tabelle gegenüber. (s.u.)
4. Diskutiert die Frage, ob die in den Bildern und im Text verkündeten Schönheitsideale noch heute gelten.

Idealbild von jungen Männern: Hitlerjunge Quex	Idealbild von jungen Frauen: BDM-Mädel und Turnerinnen

3 Arbeitsblatt: Arbeit und Geschlechterrollen

Welche Rollen Männern und Frauen in einer Gesellschaft zugewiesen werden, kann man daran erkennen, welchen Platz sie in der Arbeitswelt einnehmen sollen. Oft – so auch im Nationalsozialismus – wird Frauen die Sphäre der Arbeit im Haushalt zugewiesen. Auch galt Arbeitslosigkeit für Männer und Frauen aus unterschiedlichen Gründen als gefährlich.

● Q 10 „Ein Mädel wird an Leib und Seele krank"

Die „Mädelreferentin" im Sozialen Amt der Reichs-Jugendführung (RJF) Gertrud Kunzemann führt zu den Notwendigkeiten der Einrichtung eines „Hauswirtschaftlichen Jahrs" für Mädchen aus, 1934:

Ostern 1934 wurden rund 625 000 Mädel aus der Schule entlassen. Das ist die doppelte Zahl der Schulentlassenen aus dem Vorjahre. Schon im vorigen Jahre war es nicht möglich, alle Mädchen in
5 eine geregelte Tätigkeit einzureihen; um so weniger konnte es nun bei der diesjährigen Schulentlassung der Fall sein.

Wir wissen alle, dass Arbeitslosigkeit das schlimmste Gift für erwachsene Menschen ist. Für
10 junge Menschen, für die die Schulentlassung immer den Eintritt ins wirkliche Leben bedeutet, bewirkt die Arbeitslosigkeit bei Beginn dieses Lebens eine Zerstörung des inneren Haltes, der ihnen in den acht Jahren Schulzeit allmählich gegeben wur-
15 de. Vor mehreren Jahren löste man die Frage der Unterbringung einfach damit, daß man schulentlassene Mädel in die Fabriken schickte, in denen sie als ungelernte Arbeiterinnen schon selbst verdienten. Durch diese Fabrikarbeit geht jedes
20 Empfinden für die Arbeit verloren, die eigentlich dem Wesen des Mädels entspricht. Es ist dann so, daß das Mädel, das in der mechanischen Fabrikarbeit dem Jungen vollkommen gleichgestellt ist, auch äußerlich die Ansprüche eines Jungen an das
25 Leben stellt. Er kommt abends todmüde aus der Fabrik und ist für geistige Eindrücke überhaupt nicht mehr aufnahmefähig. Eine Befriedigung bringt die Arbeit nicht. Daher entsteht eine innere Leere, die das Mädel dann meistens durch den Be-
30 such von Tanzlokalen oder wertlosen Filmen ausfüllen will. So ein Mädel wird in kurzer Zeit an Leib und Seele krank, und wir bekommen eine Mädelgeneration, die nie in der Lage sein wird, später Träger des deutschen Frauentums zu sein.
35 Es müßte also ein Weg gefunden werden, auf welchem schulentlassene Mädel auf einfache Art und Weise wieder in eine Arbeit kommen, die ihrem Wesen und ihrer Jugend entspricht. [...]

Es wurde das „Hauswirtschaftliche Jahr" ins
40 Leben gerufen, und zwar soll jeder nationalsozialistische Haushalt ein junges Mädchen schlicht um ein Jahr aufnehmen. [...]

Das „Hauswirtschaftliche Jahr für schulentlassene Mädchen" wurde ins Leben gerufen, um die
45 jungen Menschen vor der Arbeitslosigkeit zu bewahren und sie erst einmal dem ureigensten Beruf der Frau zuzuführen. Das Mädel soll die Grundbegriffe der Hauswirtschaft erlernen, bevor es in einen anderen Beruf eintritt.

Das Junge Deutschland 28 (1934), S. 261-265.

● Q 11 „Adel der Arbeit"

Die BDM-Reichsreferentin Jutta Rüdiger zum Kriegseinsatz im Juli 1940:

Deutsches Mädel,
in der Zeit des größten Schicksalskampfes unseres Reichs darf keiner untätig bleiben, ohne sein Anrecht darauf zu verwirken, Angehöriger des deutschen Volkes zu sein. Der deutsche Mann greift
5 zur Waffe, um unser Reich zu schützen, du aber, deutsches Mädel, gehst in die Munitionsfabrik, um unseren Kameraden die Waffen zu reichen, greifst zum Pfluge, um die Ernährung unseres Volkes sicherzustellen. Überall, wo Arbeit wartet,
10 packst du zu. Im Krieg adelt den Mann das Schwert. Dein Adel, deutsches Mädchen, ist die Arbeit.

Das Deutsche Mädel, Juli 1940, S.6.

"DER MANN EIN SOLDAT, DIE FRAU EINE MUTTER"

3 Arbeitsblatt: Arbeit und Geschlechterrollen

Arbeitsaufträge

1. Ermittelt, wie die Zeitung „Das junge Deutschland" (Q 10) die Einführung eines „hauswirtschaftlichen Jahres" begründet. Was genau hat man sich unter einem solchen „hauswirtschaftlichen Jahr" vorzustellen?
2. Stellt dar, wie die nationalsozialistische Politikerin Jutta Rüdiger den Arbeitseinsatz von Frauen begründet (Q 11).
3. Vergleicht die Begründungen aus Q 10 und Q 11 und arbeitet Gemeinsamkeiten und Unterschiede heraus. Stellt die Ergebnisse eures Vergleichs in einer Tabelle gegenüber. Diskutiert die Frage, was die Ursache der von euch ermittelten Unterschiede sein könnte.
4. Listet auf, welche Unterschiede zwischen männlichen und weiblichen Jugendlichen bzw. zwischen Männern und Frauen im Hinblick auf Erwerbsarbeit in den Quellen benannt werden. Stellt auch diese Ergebnisse in einer Tabelle gegenüber.

Begründungen zur Berufstätigkeit von Mädchen und Frauen im Nationalsozialismus	
1934: Hauswirtschaftliches Jahr	1940: Kriegseinsatz

Unterschiede bei der Bewertung von Erwerbsarbeit von Männern und Frauen	
Frauen	Männer

4 Arbeitsblatt: Politische Erziehung

Erziehung war im Nationalsozialismus eine politische Angelegenheit. Vertreterinnen des „Bundes Deutscher Mädel" (BDM) haben diskutiert, wie sich die Ideologie des Nationalsozialismus in einer solchen politischen Erziehung niederschlagen und welche Auswirkungen das auf die Bilder von Männern und Frauen haben sollte.

● Q 12 Politische Erziehung im BDM

Die BDM-Führerin Grete Mahlmann über die Mädchenerziehung im BDM, 1934:

Zweierlei warf man uns vor: daß wir die Mädel ihren mütterlichen Pflichten entzögen und daß wir das Mädel ihrer Familie entfremden. Beides ist unwahr. Wir haben uns als Vorbild die deutsche
5 Mutter genommen, eine Gestalt, die in Revolution und Marxismus untergegangen war. Wir erkannten ihre Pflichten an: Hüterin der Familie, Erzieherin der Kinder und Kameradin des Mannes zu sein. Aber auch die Frau des Weltkrieges wurde uns
10 Vorbild, und darin liegt das Entscheidende. Es reicht nicht aus, wenn das Opfer einer Frau nur dem engen Kreis der Familie angehört; auch ihr oberstes Prinzip muß Deutschland sein. Da muß unsere politische Erziehung einsetzen. Ein Gefah-
15 renland wie Deutschland, inmitten Europas, kann es sich niemals leisten, seine Mädel und Frauen politisch unwissend heranzuziehen. Sie müssen wach und tapfer sein, wie jene Frauen germanischer Zeit. [...] Zucht, Kameradschaft, sozialisti-
20 sche Haltung sind die Erlebniswerte, die wir den Mädeln in unserer Gemeinschaft vermitteln. Daneben haben wir uns naturgemäß Aufgaben gestellt, die jeder Deutsche zu erfüllen hat: Volkstumspflege und -arbeit, Förderung kultureller
25 Werte. Die Frau ist in stärkerem Maße die Trägerin dieser Werte. Deshalb pflegen wir in unserm Bunde besonders das deutsche Lied, deutschen Tanz, Spiel und Festgestaltung. Mittelpunkt dafür ist uns der Heimatabend. [...] Gibt er den Mädeln
30 doch die Fähigkeit, später den Abend im eigenen Heim nach diesem Vorbild auszugestalten. [...] Die Ziele unserer Erziehung hat uns der Nationalsozialismus vorgeschrieben, die Form der Erziehung hat sich nach der Eigenart des Mädels gerichtet.

Reichs-Jugend-Pressedienst „Das deutsche Mädel", Nr. 224, 6.12.1934, Bl. 1f.

● Q 13 Ziele der nationalsozialistischen Mädchenerziehung

Die BDM-Reichsreferentin Jutta Rüdiger in einer Rede im Jahr 1938:

Die Jungen werden zu politischen Soldaten, die Mädel zu starken und tapferen Frauen erzogen, die diesen politischen Soldaten Kameradinnen sein sollen, und unsere nationalsozialistische Weltanschauung später in ihrer Familie als Frauen und 5 Mütter leben und gestalten – und so wieder eine Generation der Härte und des Stolzes großziehen.

Wir wollen keine Mädel erziehen, die sich romantischen Träumereien hingeben, die nur etwas malen, singen und tanzen können oder das Leben 10 einseitig verzerrt sehen, sondern Mädel, die fest in der Wirklichkeit stehen und die bereit sind, sich für ihr Ideal praktisch bis zum letzten einzusetzen und Opfer dafür zu bringen. [...] Wir wollen Mädel formen, die stolz sind, damit sie sich einmal 15 einen Kämpfer zum Schicksalsgefährten erwählen. Wir wollen Mädel, die bedingungslos an Deutschland und den Führer glauben, und diesen Glauben einst in das Herz ihrer Kinder legen; dann wird der Nationalsozialismus und dadurch Deutsch- 20 land für immer bestehen. [...]

Wir wollen darum politische Mädel formen. Das bedeutet nicht: Frauen, die später in Parlamenten debattieren und diskutieren, sondern Mädel und Frauen, die um die Lebensnotwendig- 25 keiten des deutschen Volkes wissen und dementsprechend handeln. [...] Der Marxismus behauptet, daß die Frau dem Manne gleichartig sei – und versucht auf diesem Wege, die Frau zu einer unnatürlichen Lebenshaltung zu bringen, 30 um das Volk degenerieren zu lassen. Eine andere Richtung, die aus dem semitischen Gedankengut herkommt, behauptet: Die Frau sei minderwertig. Diese Auffassungen: daß die Frau gleichartig oder minderwertig sei, sind unserer Rasse fremd und 35

„DER MANN EIN SOLDAT, DIE FRAU EINE MUTTER"

Arbeitsblatt: Politische Erziehung 4

unseres Volkes unwürdig. Wir müssen uns heute von den fremdrassigen Strömungen und Einflüssen frei machen und eine Rückschau halten auf das Leben unserer Vorfahren, wo es weder ein Va-
40 ter- noch ein Mutterrecht gegeben hat, sondern ein Elternrecht. Mann und Frau standen gleichwertig mit gleicher Verantwortungsfreude nebeneinander und erfüllten jeder seiner Art gemäß ihre Aufgaben gegenüber dem Volk.

Jutta Rüdiger: Der Bund deutscher Mädel in der Hitler-Jugend, in: Paul Meier-Benneckenstein (Hg.): Das Dritte Reich im Aufbau. Übersichten und Leistungsberichte, Bd.2, S.395–413, hier S.396f., zitiert nach Miller-Kipp S.253–254.

Arbeitsaufträge

1. Listet die Grundsätze für die Erziehung von Mädchen im Nationalsozialismus auf.
2. Ermittelt, welches Frauen- und welches Männerbild in den Texten deutlich wird. Stellt die Unterschiede in einer Tabelle gegenüber.

Grundsätze der Erziehung von Mädchen im Nationalsozialismus

Männer- und Frauenbild in der Erziehung

Männerbild	Frauenbild

5 Arbeitsblatt: Antisemitische Hetzkarikaturen

D 1 „Der Stürmer"

Eintrag in der „Enzyklopädie des Nationalsozialismus", 1997:

„Stürmer, Der"

Im April 1923 von Julius Streicher gegründet, zunächst im völkischen Verlag Wilhelm Harden, seit 1935 im Eigenverlag Streichers erschienene vulgäre antisemitische Wochenzeitung mit dem Untertitel „Deutsches (bis 1933 Nürnberger) Wochenblatt zum Kampf um die Wahrheit". Auf Breitenwirkung berechnet, betrieb der S., oft in obszönen, pornographischen Greuelgeschichten, Verleumdung und Propaganda gegen die jüdische Bevölkerung. So gehörten Berichte über die „Rassenschande" jüdischer Männer mit „arischen" Frauen, über Ritualmorde und das Schächten von Tieren zu seinen Lieblingsthemen. Auf der Titelseite befanden sich seit 1925 bösartige, fast ausschließlich antisemitische Karikaturen von „Fips" (Philipp Rupprecht), seit 1927 das Treitschke-Zitat: „Die Juden sind unser Unglück". Der Stürmer rief die Leser in speziellen Rubriken zur Denunziation von „Judenfreunden" auf. Durch öffentlichen Aushang in „S.-Kästen" fand das Blatt zusätzliche Verbreitung. […] Die Auflage betrug zunächst etwa 2000–3000 Exemplare und stieg auf über 20 000 im Jahr 1933 und knapp 400 000 im Jahr 1944. Die letzte Ausgabe erschien am 1.2.1945.

Angelika Heider: Der Stürmer, in: Wolfgang Benz, Hermann Graml, Hermann Weiß,: Enzyklopädie des Nationalsozialismus, München 1997, S.754.

Q 15 „Sehnsucht" (Juli 1934)

Der Stürmer, Juli 1934, Nr.27, S.4.

Q 16 „Sorgen" (Mai 1934)

Bildunterschrift: „Furchtbar, wenn so'n Dienstmädchen den Stürmer in die Hand bekommt! Mer kann sich nimmer geben wie mer möchte – und ä Rassegenossin kommt doch für die Dreckarbeit nicht in Frage."

Der Stürmer, Mai 1934, Nr.19, S.2.

Q 17 „Beim Bade" (September 1933)

Bildunterschrift: „In den Ostseebädern sollen sich solche Gestalten noch des öfteren sehen lassen. Kein Wunder, dass sich da manche Welle ‚bricht'"

Der Stürmer, September 1933, Nr.38, S.2.

Arbeitsblatt: Antisemitische Hetzkarikaturen

● Q 18 „Neue Zeit" (September 1934)

Bildunterschrift: „Da sich zu gut für einen Jud' heut jedes deutsche Mädel hält, hat notgedrungen sich der Jud auf seine Schickse umgestellt."

Der Stürmer, September 1934, Nr.37.

● Q 19 „Auf zur letzten Runde" (Januar 1932)

Der Stürmer, Januar 1932, Nr.1.

Arbeitsaufträge

1. Benennt, mithilfe welcher für eine Karikatur üblicher Verzerrungen und Übertreibungen in den Abbildungen gearbeitet wird und tragt diese Merkmale in die Tabelle ein.
2. Arbeitet heraus, über welche Eigenschaften die Darstellungen der Körper von Jüdinnen und Juden in den Abbildungen verfügen. Vergleicht diese Attribute mit der propagandistischen Darstellung des „arischen" Mannes und der „arischen" Frau und füllt die Tabelle entsprechend aus. Stellt auch diese Ergebnisse in einer Tabelle gegenüber.

Merkmale der Karikaturen aus dem „Stürmer":

Darstellung von Jüdinnen und Juden im „Stürmer"	
Jüdinnen	Juden

Darstellung von „arischen" Männern und Frauen	
Frauen	Männer

6 Arbeitsblatt: Geschlechterbilder und Geschlechterpolitik

Innerhalb der Geschlechtergeschichte wird diskutiert, in welchem Zusammenhang die Kategorien race und gender im Nationalsozialismus standen und welche Auswirkungen die NS-Geschlechterpolitik auf die Lebenswelten von Männern und Frauen entfalten konnte. Die Historikerinnen Gisela Bock und Ute Frevert beschäftigen sich vor allem mit der Bedeutung von Erwerbsarbeit vor dem Hintergrund der nationalsozialistischen Wirtschafts- und Rüstungspolitik und mit der Frage, ob die NS-Geschlechterpolitik tatsächlich Auswirkungen auf Familiengründungen und Kinderzahlen hatte.

● D2 Rasse und Geschlecht

Die Historikerin Gisela Bock zum Zusammenhang von Rasse und Geschlecht und zur Erwerbstätigkeit von Frauen im Nationalsozialismus:

Der Nationalsozialismus machte die „Rassenfrage" zum Kern seiner Politik. […] Einerseits traf die Rassenpolitik beide Geschlechter gleichermaßen; andererseits war sie ebenso wenig geschlechtsneutral, wie die Geschlechterpolitik rassenneutral war. […] Der Nationalsozialismus suchte die gesamte Gesellschaft mit seiner Rassenpolitik zu durchdringen. […] Zusammen mit der allgemeinen Massenmobilisierung untergrub die Rassenpolitik das traditionelle Verhältnis zwischen Privatem und Politischem, mit gravierenden Folgen für die Geschlechter und deren Beziehungen. Das Private sollte einzig in seiner Funktion für das Politische Geltung haben; das Politische hieß aber „Volk und Rasse"; und hierin unterschied sich die nationalsozialistische Parole „Gemeinwohl geht vor Eigenwohl" von ihrer traditionellen Bedeutung. Das Sterilisationsgesetz vom Juli 1933 […] gründete – so der offizielle Kommentar – auf dem „Primat des Staates auf dem Gebiet des Lebens, der Ehe und der Familie" und darauf, daß die Bestimmung der Grenze zwischen dem Politischen und dem Nichtpolitischen nicht etwa eine private Angelegenheit sei, sondern eine politische. […]

Bezüglich der „deutschen und erbgesunden" Frauen war das Regime durchaus flexibel und entsprach keineswegs dem Bild von „Kinder-Küche-Kirche" oder „Heim-und-Herd", das seine Gegner gemalt hatten; vor allem in den Werbekampagnen der frühen dreißiger Jahre waren die Nazis bezichtigt worden, alle Frauen zu „willfährigen Gebärmaschinen" machen zu wollen. Die Frauenerwerbstätigkeit war bis 1939 in erster Linie von der wirtschaftlichen Konjunktur geprägt. Obwohl sich zur Zeit der großen Krise [gemeint ist die Weltwirtschaftskrise] viele Nationalsozialisten, vor allem die „alten Kämpfer", den Ausschluß der Frauen aus der Erwerbsarbeit gewünscht hatten (genauso wie viele Nicht-Nationalsozialisten innerhalb und außerhalb Deutschlands), gab es keine Massenentlassung von Frauen: Allzu wichtig war ihr Beitrag zur Wirtschaft, zumal in Zeiten von Autarkiepolitik und Aufrüstung, und allzu dringend waren viele Familien auf den Frauenerwerb angewiesen. Von 1933 bis 1936 stieg die Zahl der Industriearbeiterinnen um 29 Prozent, in den folgenden zwei Jahren nochmals um 19 Prozent; auch der Trend zu lebenslanger Erwerbstätigkeit dauerte an: Der Anteil verheirateter Arbeiterinnen verdoppelte sich von 1933 bis 1939, der Anteil der 25- bis 40 jährigen und auch der über 40 jährigen Frauen stieg deutlich an. 1939 waren 52 Prozent der Frauen erwerbstätig (in „Groß"-Deutschland, also einschließlich von Österreich und des Sudetenlands), 24 Prozent der erwerbstätigen Frauen hatten Kinder unter vierzehn Jahren, und Frauen stellten 36 Prozent aller Erwerbstätigen – weitaus mehr als in den Ländern Westeuropas (mit Ausnahme Frankreichs) und den USA.

Die Mehrheit der Frauen sah ihre Erwerbsarbeit keineswegs als Emanzipation; eine Umfrage des Frauenamtes der Deutschen Arbeitsfront von 1936 – sie ähnelte den Enqueten, die in mehreren westlichen Ländern im ersten Drittel des Jahrhunderts unternommen worden waren – zeigte die Überlastung der Frauen: „Wie haben keine Freizeit, besonders wenn man Kinder hat."

Gisela Bock: Frauen in der europäischen Geschichte. Vom Mittelalter bis zur Gegenwart, München 2005, hier: Nationalsozialismus und Rassenpolitik, S. 281–286.

Arbeitsblatt: Geschlechterbilder und Geschlechterpolitik

● **D 3 Nationalsozialistische Geschlechterpolitik**
Die Historikerin Ute Frevert zur ideologischen Grundlegung der NS-Frauen- und Geschlechterpolitik und zu den Auswirkungen auf die Geburtenrate:

Das Kernstück nationalsozialistischer Frauen- und Geschlechterpolitik bildete die Rassen- und Bevölkerungspolitik. Mit den „modernsten ärztlichen Hilfsmitteln", hatte Hitler 1924 angekündigt, würde der völkische Staat für den konkurrenzlosen Bestand der nordisch-arischen „Herrenrasse" sorgen. Kranke und erblich Belastete sollten für „zeugungsunfähig" erklärt werden, während die „Fruchtbarkeit des gesunden Weibes" nach Kräften zu fördern sei. […]

Nur „rassisch wertvolle" Frauen sollten dem völkischen Staat Kinder gebären. Die Fortpflanzung jener 20 bis 30 Prozent der deutschen Bevölkerung, die nach strengen rassehygienischen Kriterien als „minderwertig" galten, war dagegen unerwünscht. Millionen Frauen, die den rassischen, sozialen und politischen Ansprüchen der NS-Volkszüchter nicht genügten, wurden folgerichtig nicht ermuntert, sondern nach Kräften gehindert, „ihrem Land und Volk Kinder zu schenken". […] Besonders strenge Maßstäbe wurden für die Ehepartnerinnen von Berufssoldaten und SS-Angehörigen angelegt. Die SS hatte mit ihrem Rasse- und Siedlungs-Hauptamt (RuSHA) sogar eine eigene Behörde eingerichtet, die seit 1931 Heiratsuntersuchungen vornahm. Nur vollkommen gesunde und rassisch einwandfreie Frauen durften sich mit Mitgliedern der NS-Eliteorganisationen verbinden, an deren Nachwuchs man höchste Ansprüche stellte. Im Jahr 1935 gründete der Reichsführer SS Heinrich Himmler die „Lebensborn e.V.", deren satzungsgemäße Aufgabe darin bestand, „den Kinderreichtum in der SS zu unterstützen, jede Mutter guten Blutes zu schützen und zu betreuen und für hilfsbedürftige Mütter und Kinder guten Blutes zu sorgen". […]

Außer solchen repressiven Maßnahmen setzte das Regime aber auch eine Reihe attraktiver Lockmittel ein, um seine Bürgerinnen zu generativen Höchstleistungen zu veranlassen. Kinderreiche Ehepaare wurden steuerlich begünstigt und finanziell unterstützt. Seit 1936 erhielten Arbeiter- und Angestelltenfamilien, deren Monatseinkommen unter 185 Reichsmark lag, für das fünfte und jedes weitere Kind 10 Reichsmark monatlich, und zwei Jahre später gab es ein solches Kindergeld bereits für das dritte und vierte Kind. Finanziert wurde dieses aufwendige staatliche Unterstützungsprogramm, von dem 1938 immerhin 2,5 Millionen Kinder und deren Eltern profitierten, aus der Arbeitslosenversicherung, deren Kassen dank des ökonomischen Aufrüstungsbooms gut gefüllt waren. Ein weiteres „Zuckerbrot" stellte das Angebot eines Ehestandsdarlehens dar. Seit 1933 konnten Heiratswillige, die den rassischen und sozialen „Qualitätsanforderungen" genügten, ein Darlehen beanspruchen, das in Form von Einkaufsgutscheinen in Höhe von maximal 1000 Reichsmark ausbezahlt wurde. (Das durchschnittliche Jahreseinkommen abhängig Beschäftigter lag damals bei 1520 Reichsmark.) Abgesehen davon, daß es Eheschließungen und Haushaltsgründungen erleichtern sollte, bot das Darlehen auch einen Anreiz, möglichst rasch möglichst viele Kinder in die Welt zu setzen. Die Darlehensschuld verminderte sich pro Kind um ein Viertel und galt nach vier Geburten als „abgekindert". […]

Der meßbare Erfolg dieser Politik ließ nicht lange auf sich warten: Die Geburtenrate stieg. 1939 lag sie mit 20,4 Geburten auf 1000 Einwohner um mehr als fünf Punkte höher als 1932 und hatte fast wieder das Niveau von 1924 erreicht. Ob der Anstieg allerdings tatsächlich auf das Konto der gezielten Geburtensteigerungs-Maßnahmen der Nationalsozialisten ging, ist fraglich. Manches spricht dafür, daß die Trendwende auch ohne sie eingetreten wäre. Daß in den fünf Jahren nach 1933 mehr Kinder geboren wurden als in der entsprechenden Zeit vorher, bedeutete nicht etwa, daß die Kinderzahl pro Ehe stieg. Alle Bemühungen, die Entwicklung zur Zwei-Kinder-Ehe aufzuhalten, scheiterten. So kamen in den 1920 geschlossenen Ehen durchschnittlich 2,3 Kinder zur

6 Arbeitsblatt: Geschlechterbilder und Geschlechterpolitik

Welt, in den 1930 und 1940 geschlossenen jedoch nur noch 2,2 bzw. 1,8 Kinder. Die durchschnittliche Haushalts- und Familiengröße schrumpfte auch im Dritten Reich weiter. Lebten 1933 3,6 Personen in einem Hauhalt, waren es 1939 nur noch 3,27. Ehepaare ließen sich offensichtlich weder durch Abtreibungsverbote noch Kindergeld oder Ehestandsdarlehen davon abhalten, die Zahl ihres Nachwuchses klein zu halten. Wenn sich die Geburtenrate dennoch erhöhte, lag das hauptsächlich daran, daß mehr Ehen geschlossen wurden, in denen Kinder geboren werden konnten. Kamen 1932 auf 1000 Einwohner 7,9 Eheschließungen, waren es zwei Jahre später 11,2. Obwohl sich dieser hohe Wert nicht stabilisieren ließ, lag die Heiratsquote bis 1939 um fast 20 Prozent über dem Mittel der Jahre 1923 bis 1932. Nachdem die schlechte Wirtschaftslage in der Endphase der Weimarer Republik Familiengründungen eher aufgeschoben hatte, scheinen das optimistische Aufschwungversprechen der Nationalsozialisten und die rasch zurückgehenden Arbeitslosenzahlen heiratsstimulierend gewirkt zu haben; das Ehestandsdarlehen mag ein zusätzlicher Anreiz gewesen zu sein, Liebesbeziehungen zu legitimieren. [...]

Dennoch sollte man die Wirkungen der bevölkerungs- und mutterschaftsbezogenen Politik des Regimes nicht unterschätzen. Selbst wenn sich die meisten Frauen nicht entschließen konnten, dem „Führer" mehr als zwei Kinder zu schenken, blieben sie von der propagandistisch verstärkten Politisierung des Mutterseins nicht unberührt. Die von Gesundheitsämtern und Amtsärzten exekutierte „Körperpolitik" rückte ihnen das staatliche Interesse an ihrer Fortpflanzungsqualität ebenso ins Bewußtsein wie die von der Abteilung Reichsmütterdienst innerhalb des Deutschen Frauenwerkes seit 1934 organisierten Mütterschulen. Hier wurden innerhalb von zehn Jahren fünf Millionen Frauen auf ihren „Beruf" Hausfrau und Mutter vorbereitet. Hinzu kamen spezielle, vom Deutschen Frauenwerk veranstaltete Hauswirtschaftskurse, außerdem Mütterberatungsstellen, die Rat und Information in drängenden Pflege- und Erziehungsfragen gaben sowie materielle Unterstützungen vermittelten. Nach offiziellen Angaben existierten 1938 insgesamt 25 000 solcher Beratungsstellen, die von mehr als zehn Millionen Frauen aufgesucht worden waren.

Ute Frevert: Frauen, in: Wolfgang Benz/Hermann Graml/Hermann Weiß: Enzyklopädie des Nationalsozialismus, München 1997, S. 220–234, hier S. 224–229.

Arbeitsaufträge

1. Zeigen Sie auf, welchen Zusammenhang die Historikerinnen Gisela Bock und Ute Frevert zwischen den Kategorien „Rasse" und „Geschlecht" im Nationalsozialismus sehen.
2. Erläutern Sie, welche Auswirkungen die nationalsozialistische Rassen- und Geschlechterpolitik laut Bock und Frevert auf die Lebenspraxis von Frauen im Nationalsozialismus entfalten konnte.
3. Überprüfen Sie die Thesen von Gisela Bock und Ute Frevert, indem Sie deren Aussagen mit den Inhalten der von Ihnen erarbeiteten Bild- und Textquellen vergleichen.

4. Lösungsvorschläge zu den Arbeitsblättern

Arbeitsblatt 1

Attribute wie beim Hitlerjungen Quex treffen auch bei den Darstellungen des speerwerfenden Glenn Norris zu; bei Gustav Schäfer kommt – bedingt durch den Hitlergruß – eine unterwürfige Haltung hinzu, wodurch er sich dem Nationalsozialismus unterordnet.

Arbeitsblatt 2

Idealbild von jungen Männern: Hitlerjunge Quex (oder Glenn Norris oder Gustav Schäfer, Wiederholung aus Einstieg)	Idealbild von jungen Frauen: BDM-Mädel und Turnerinnen
• Tragen einer Uniform: soldatisches Erscheinungsbild • Entschlossen-kämpferische Körperhaltung: Kampfbereitschaft	• Verbindung von Körperpflege und Eleganz • „Gepflegte" Sportlichkeit • Harmonische Bewegungen • Blonde Haare zum Zopf geflochten; Zopf als Kennzeichen für jugendliche Weiblichkeit

Arbeitsblatt 3

1. Begründungen zur Berufstätigkeit von Mädchen und Frauen im Nationalsozialismus	
1934: Hauswirtschaftliches Jahr	1940: Kriegseinsatz
• Schutz vor den Gefahren der Arbeitslosigkeit • Jedoch: Fabrikarbeit widerspricht dem Wesen des „Mädels", führt zu Entfremdung und „innerer Leere" • Hauswirtschaftliches Jahr: Erlernen des „ureigensten Berufs der Frau" als Ehefrau und Mutter	• Dienst in Munitionsfabriken und in der Landwirtschaft zur Unterstützung des „Schicksalskampfes unseres Reiches" • Also: äußere Notwendigkeit der Berufstätigkeit in kriegswichtigen Bereichen

2. Unterschiede bei der Bewertung von Erwerbsarbeit von Männern und Frauen	
Frauen	Männer
Bezahlte Fabrikarbeit entspricht nicht dem Wesen des Mädels, in der Kriegssituation jedoch: „Adel durch Arbeit"	Seelisch und körperlich grundsätzlich für Fabrikarbeit geeignet, in der Kriegssituation: Kämpfer und Beschützer, „Schwert"

Arbeitsblatt 4

1. Grundsätze der Erziehung von Mädchen im Nationalsozialismus
• Anerkennung der Pflichten der Frau: Hüterin der Familie, Erzieherin der Kinder und Kameradin des Mannes • Erziehung hin zu einer grundsätzlichen Opferbereitschaft, nicht nur dem Mann, sondern insbesondere Deutschland gegenüber • Deshalb: bewusst politische Erziehung zu Wachsamkeit und Tapferkeit • Erlernen „sozialistischer Dienste": Nähen und Kochen für Bedürftige etc. • Pflege des deutschen Kulturgutes • Bedingungsloser Glaube an den „Führer" und an Deutschland

2. Männer- und Frauenbild in der Erziehung	
Männerbild	**Frauenbild**
• Erziehung zu politischen Soldaten (Härte, Stolz)	• Kameradinnen dieser politischen Soldaten, Aufgabe: Transfer der NS-Ideologie in die Familie hinein, also politische Mütter und Ehefrauen

Arbeitsblatt 5

1. Merkmale der Karikaturen aus dem „Stürmer":
• Übertreibung bei der Darstellung von Körperlichkeit (z.B. dick/dünn, groß/klein) • Sehr einfache und schematisierende Darstellungsweise • Visualisierung von Gegensätzen zwischen „arischen" und „jüdischen" Personen • Verwendung von gehässigen und eindeutigen bzw. plakativ ironisierenden Bildüberschriften und Bilderklärungen Also: Karikaturen versinnbildlichen den hetzerisch-antisemitischen Charakter des „Stürmers" auf besonders signifikante Weise

2. Darstellung von Jüdinnen und Juden im „Stürmer"	
Jüdinnen	**Juden**
• Mit Schmuck und auffälliger Kleidung versehen: Bezug auf das Klischee des „reichen Juden" • Gesichtsbehaarung: „Vermännlichung" • Ungeschmeidige Körperform: keine sexuelle Attraktivität • Zigarettenkonsum: Chiffre für Lasterhaftigkeit	• Darstellung in Badekleidung, auf diese Weise Fokussierung auf Körperlichkeit • Sehr korpulente bzw. sehr hagere männliche Körperlichkeit, auf diese Weise ebenfalls Verneinung von sexueller Attraktivität • Bild „Beim Bade": deutliche „Verweiblichung" der Körperform: Abwertung von Männlichkeit

Darstellung von „arischen" Männern und Frauen
Werden als deutliche Gegenfiguren zu den Jüdinnen und Juden entworfen (vgl. auch Ergebnisse aus der Einstiegsphase und aus Arbeitsblatt 1), werden als kraftvoller, überlegen, ästhetischer präsentiert.

Arbeitsblatt 6

1. *Gisela Bock:* Ziel der NS-Ideologie: „Rassisch denken lernen", „rassisches" Denken soll alle Bereiche des Lebens, sowohl die politischen als auch die privaten, umfassen. Auch die Familie sowie Mutterschaft und Vaterschaft als vermeintlich private Bereiche sollen diesem Denken unterworfen werden. Vor allem Mutterschaft wird ideologisch aufgeladen.

    Ute Frevert: Rassenideologie des Nationalsozialismus führt zur Trennung in „rassisch-wertvolle" und „minderwertige" Rassen; nur die „rassisch-wertvollen" Frauen sollen Kinder gebären: Mutterschaft wird auf diese Weise in das rassistische Denken der Nationalsozialisten eingebunden.

2. *Gisela Bock:* Fokussierung auf den Aspekt Arbeitsmarkt und auf die Erwerbsquote von Frauen. Hier wird festgestellt, dass die ideologischen Ziele des NS in Bezug auf Geschlecht aufgrund sozialer und kriegswirtschaftlicher Zwangslagen nicht durchgreifen konnten. Ihre starke Präsenz auf dem Arbeitsmarkt empfanden die Frauen nach Auskunft einer nationalsozialistischen Untersuchung nicht als Kennzeichen von Emanzipation, sondern als zusätzliche Belastung neben den ihnen nach wie vor obliegenden Aufgaben als Ehefrau und Mutter.

1. *Ute Frevert:* Fokussierung auf den Aspekt der Fertilitätsrate. Hier wird festgestellt, dass es vor allem einer steigenden Zahl der Eheschließungen zu verdanken ist, dass die Geburtenrate insgesamt anstieg. Den international zu beobachtenden Trend zur „Zwei-Kinder-Familie" konnte der Nationalsozialismus nicht aufhalten. Dennoch berührte die Propaganda die Lebenswelt der Frauen, die laut Frevert jedoch in

erster Linie das Bewusstsein der Frauen prägte und weniger auf konkrete Handlungen Einfluss nehmen konnte.

2. Der von Bock und Frevert dargestellte enge Zusammenhang zwischen „Rasse" und „Geschlecht" kann vor allem anhand der Bilddarstellungen überprüft und im Wesentlichen verifiziert werden. So zeigen die NS-Propagandafotografien im wesentlichen Merkmale vorbildlicher Männlichkeit und Weiblichkeit (vgl. Lösungen zu AB 1 und AB 2), die in der überspitzten Bildsprache einer Hetzkarikatur auch in den Quellen 15 bis 19 zu Tage treten. In diesen Bildquellen treten unterschiedlich gestaltete „deutsche" und „jüdische" vergeschlechtlichte Männer- und Frauenkörper in einen visuellen Dialog (vgl. Lösungen zu AB 5). Bei der Überprüfung der Thesen zu Erwerbsquote und Fertilitätsrate sind vor allem die Ergebnisse aus der Quelleninterpretation von Q 10 bis Q 13 zum Vergleich heranzuziehen. In diesen Texten wird das „Hauswirtschaftliche Jahr" für Mädchen im Sinne der NS-Propaganda begründet bzw. die „Gleichwertigkeit" von Männern und Frauen postuliert. Die propagandageladenen Texte geben jedoch nicht Auskunft über die Reichweite der NS-Propaganda und können dies als normative Texte auch nicht. Dass jedoch auch die Nationalsozialisten einen Zusammenhang zwischen Erwerbsarbeit und ökonomisch-politischen Zwängen erkannten, zeigt sich in Q 11, in der die Notwendigkeit der Fabrikarbeit von Frauen propagandistisch als „Adel der Arbeit" benannt wird. Die Abhängigkeit der Beschäftigungspolitik von kriegswirtschaftlichen Zwängen zeigt sich insbesondere in Q 11. Aussagen zum ideologischen Einfluss auf das Heiratsverhalten und auf Konzepte von Familie und Mutterschaft lassen sich vor allem in Q 10 und Q 12 finden.

Anmerkungen

1 Innerhalb der (historischen) Geschlechterforschung hat sich die Begriffstrias von *race*, *class* und *gender* als Kategoriensystem zur Analyse von Vergangenheiten fest etabliert, vgl. hierzu einführend: Claudia Opitz: Um-Ordnungen der Geschlechter. Einführung in die Geschlechtergeschichte (Historische Einführungen Bd. 10), Tübingen 2005, S 137–145, Jürgen Martschukat/Olaf Stieglitz: „Es ist ein Junge!". Einführung in die Geschichte der Männlichkeiten in der Neuzeit (Historische Einführungen Bd. 11), Tübingen 2005, S. 72–75.
2 Ute Frevert: Frauen, in: Wolfgang Benz/Hermann Graml/Hermann Weiß (Hg.): Enzyklopädie des Nationalsozialismus, München 1997, S. 220–234, hier S. 220.
3 Ebd., S. 221.
4 Rolf Schörken: Jugend, in: Wolfgang Benz/Hermann Graml/Hermann Weiß (Hg.): Enzyklopädie des Nationalsozialismus, München 1997, S. 204–219, hier S. 203.
5 Vgl. Frevert: Frauen, S. 224–226.
6 Vgl. ebd, S. 226.
7 Vgl. ebd. S. 224-225.
8 Ausführlich zum Entwurf vorbildlicher „arischer" Männlichkeit durch die NS-Propaganda: Daniel Wildmann: Begehrte Körper. Konstruktion und Inszenierung des „arischen" Männerkörpers im „Dritten Reich", Würzburg 1998. Eine entsprechende Studie zur Inszenierung von Frauenkörpern im NS liegt bisher noch nicht vor.

Literatur

Benz, Wolfgang/Graml, Hermann/Weiß, Hermann: Enzyklopädie des Nationalsozialismus, München 1997

Bock, Gisela: Frauen in der europäischen Geschichte. Vom Mittelalter bis zur Gegenwart, München 2005

Frevert, Ute: Frauen, in: Wolfgang Benz/Hermann Graml/Hermann Weiß: Enzyklopädie des Nationalsozialismus, München: 1997, S. 220--34

Heider, Angelika: Der Stürmer, in: Benz, Wolfgang/Graml, Hermann/Weiß, Hermann: Enzyklopädie des Nationalsozialismus, München 1997, S. 754

Miller-Kipp, Gisela: „Auch Du gehörst dem Führer". Die Geschichte des Bundes Deutscher Mädel (BDM) in Quellen und Dokumenten (Materialien zur historischen Jugendforschung), 2. Auflage Weinheim/München 2002

Pandel, Hans-Jürgen: Karikaturen. Gezeichnete Kommentare und visuelle Leitartikel, in: Pandel, Hans-Jürgen/Schneider, Gerhard: Handbuch Medien im Geschichtsunterricht, Schwalbach/Ts. 1999, S. 255–276

Schneider, Gerhard: Das Plakat, in: Pandel, Hans-Jürgen/Schneider, Gerhard: Handbuch Medien im Geschichtsunterricht, Schwalbach/Ts. 1999, S. 277–338

Schörken, Rolf: Jugend, in: Wolfgang Benz/Hermann Graml/Hermann Weiß (Hg.): Enzyklopädie des Nationalsozialismus, München 1997, S. 204–219

Wildmann, Daniel: Begehrte Körper. Konstruktion und Inszenierung des „arischen" Männerkörpers im „Dritten Reich", Würzburg 1998

Christian Heuer

Täter, Opfer, Zuschauer

Der Aprilboykott 1933

1. Sachanalyse – Überblick über den Forschungsstand

Der Aprilboykott des Jahres 1933 stellte den „offiziellen" Beginn und den Auftakt der nationalsozialistischen „Judenpolitik" dar, an deren Ende der millionenfache Mord an den europäischen Juden stehen sollte. Er war ein deutliches Signal für den Beginn der Verfolgung und Unterdrückung der jüdischen Bevölkerung mit dem Ziel, die ökonomische Existenz der deutschen Juden zu untergraben. Er war auch ein deutlicher Beleg dafür, wie sich bereits zu diesem frühen Zeitpunkt die deutsche Bevölkerung von den Juden abwandte und wie die Eliten versagten.

Die Nationalsozialisten griffen mit dem Boykott (s. D1) auf ein Instrument der Gewaltherrschaft zurück, das bereits damals eine lange Tradition in der nationalsozialistischen Bewegung hatte. Schon in der Weimarer Republik waren kleinere jüdische Geschäfte und deren Angestellte durch die Nationalsozialisten schikaniert und diskriminiert worden. Auch kurz nach der „Machtergreifung" am 30. Januar 1933 war es erneut zu zahlreichen brutalen Übergriffen durch SA und SS gekommen. Diese im Nazijargon als „Einzelaktionen" bezeichneten gewalttätigen Übergriffe richteten sich meist nicht nur gegen jüdische Geschäfte, sondern auch gegen jüdische Anwaltskanzleien und Wirtschaftsbetriebe. Das Vorgehen der Nationalsozialisten bestand vor allem darin, Schaufenster mit antisemitischen Parolen zu beschmieren, Scheiben einzuwerfen, den Verkauf zu behindern und die Besitzer der Geschäfte und einkaufende Menschen zu misshandeln.[1] Das Muster dieser lokalen Boykottaktionen wiederholte sich unmittelbar nach den Reichstagswahlen vom 5. März 1933. Erneut kam es zu gewalttätigen Ausschreitungen durch den nationalsozialistischen Mob, die von der Parteiführung der NSDAP noch teilweise unterbunden[2] und als „Einzelaktionen" verurteilt wurden. Dies änderte sich nach der Verabschiedung des „Ermächtigungsgesetzes".

Auf Initiative Hitlers formulierte Propagandaminister Joseph Goebbels einen Aufruf zum Boykott jüdischer Geschäfte, der am 1. April statt-

Foto auf S. 70: Boykott jüdischer Geschäfte am 1. April 1933 in der Breitestraße in Köln.

> **Ermächtigungsgesetz**
> *Durch Druck auf die Reichstagsabgeordneten wurde am 24. März 1933 das „Gesetz zur Behebung der Not von Volk und Reich" verabschiedet, das Hitler von nun an ermächtigte, Gesetze ohne Zustimmung und Gegenzeichnung durch Reichstag, Reichsrat und Reichspräsidenten zu erlassen.*

finden sollte. Damit wurden die lokalen Einzelaktionen, die seit der „Machtergreifung" gegen die jüdische Bevölkerung durchgeführt worden waren, nachträglich durch die höchsten Partei- und Regierungsstellen legitimiert.

Der Boykott wurde von Regierungskreisen als Vergeltungsaktion und „als reine Abwehrmaßnahme" gegen die „Gräuelpropaganda des Auslands" sowie als Warnung für das „Weltjudentum" bezeichnet. Tatsächlich hatten die Übergriffe gegen Juden durch SA und SS nach der „Machtergreifung" zunehmend Proteste aus aller Welt nach sich gezogen. Besonders in den Vereinigten Staaten waren Stimmen laut geworden, die zum Boykott deutscher Waren aufriefen[3], obwohl die jüdischen Verbände wie z. B. die Vereinigte Jüdische Vertretung in den USA vor übereilten Schritten gewarnt hatten.

Das Regime bereitete die Öffentlichkeit auf die „offizielle" Boykottaktion vor allem dadurch vor, dass der Aufruf von Goebbels vom 29. März an in den Tageszeitungen und auf Plakaten angekündigt wurde. Am Samstag, dem 1. April 1933, um 10 Uhr sollte die Aktion reichsweit gleichzeitig beginnen. Das „bewährte" Muster war in allen Städten gleich und entsprach den detaillierten Anweisungen des Organisationskomitees unter dem Vorsitzenden Julius Streicher. Vor jedem jüdischen Geschäft, jeder jüdischen Arztpraxis und Anwaltskanzlei sollten uniformierte und zum Teil bewaffnete Nationalsozialisten postiert werden. Auf die Schaufenster sollte das Wort „Jude" oder die nationalsozialistische Losung „Juda verrecke" gemalt und Kunden am Betreten der Geschäfte gehindert werden. Plakate in gelber und roter Farbe mit den folgenden Parolen sollten der Bevölkerung den „Sinn" der Aktion deutlich machen: „Kauft nicht in jüdischen Kaufhäusern und Geschäften!", „Geht nicht zu jüdischen Rechtsanwälten und Ärzten!", „Der Jude hetzt im Ausland gegen uns!"; „Deutsche! Wehrt Euch! Kauft nicht bei Juden!".[4]

> ### JULIUS STREICHER (1885–1946)
> *war von 1925 bis 1940 Gauleiter der NSDAP zunächst für Mittelfranken, dann für Franken und ab 1923 Herausgeber des antisemitischen Hetzblattes „Der Stürmer". Auf Geheiß des Propagandaministers Goebbels wurde er zur Schaffung und Leitung des so genannten Zentralkomitees zur Abwehr der jüdischen Gräuel- und Boykotthetze beauftragt. Neben Streicher gehörten diesem Zentralkomitee noch weitere hochrangige NS-Funktionäre an wie z. B. Heinrich Himmler, Robert Ley und Hans Frank. Streicher war einer der radikalsten Antisemiten der Partei und forderte bereits 1938 die „völlige Ausrottung" der Juden. Kurz nach Kriegsende wurde er von US-Truppen verhaftet, vor den Internationalen Militärgerichtshof in Nürnberg gestellt und zum Tod durch den Strang verurteilt. Das Urteil wurde am 16. Oktober 1946 vollstreckt.*[5]

Obwohl vonseiten des offiziellen Boykottkomitees ausdrücklich darauf hingewiesen worden war, jegliche Gewaltanwendung zu unterlassen, wurde die gesamte Aktion bereits im Vorfeld durch den Vorsitzenden Streicher mit antisemitischem Hass aufgeheizt. Gerade in den ländlichen Gebieten waren die Boykottaktionen von Gewalttätigkeiten gegenüber den jüdischen Ladenbesitzern geprägt. Lediglich in den Großstädten und dort hauptsächlich in den zentralen Einkaufsstraßen verliefen die Boykottaktionen „diszipliniert". Hier zogen „nur" die SA- und SS-Posten vor die jeweiligen Geschäfte und versuchten die Käufer vom Betreten der Läden abzuhalten. Auch richteten sich dort die Aktionen in der Regel „nur" gegen den jüdischen Kleinhandel. Das Großkapital wie die Warenhauskette Tietz oder das Verlagsimperium Ullstein wurde nicht bzw. nur teilweise boykottiert.

Der Boykott wurde ursprünglich für unbegrenzte Zeit verhängt, jedoch bereits nach drei Tagen offiziell für beendet erklärt. An vielen Orten der Provinz liefen die Aktionen allerdings bis in den Sommer hinein weiter. Gerade die lokalen Parteigrößen der Provinz erkannten im Boykott ein wirkungsvolles Instrument, ihre Einflussbereiche im Sinne des Nationalsozialismus zu gestalten. Er diente ihnen vor allem als Mittel zur Ausgrenzung der jüdischen Bevölkerung aus der Dorfgemeinschaft.[6]

Die nationalsozialistische „Judenpolitik", an deren Ende der Massenmord an den europäischen Juden stand, war in vergleichender Perspektive eine „universalhistorische Zäsur" (Wehler). Der Holocaust und die „Barbarei" der Nationalsozialisten stellten dabei den Schlusspunkt eines langen Prozesses dar, den der Historiker Raul Hilberg bereits vor Jahren in die Phasen Definition – Enteignung – Konzentration – Ausrottung unterschieden hatte.[7]

So wie sich nationalsozialistische Rassenlehre und „Judenpolitik" sukzessive in der Gesellschaft des Dritten Reiches ausbreiteten, so stellte sich auch die Vernichtung der europäischen Juden als ein Prozess dar, der sich in aufeinander folgenden Schritten beschreiben lässt. Die einzelnen Schritte bestimmten dabei weitgehend die unterschiedlichen Perspektiven der beteiligten Täter, Opfer und Zuschauer. So gab es noch zu Beginn der antisemitischen Hetze mutige Zuschauer, die ihre Stimme erhoben. Doch solche Beispiele blieben im weiteren Verlauf der Gleichschaltung und Machtentfaltung Ausnahmen. Konsequenzen zeigten sich rasch: Die überwiegende Mehrheit der Bevölkerung verhielt sich zunehmend indifferent.

Hannah Arendt hatte dies 1964 wie folgt umschrieben: „Es gab im Dritten Reich nur wenige Menschen, die die späteren Verbrechen des Regimes aus vollem Herzen bejahten, dafür gab es aber eine große Zahl, die absolut bereit waren, sie dennoch auszuführen."[8]

Der gegen Ende des 19. Jahrhunderts erstarkende radikale Rassenantisemitismus hatte seit der Jahrhundertwende in der Gesellschaft des Kaiserreiches und in jener der Weimarer Republik seinen Einfluss behalten. Im Vergleich mit dem Antisemitismus der europäischen Nachbarländer lag dabei die Besonderheit des deutschen Antisemitismus nicht in der gesellschaftlichen Quantität, sondern vielmehr in der ideologischen „Radikalität"[9]. Für die Haltung großer Teile der deutschen Bevölkerung zur jüdischen Minderheit und zur nationalsozialistischen „Judenpolitik" war es deshalb von Bedeutung, dass sich bereits lange vor 1933 massive Tendenzen der Ausgrenzung und Abschottung im Sinne einer „negativen Integration" herausgebildet hatten.[10] Zu nennen wären hier u.a. die „Judenzählung" während des Ersten Weltkriegs, der Antisemitismus der korporierten Studentenschaft oder der „Bäder-Antisemitismus" des 19. und 20. Jahrhunderts.

Neuere Forschungen zur Judenverfolgung und Judenvernichtung sowie zur Täterforschung heben hervor, dass sich die nationalsozialistische „Judenpolitik" mit ihrer entfesselten Gewalt nicht allein als zielgerichtete Aufeinanderfolge von staatlichen und administrativen Maßnahmen oder mit der These eines „Eliminations-Antisemitismus" der Deutschen (Daniel Jonah Goldhagen) erklären lässt, sondern als komplexer Vorgang zu sehen sei.[12] Gerade die Praxis des gesellschaftlichen Antisemitismus und der lokalen Gewalt gegenüber Juden müsste dazu in die Erklärung einbezogen und die Vernichtung der europäischen Juden als ein „genozidaler Prozess"[13] gedeutet werden, der mit der „Machtergreifung" Hitlers im Januar 1933 begann und mit der Befreiung der Konzentrationslager im Frühjahr 1945 endete.[14]

Das Ziel der nationalsozialistischen „Judenpolitik" war jedoch von Beginn an klar. Es ging um die Ausgrenzung und Ausschließung der jüdischen Bevölkerung: „Im Kern des Nazi-‚Projektes' ging es doch darum, eine rassisch homogene Volksgemeinschaft zu schaffen, in der das deutsche Volk sich quasi selbst verwirklichen sollte."[15] Diese Zielsetzung verlieh der verbrecherischen Politik der Nationalsozialisten ihre ungeheure psychosoziale Dynamik, und nur durch sie erfuhr die nationalsozialistische Praxis der Ausgrenzung breite Zustimmung in allen Teilen der Gesellschaft.[16]

> **„JUDENZÄHLUNG"**
>
> *Am 1. November 1916 wurde auf Geheiß des preußischen Kriegsministeriums eine Zählung der Juden im Heer, bei der Artillerie und in der Etappe durchgeführt. Unter dem Eindruck schwerer Verluste, einer miserablen Versorgungslage und schwindender Siegesaussichten war es vermehrt zu Forderungen und Vorwürfen völkischer Kreise gekommen, denen der Kriegsminister nach internen Diskussionen entsprochen bzw. nachgegeben hatte. Im deutschen Judentum rief die Judenzählung heftige Proteste hervor, sodass diese im Februar 1917 unter Kriegsminister von Stein eingestellt wurde, ohne dass die gewonnen Daten vollständig veröffentlicht worden wären (der Anteil der jüdischen Kriegsteilnehmer bzw. der Kriegstoten entsprach dem der nichtjüdischen Bevölkerung).*[11]

Abb. 1: Zuschauer am 1. April 1933 in Berlin. Foto des Bildjournalisten Willy Römer

> ### Antisemitismus in studentischen Korporationen
>
> *Spätestens ab 1895 nahmen studentische Verbindungen de facto keine Juden mehr als Mitglieder auf. Bis 1914 gehörte dieser Antisemitismus als „soziale Norm" zur Grundhaltung eines korporierten Studenten, war zunächst jedoch eher eine Art „Salon-Antisemitismus" und weniger ein radikal und militant nach außen sich zeigender Antisemitismus. Zu diesem sollte er sich erst ab 1918 im Zuge der völkischen Radikalisierung des Verbindungswesens entwickeln. Ab 1920 hatten nahezu alle studentischen Verbindungen einen „Rasseparagraphen" in ihren Statuten.*[17]

> ### „Bäder-Antisemitismus"
>
> *Schon in den letzten Jahrzehnten des 19. Jahrhunderts hatte sich eine wachsende Anzahl von Erholungsorten, Strandbädern, Hotels und Pensionen öffentlich als „judenfrei" deklariert, um antisemitisch gesinnte Kur- und Urlaubsgäste anzusprechen. Antijüdische Kundgebungen, Übergriffe auf jüdische Gäste und Hakenkreuze auf Sandburgen gehörten in vielen Kur- und Badeorten zum antijüdischen Inventar.*[18]

Über Bedeutung und Ursachen des Aprilboykotts wird in der Wissenschaft bis heute kontrovers diskutiert. Sehen die einen in der Maßnahme ein planmäßiges Vorgehen der NS-Führung, um die nachfolgenden Gesetze durchzusetzen („Intentionalisten"), so betonen andere stärker deren improvisierten Charakter als Reaktion auf äußere und innere Sachzwänge – etwa auf den Druck der Parteiradikalen („Funktionalisten"). Dennoch gibt es in der Forschung Konsens zu folgenden Aspekten:

- Der Boykott war – retrospektiv betrachtet – das „Startzeichen" für die Verdrängung der Juden aus dem Wirtschaftsleben und markiert demnach den Beginn des Holocausts als „genozidalen Prozess".
- Er verschaffte den „Einzelaktionen", die vor allem von der Parteibasis ausgegangen waren, eine nachträgliche staatliche Legitimation.
- Er diente vor allem zur Mobilisierung der Bevölkerung.

Der Historiker Michael Wildt hat in seinem 2007 erschienenen Buch über die lokalen Gewaltaktionen gegen die jüdische Bevölkerung die These vertreten, dass die nationalsozialistische „Volksgemeinschaft" hauptsächlich durch solche Gewaltaktionen verwirklicht wurde, die sich in Verfolgungen, Boykottaktionen, öffentlichen Schmähungen und physischer Gewaltausübung gegenüber der jüdischen Bevölkerung manifestierten. Gerade die Praxis der Ausgrenzung wurde zum verbindenden Glied zwischen nationalsozialistischer Führung und lokaler Basis und war das wesentliche Instrument zur Exklusion der „Volksfeinde" und zur Schaffung der „Volksgemeinschaft". Dieses Konzept konnte nach der „Machtergreifung" eine Eigendynamik entwickeln, die nicht mehr von „oben" gelenkt werden musste. Die zahlreichen Gewaltaktionen gegen die „Volksfeinde", seien es Kommunisten, Homosexuelle oder Juden in der Provinz, sprechen für die Dynamik des nationalsozialistischen Konzeptes:

„Die Gewalt war öffentlich, sie sollte die Ohnmacht des Opfers und die Macht der Täter zur Schau stellen. Die sichtbare Demütigung des Opfers war konstitutiver Bestandteil der Aktionen. Nicht nur als Bild im ‚Stürmer'-Kasten, sondern leibhaftig auf dem Marktplatz oder vor dem Rathaus, an zentraler Stelle des Ortes fanden diese Aktionen statt, dort, wo alle vorübergingen und jeder die öffentlich Gedemütigten, die zur Misshandlung freigegeben waren, sehen konnte. Es war der Sinn dieser Gewalttaten, dass sie selbst von unbeteiligten Passanten eine Stellungnahme erzwangen."[19]

Die Diskriminierungen im April 1933 und in den Folgemonaten erfolgten dabei ohne größeren Protest der „Zuschauer". Sie wurden von ihnen vielmehr – da formal legal – als neues „Recht" hingenommen.

2. Didaktische Analyse mit Standards und Kompetenzen

> *Standards*
>
> *Die Schülerinnen und Schüler*
> - kennen den Boykott jüdischer Geschäfte am 1. April 1933 und können daran den Beginn der nationalsozialistischen „Judenpolitik" erklären. (AFB 1)
> - wissen, dass der Boykott eine gewalttätige und geplante Maßnahme war, die dazu diente, die Juden öffentlich bloßzustellen, einzuschüchtern und ökonomisch zu bestrafen. (AFB 2)
> - kennen die unterschiedlichen Perspektiven der Täter, Opfer und Zuschauer und können diese in den Quellentexten benennen und ihre Zuordnungen begründen. (AFB 3)

Die Lernsequenz zum Aprilboykott 1933 als „Auftakt" der nationalsozialistischen Judenpolitik knüpft direkt an das tradierte kommunikative Gedächtnis der Deutschen an, das den Satz „Davon haben wir nichts gewusst" enthält. Auch heute noch sind viele Schülerinnen und Schüler davon überzeugt, dass es nur eine kleine Elite um Hitler war, die von den umfangreichen Verfolgungs- und Vernichtungsszenarien gewusst hat.

Es soll versucht werden, diese Ansicht durch die Perspektivierung des Geschehens um den 1. April 1933 in Frage zu stellen. Die Schülerinnen und Schüler sollen den „Judenboykott" auf der Grundlage einer multiperspektivischen Quellenauswahl aus den unterschiedlichen Sichtweisen der am Geschehen beteiligten Menschen als Täter, Opfer und Zuschauer rekonstruieren.[20] Der Prozess der „Endlösung" ab 1941 wurde vom Regime möglichst geheim gehalten, die Gewaltaktionen der Jahre 1933 bis 1938 hingegen fanden in aller Öffentlichkeit statt. Täter, Opfer und Zuschauer nahmen dabei die Gewalt und die Schmähungen unterschiedlich wahr, beteiligt waren sie jedoch alle – sei es durch aktives Eingreifen oder durch gleichgültiges Beobachten. Fotos von den Aktionen am 9. November 1938 und von den Verhaftungen von Juden am Tag danach lassen eine Aussage wie „Davon haben wir nichts gewusst" nicht zu. Hierzu zählen auch die Fotos vom Abtransport der Baden-Badener und Würzburger Juden von 1938 bzw. 1942 (s. Abb. 2 und 3).

Es liegt auf der Hand, dass mit den von Raul Hilberg eingeführten Personenkategorien der Täter, Opfer und Zuschauer der Prozess von Inklusion und Exklusion nur bedingt beschrieben werden kann und dass es in solch einem Prozess keine Zuschauer bzw. Unbeteiligte geben konnte.

Gerade die Personenkategorie der Zuschauer, der „bystanders", umfasst gänzlich unterschiedli-

> **Inklusion und Exklusion**
>
> *Mit diesen Grundbegriffen lassen sich alle gesellschaftlichen Gruppenbildungsprozesse definieren. So definiert sich eine Gruppe X dadurch, dass sie alle Y aus eben dieser Gruppe ausschließt. D.h., dass sich die Gruppe X eben über den Ausschluss von Y definiert bzw. erst im Ausschluss zur Gruppe wird (Inklusion durch Exklusion). In Bezug auf den Nationalsozialismus bedeutet dies, dass die nationalsozialistische „Volksgemeinschaft" erst durch den Ausschluss der „Juden", aber auch von Behinderten, Kommunisten und anderen Gruppen zu eben dieser wurde.*

che Verhaltensweisen, die vom stillen und faszinierten „Gaffen" über scheinbar unbeteiligtes Weitergehen bis hin zum offenen Protest und zur Hilfe durch „stille Helden" reichen konnten.[21]

Die Tatsache, dass die Täter- und Holocaustforschung immer komplexer wird, darf jedoch nicht dazu führen, dass auf deren Ergebnisse im Unterricht verzichtet wird. Vielmehr sollte dazu überge-

Abb. 2: Deportation jüdischer Männer aus Baden-Baden am 10. November 1938[22]

Abb. 3: Unter den Augen vieler „Zuschauer" werden Würzburger Juden abtransportiert, 1942

gangen werden, den Schülerinnen und Schülern den Vorgang von Inklusion und Exklusion durch lebensgeschichtliche Quellen und durch Einzelschicksale von Tätern, Opfern und Zuschauern zu verdeutlichen. Konkrete Täter, Opfer und Zuschauer können so als Strukturhilfe dienen, den Prozess der Definition und Enteignung vom Aprilboykott über das Berufsbeamtengesetz, die Nürnberger Gesetze bis hin zur Reichspogromnacht und den ersten Deportationen multiperspektivisch, diachron und synchron zu untersuchen.

Die Schülerinnen und Schüler erarbeiten anhand der Quellen und Darstellungen, wie sich die Haltungen und die Rollen der Täter, Opfer und Zuschauer über die Tage, Wochen, Monate und Jahre verändert haben. Äußerten Zuschauer zu Beginn der Boykottaktionen noch Widerspruch, so nahm diese Haltung vor allem infolge des sozialen Drucks besonders in der Provinz immer mehr ab. An der Veränderung der Perspektiven kann erarbeitet werden, wie die bürgerliche Rechtsordnung zerstört bzw. ein nationalsozialistisches

„Rechtsverständnis" geschaffen wurde. Zugleich können die Schülerinnen und Schüler versuchen, aus der Sicht der jeweiligen Täter, Opfer oder Zuschauer und basierend auf Quellentexten perspektivisch zu schreiben. Sie bringen ihr Vorwissen in die Darstellung eines historischen Sachverhaltes ein, stellen ihn aus der jeweiligen Perspektive heraus dar, verknüpfen mehrere Ereignisse semantisch miteinander und erzählen so eine Geschichte, etwa von den Boykottaktionen im April 1933 über die „Nürnberger Gesetze" von 1935 bis hin zur Reichspogromnacht am 9. November 1938 (narrative Kompetenz). Durch das Verfahren des perspektivischen Schreibens können die Einstellungen der Zuschauer und der sie umgebenden Gesellschaft, die Praktiken der Täter sowie die Empfindungen der Opfer integriert dargestellt werden (Re-Rekonstruktion). Besonders die Einbeziehung der Opfer- und Zuschauerperspektive durch so genannte „Ego-Dokumente" (Tagebücher, Briefe, Erinnerungen) versucht den Forderungen nach einer integrierten Darstellung des Holocausts gerecht zu werden und gibt den Schülerinnen und Schülern die Möglichkeit zur (Selbst-)Reflexion.[23]

Mit der hier vorgestellten Lernsequenz kann sinnvoll in die Thematik der Judenverfolgung und -vernichtung eingeführt werden. Der Themenkomplex nimmt in den Bildungs- und Lehrplänen nach wie vor einen zentralen Stellenwert ein. Zumeist wird jedoch der Aprilboykott 1933 nicht als Auftakt des Holocausts betrachtet. Die systematische Ausgrenzung der jüdischen Bevölkerung beginnt in den meisten Schulbüchern erst mit den Nürnberger Gesetzen aus dem Jahr 1935.

Kompetenzen Die Schülerinnen und Schüler können …	
Gattungskompetenz	• eine Fotografie anhand von Farbgebung und Symbolen zeitlich einordnen, den Bildgehalt einer Fotografie beschreiben, das Dargestellte bewerten und anhand weiterer Bild- und Textquellen die Bildaussage interpretieren, kontextualisieren, ergänzen und bewerten;
Narrative Kompetenz	• ausgehend von vorhandenen Darstellungen und Quellen, Perspektiven wahrnehmen und identifizieren, aus diesen perspektivisch schreiben bzw. sich mit konkurrierenden Darstellungen kritisch auseinandersetzen (perspektivieren und temporalisieren);
Interpretationskompetenz	• den jeweiligen Aussagewert von Quellen und Darstellungen erkennen und mit dem auf dieser Grundlage erworbenen Wissen (Standortgebundenheit, Wissenshorizonte, Gegenwartsbezug) eigene Deutungen, Annahmen und Fragestellungen entwickeln und diese in Sprache übersetzen.

3. Methodische Überlegungen

Der in der didaktischen Analyse dargestellte Ansatz – die Förderung narrativer und historischer Gattungskompetenz – soll methodisch durch eine entsprechende multiperspektivische Quellen- und Medienauswahl und durch die kommunikative Struktur der Arbeitsaufträge bzw. der Gruppenarbeit umgesetzt werden. Die einzelnen Themenblöcke lassen sich – je nach Leistungsstand der Klasse, Klassenstufe bzw. Schulart – insgesamt oder mit der Fokussierung auf bestimmte Aspekte einzeln bearbeiten. Die methodische Konzeption knüpft dabei an Elemente der Stationenarbeit und der Leitprogrammarbeit an. Selbstorganisiertes, selbstwirksames und kompetenzorientiertes Lernen stehen dabei im Vordergrund.

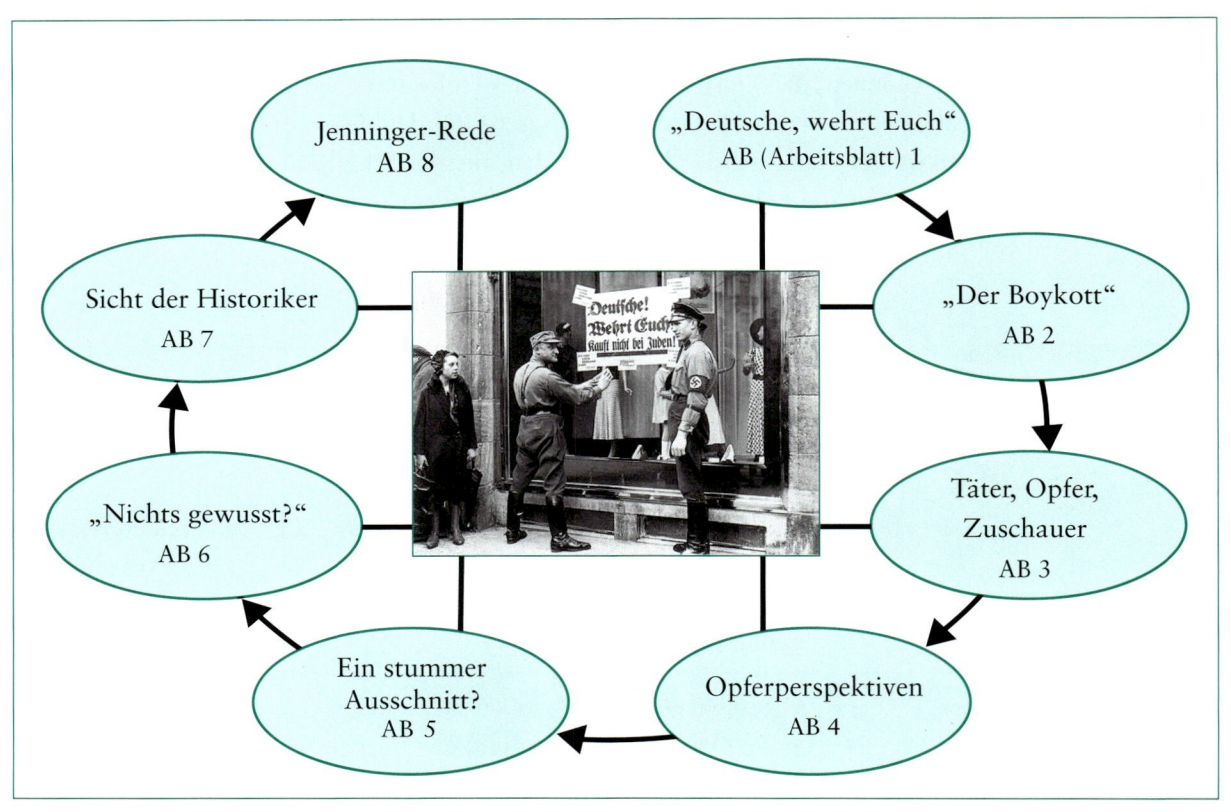

Abb. 4: Schematische Skizze zur Lernsequenz

3.1 Überlegungen zum Einstieg

Zum Einstieg in die Lernsequenz wird die bekannte Fotografie von Willy Römer[24] vom Morgen des 1. April 1933 (Abb. 5) als stummer Impuls und ohne weitere Informationen gezeigt. Diese Fotografie kann als Overhead-Projektion oder über einen Beamer (CD-ROM) präsentiert werden. Sie zeigt eine „typische" Szene während des Aprilboykotts 1933 und ist als solche Teil der öffentlichen Geschichtskultur. Auf ihr sind alle wesentlichen Elemente des Boykotts abgebildet: SA-Männer, Schaufenster eines Bekleidungsgeschäftes, Plakat mit dem Aufruf „Deutsche! Wehrt Euch! Kauft nicht bei Juden!" und eine aufmerksame Zuschauerin am Rande. Lediglich die Perspektive der Opfer ist ausgeblendet und nur mit dem Bekleidungsgeschäft angedeutet.

Die Schülerinnen und Schüler sind aufgefordert, sich spontan zur Fotografie zu äußern und ihre ersten Eindrücke, Beschreibungen und Hypothesen zu artikulieren. Die Äußerungen werden von der Lehrperson oder von einer Schülerin bzw. einem Schüler an der Tafel oder einem Flip-Chart

Abb. 5: Täter, Opfer, Zuschauer. Beginn der Judenverfolgung. Foto: Willy Römer

schriftlich fixiert. Hier wechseln sich Beschreibungen, Wertungen und Interpretationen, ggf. auch „Falschaussagen" ab. Die Lehrperson sollte in dieser Phase nicht durch Kommentare oder Bewertungen den Kommunikationsprozess „stören", sondern lediglich als Moderator bzw. Moderatorin des Brainstormings tätig sein.

Zum Schluss der Einstiegsphase präsentiert die Lehrperson die zweite Folie, auf der wiederum die Fotografie (Abb. 5) sowie das Stundenthema „Täter, Opfer, Zuschauer. Beginn der Judenverfolgung" abgebildet sind.

Nachdem die Vorkenntnisse und Voreinstellungen der Schülerinnen und Schüler aktiviert wurden, wird nun durch die Nennung des Themas der Schwerpunkt auf die beteiligten Personengruppen gelegt und somit der Übergang zur Erarbeitungsphase eingeleitet. Die Lehrperson bittet nun die Schülerinnen und Schüler erneut um Stellungnahmen und verweist auf die vorher fixierten Äußerungen.

Wahrscheinlich werden die Schülerinnen und Schüler schnell darauf kommen, dass hier nicht alle Perspektiven aufgezeigt werden. In dieser Phase geht es nach der formalen Beschreibung des Bildes und der Beschreibung seines Inhalts um seine Kontextualisierung. Deshalb weist der Lehrer darauf hin, dass es sich bei einer Fotografie nur um eine Momentaufnahme handelt, bei der die Vor- und Nachgeschichte fehlen.

Entschließt man sich als Lehrkraft, alle Materialien bzw. das gesamte Lernarrangement für Stationenarbeit zu verwenden, so bietet sich hier wohl eher die Alternative des informierenden Einstiegs an. Hier benennt der Lehrer bzw. die Lehrerin das Thema der Unterrichtsstunden und weist in die einzelnen Arbeitsaufträge mithilfe der schematischen Unterrichtsskizze ein.

3.2 Vorschläge zur Erarbeitung

Die für die Erarbeitungsphase der Lernsequenz vorgesehenen Materialien können zunächst in Einzelarbeit und/oder in Gruppenarbeit bearbeitet werden. Vorrangiges Ziel ist dabei zunächst die Beschreibung und Kontextualisierung der Fotografie, d. h. ihre chronologische Einordnung durch die Verknüpfung mit Textquellen zum Aprilboykott, bevor sich die Temporalisierung und Perspektivierung der Bildquelle anschließt.

Wie bereits in der didaktischen Analyse erwähnt,

liegt das Hauptziel der Lernsequenz auf der Förderung der Gattungskompetenz (Fotografie) und der Interpretationskompetenz sowie auf der Förderung der narrativen Kompetenz durch die Methode des kreativen Schreibens.

> ### Kreatives Schreiben
>
> *„Kreatives Schreiben im Geschichtsunterricht meint alle Manifestationen der Handlung Schreiben, die breiten Raum für eigene Gestaltung lassen und über streng gelenkte Analyseaufträge, eine Wiedergabe von Fakten und Sachverhalten oder ‚aufsatzartiges' Schreiben hinausgehen. Dies geschieht in spielerischen, erzählerischen und fiktiven Formen, die Fantasie und Kreativität in besonderer Weise ansprechen, kann sich aber auch in freieren Varianten kommentierenden oder reflektierenden Schreibens ausdrücken, die eher als faktual anzusehen sind.*
> *In jedem Fall soll angeregt werden, historische Sachverhalte eigenständig und produktiv zu verwerten und in einen anderen Zusammenhang zu stellen, sodass etwas Neues entsteht, das im Idealfall die Fähigkeit zu historischem Denken und Verstehen spiegelt."*[25]

Das Arbeitsblatt 1 ist als Einstieg in das Lernarrangement konzipiert. Es kann ebenso wie Arbeitsblatt 2 von den Schülerinnen und Schülern in Einzel-, Partner- oder Gruppenarbeit bearbeitet werden. Ebenso denkbar ist es, dass die Schülerinnen und Schüler die Arbeitsaufträge zunächst allein bearbeiten, um dann in Gruppenarbeit ihre Ergebnisse vorzustellen bzw. – je nach Leistungsstand der Klassen – die Texte gemeinsam zu überarbeiten und zu verbessern. Eine Präsentation der einzelnen Gruppenergebnisse vor dem Gesamtplenum der Klasse wäre die abschließende Ergebnissicherung.

Die Arbeitsblätter 3, 4 und 5 haben einen mittleren bis höheren Schwierigkeitsgrad, die Arbeitsblätter 6 und 7 einen hohen Schwierigkeitsgrad. Beschränkt man sich im Unterricht auf die Bearbeitung der Arbeitsblätter 1 und 2, so können die weiteren Materialteile als Differenzierungsmöglichkeiten oder als längerfristige Hausaufgaben (z. B. als Wochen- und/oder Portfolioarbeit) eingesetzt werden. Sie können als Differenzierungsmöglichkeiten der Arbeitsblätter 1 und 2 oder als längerfristige Hausaufgaben (z. B. als Wochenarbeit) eingesetzt werden.

3.3 Ergebnissicherung und Transfer

Die Phase der Ergebnissicherung wird wie bereits in der Einstiegsphase durch die Präsentation der Fotografie des Aprilboykotts eingeleitet. Die Schülerinnen und Schüler sollen nun die Fotografie mit ihrem jetzigen Wissen beschreiben bzw. deuten. Die Äußerungen werden schriftlich festgehalten und mit denen des Stundeneinstiegs verglichen. Hier sollte von der Lehrkraft eine Diskussion über den Aussagewert einer Fotografie eingeleitet werden, in der sich die Schülerinnen und Schüler auch mit ihrer Arbeit und ihrer Vorgehensweise auseinandersetzen. Daran kann sich die Präsentation der Texte anschließen, die dann nach den vereinbarten Kriterien gemeinsam besprochen werden.

Um den Schwerpunkt auf die verschiedenen beteiligten Personengruppen (Täter, Opfer und Zuschauer) zu verlagern, könnte erneut eine Fotografie vom 1. April 1933 mit der Frage „Wer ist Täter, Opfer, Zuschauer?" präsentiert werden. Hier könnten die Schülerinnen und Schüler noch einmal ihre Erkenntnisse aus der vorangegangenen Quellenarbeit anwenden (Methodentransfer, Gattungskompetenz, Anwendung der einzelnen Schritte der Fotografieinterpretation). Am Ende der Diskussion sollte stehen, dass nur alle drei Personengruppen gemeinsam, aber aufgrund ihrer verschiedenen Perspektiven doch unterschiedlich die „Wirklichkeit" des 1. April 1933 herstellten. Dafür und auch für den Transfer bietet sich der

Abb. 6: Anbringen der Boykottplakate durch Mitglieder der SA. Foto: Willy Römer

einleitende Satz Raul Hilbergs an, der beides thematisiert: „Die jüdische Katastrophe 1933 bis 1945 hatte gewaltige Ausmaße. Sie begann in Deutschland und erfasste am Ende nahezu ganz Kontinentaleuropa. Drei Gruppen: Täter, Opfer und Zuschauer waren in das Geschehen verstrickt, blieben aber klar voneinander geschieden. Jede sah aus ihrer speziellen Perspektive und mit unterschiedlichen Einstellungen und Reaktionen was geschah."

3.4 Ergänzende Vorschläge für die gymnasiale Oberstufe

Für die gymnasiale Oberstufe könnten sich mehrere Möglichkeiten der Vertiefung und Weiterführung aus der Beschäftigung mit dem Aprilboykott ergeben. So ist hier zunächst die Möglichkeit der Auseinandersetzung mit dem Medium der Fotografie im Nationalsozialismus zu nennen. Dabei könnte die Geschichte des Mediums im Dritten Reich längsschnittartig von den Schülerinnen und Schülern erarbeitet werden, ebenso die Wirkungs- und Rezeptionsgeschichte einzelner Fotografien bis hin zur kontrovers rezipierten ersten Wehrmachtsausstellung im Jahr 1995 (Förderung geschichtskultureller Kompetenz). Auch die Thematisierung der so genannten „Ego-Dokumente" würde sich anbieten. Die Diskussion um den Stellenwert der „Oral History" und der lebensgeschichtlichen Quellen im Allgemeinen ist in der gegenwärtigen Geschichtskultur noch nicht zu Ende. Gerade am Übergang zwischen kommunikativem und kulturellem Gedächtnis kommt diesen Quellengattungen eine besondere Bedeutung zu, die sich aus der scheinbaren Authentizität der Aussagen und Inhalte ergibt. Man denke nur an das Knopp'sche Dokutainment, das die mediale Fernsehlandschaft bestimmt (Förderung der Gattungskompetenz).

Inhaltlich würde sich die Diskussion um die nationalsozialistischen Täter, deren Opfer und die Zuschauer in Vergangenheit und Gegenwart anbieten. Mit dem Ansatz von Raul Hilberg und mit seiner Erweiterung durch die Arbeiten zur Täterperspektive könnte der erforderlichen Wissenschaftspropädeutik der gymnasialen Oberstufe Rechnung getragen werden.

Gerade in der gymnasialen Oberstufe geht es in erster Linie darum, die Deutungskonkurrenz der Historiker kennen zu lernen. Aus diesem Grund werden den Schülerinnen und Schülern zwei neuere Ansätze zur Täterforschung vorgelegt (D 3 und 4), bevor sich die Erörterung des bekannten Ausspruchs „Davon haben wir nichts gewusst!" anschließt (Reproduktion – Reorganisation und Transfer – Reflexion und Problemlösung).

Die Mittäterschaft der Deutschen in der NS-Zeit und insbesondere während der einzelnen Phasen der Judenverfolgung und -vernichtung, d. h. die Rolle der „gewöhnlichen" Deutschen als „Zuschauer" und „Mittäter", wurde in den letzten Jahrzehnten immer wieder in der außerschulischen Geschichts- und Gedenkkultur thematisiert. Erwähnt seien hier nur die Debatte um die erste Wehrmachtsausstellung, die Goldhagen-Kontroverse oder jüngst die Debatte um das Bekenntnis von Günter Grass zu seiner Mitgliedschaft in der Waffen-SS. Für die Behandlung dieser Thematik würden sich im Anschluss an den Aprilboykott die Rede des ehemaligen Bundestagspräsidenten Philipp Jenninger zum fünfzigsten Jahrestag der Reichspogromnacht am 10. November 1988 und die durch sie ausgelöste Kontroverse anbieten. Denn gerade an diesem Thema lassen sich die übergeordneten Operatoren der Anforderungsbereiche der Einheitlichen Prüfungsanforderungen *(interpretieren, erörtern, darstellen)* exemplarisch anwenden.

Dazu wird den Schülerinnen und Schülern zunächst die Jenninger-Rede in Auszügen vorgelegt. Hier muss es zunächst um den Informationsgehalt der Rede gehen, indem die Schülerinnen und Schüler die Rede und den Rekontext in der journalistischen Darstellungsform einer Nachricht wiedergeben (Anforderungsbereich 1, *wiedergeben, nennen, zusammenfassen).*

Danach besorgen sich die Schülerinnen und Schüler die vollständige Rede aus dem Internet. Sie beschäftigen ssich mit der durch die Rede ausgelösten Kontroverse anhand von Stellungnahmen in den Printmedien und den Wissenschaften (Anforderungsbereich 2, *analysieren, untersuchen, gegenüberstellen).* Zum Schluss legen sie eine eigenständige und reflektierte Begründung zu dem Vorgang vor (Anforderungsbereich 3, *bewerten, auseinandersetzen, beurteilen).*

TÄTER, OPFER, ZUSCHAUER – DER APRILBOYKOTT 1933

1 Arbeitsblatt: „Deutsche, wehrt Euch!" – Die Aktion

● Q 1 Täter, Opfer, Zuschauer. Beginn der Judenverfolgung

● M 1 Beschreibung und Deutung der Fotografie

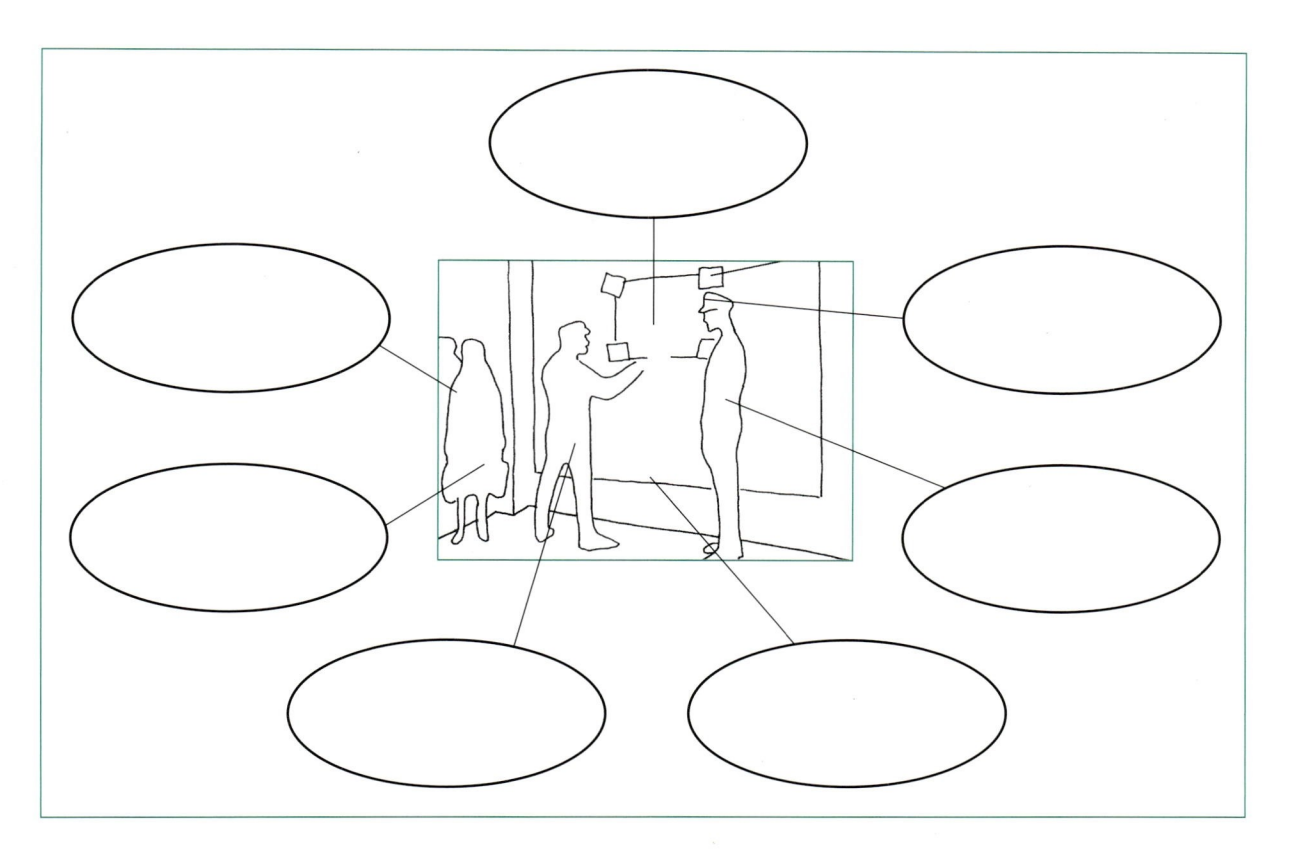

1 Arbeitsblatt: „Deutsche, wehrt Euch!" – Die Aktion

● **Q 2 „Deutsche, wehrt euch, kauft nicht bei Juden!"**

Abendblatt der Vossischen Zeitung vom 1. April 1933:

Die Boykottaktion hat programmässig heute Vormittag 10 Uhr im ganzen Reich begonnen. Beschlossen von der Nationalsozialistischen Partei und toleriert von der Reichsregierung soll diese Aktion eine Abwehrhandlung gegen ausländische Hetze sein. In diesem Sinne haben die verantwortlichen Kreise zu bedingungsloser Disziplin gemahnt.

Die Spannung des Tages liegt spürbar über der ganzen Stadt. Sie zeigt sich in dem stärker belebten Strassenbild, in Menschenansammlungen vor den Geschäften, deren Eingänge mit Boykottposten besetzt, oder durch Plakate gekennzeichnet sind. Aber überall herrscht Ruhe. Neben der SA stehen vielfach Polizeibeamte, um Zwischenfälle, die sich in einer so großen Stadt schon aus der Zusammenballung an Knotenpunkten ergeben können, zu verhindern.

Die SA- und SS-Leute waren in der Frühe an ihren Versammlungsplätzen angetreten, nahmen dort die Plakate in Empfang und zogen damit auf Posten. Die Plakate tragen fast durchweg die einheitliche Aufschrift: „Deutsche, wehrt euch, kauft nicht bei Juden!" Dieser Text war auch auf kleinen Handzetteln an vielen Schaufenstern und Türen zu lesen. […]

Aus: Das Schwarzbuch. Tatsachen und Dokumente. Die Lage der Juden in Deutschland 1933. Hg. vom Comité des Delegations Juives. Paris 1934. Wiederaufgelegt Frankfurt/Main 1983, S.307f.

● **Q 3 „Volksfeststimmung"**

Frankfurter Zeitung vom 2. April 1933:

Berlin, 1. April 1933. […] Aber schon am angrenzenden Leipziger Platz vor Wertheim drängen sich dichte Scharen um die Boykottposten, die vor den geöffneten Toren des Warenhauses auf und ab gehen. Die ganze Leipziger Strasse ist belebt wie bei einem Volksfest. Die Friedrichstrasse desgleichen. SA und Polizei fordern zum Weitergehen auf und sorgen dafür, dass sich die dichtesten Gruppen von Zeit zu Zeit zerstreuen. […] Drei verschiedene Plakate kleben an den Schaufenstern der jüdischen Geschäfte. Ein großes weißes mit deutschem und englischem offiziellen Boykottext, oder das große rote, das auch die Boykottposten umgehängt tragen, mit den Worten: „Wehrt euch, kauft nicht bei Juden!", oder schliesslich ein ganz kleines gelbes mit einem schwarzen Punkt in der linken unteren Ecke und der Bemerkung, der Kauf beim Juden sei mit Lebensgefahr verbunden. […] Gruppen Schaulustiger umstehen die SA-Posten, unterhalten sich mit ihnen und tun, was auch bei jüdischen Geschäften nicht verboten ist, sie betrachten die Auslagen. Gelegentlich werden Flugblätter verteilt. Viele, auch grosse Firmen haben geschlossen.

Aus: Das Schwarzbuch. Tatsachen und Dokumente. Die Lage der Juden in Deutschland 1933. Hg. vom Comité des Delegations Juives. Paris 1934. Wiederaufgelegt Frankfurt a. Main 1983, S.309f.

Arbeitsauftrag

1. Lest die beiden Texte aus der „Frankfurter Zeitung" und der „Vossischen Zeitung" und tragt die Informationen aus den Texten in M 1 ein. Bestimmt den Zeitpunkt (Datum und Uhrzeit) der Fotografie und ergänzt die Linien mit euren Erklärungen.

TÄTER, OPFER, ZUSCHAUER – DER APRILBOYKOTT 1933

2 Arbeitsblatt: Der Boykott

● M 2 Bildvergangenheit und Bildzukunft

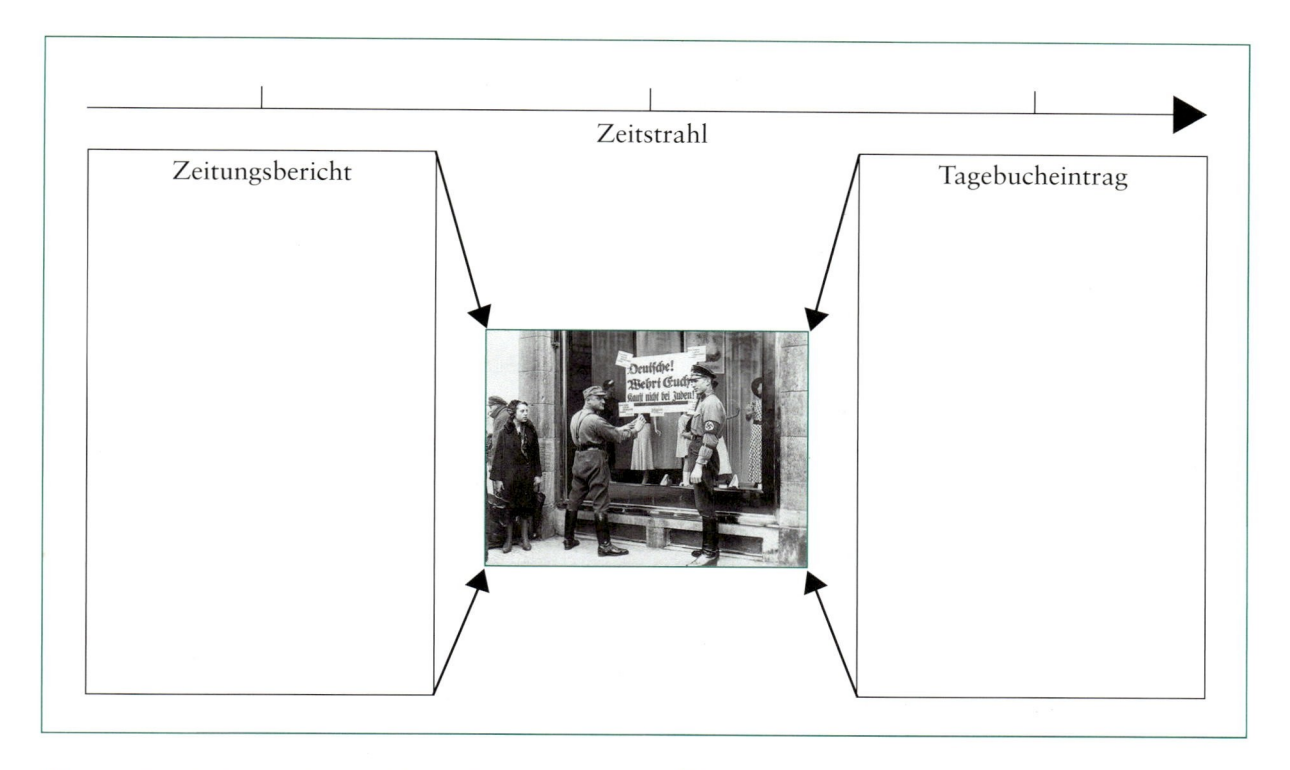

Zeitstrahl

Zeitungsbericht | Tagebucheintrag

● **Q 4 „Die Juden sind unser Unglück"**
Boykottaufruf im „Führer", dem Hauptorgan der Nationalsozialistischen Deutschen Arbeiterpartei Deutschlands im Gau Baden, vom 1. April 1933.

All-Juda will den Kampf!

Ab heute BOYKOTT gelb

Achtung!

Schlag 10 Uhr beginnt der Abwehrboykott gegen die internationale jüdische Greuelhetze.
Er wird durchgeführt, bis die Parteileitung die Beendigung anordnet.
Jegliche Ausschreitung ist mit allen Mitteln zu verhindern. Lassen sich Parteigenossen zu irgend welcher Gewalttat hinreißen, so ist ihnen sofort auf der Stelle das Braunhemd herunterzureißen.

Keinem Juden wird auch nur ein Haar gekrümmt

Parteigenossen und deren Familienangehörige, sowie Mitglieder anderer nationalsozialistischer Organisationen, die in boykottierten Geschäften kaufen, oder boykottierte Personen in Anspruch nehmen, sind zum Ausschluß sofort den Parteidienststellen zu melden.

Deutsche Volksgenossen und Volksgenossinnen!

Meidet die mit dem Boykottzeichen gekennzeichneten Häuser!
Zur Abwehr der jüdischen Greuel- und Boykotthetze!
Boykottiert alle jüdischen Geschäfte!
Kauft nicht in jüdischen Warenhäusern!
Geht nicht zu jüdischen Rechtsanwälten!
Meidet jüdische Ärzte!

Die Juden sind unser Unglück!

Kommt zu den Massenversammlungen!

Gauleitung Baden der NSDAP.
Aktionskomitee des Gaues:
von Raay, Mannschott, Kupp, Dr. Pachzelter

Dokumente über die Verfolgung der jüdischen Bürger in Baden-Württemberg durch das nationalsozialistische Regime 1933-1945. 1. Teil. Bearbeitet von Paul Sauer. Stuttgart 1966.

● **Q 5 Aufruf des „Abwehr-Komitees" der NSDAP**

Vossische Zeitung vom 31. März 1933:

Am Samstag-Vormittag sind bis spätestens 10 Uhr die Plakate mit dem Boykottaufruf an allen Anschlagstellen in Städten und Dörfern anzubringen. Zu gleicher Zeit sind an Lastautos oder noch besser an Möbelwagen folgende Transparente in hier angegebener Reihenfolge durch die Straßen zu fahren:

- „Zur Abwehr der jüdischen Greuel- und Boykotthetze"
- „Boykottiert alle jüdischen Geschäfte",
- „Kauft nicht in jüdischen Warenhäusern",
- „Geht nicht zu jüdischen Rechtsanwälten",
- „Meidet jüdische Ärzte",
- „Die Juden sind unser Unglück"
  [...]

Aus: Das Schwarzbuch. Tatsachen und Dokumente. Die Lage der Juden in Deutschland 1933. Hg. vom Comité des Delegations Juives. Paris 1934. Wiederaufgelegt 1983 bei Ullstein. Frankfurt/Main 1983, S.306f.

2 Arbeitsblatt: Der Boykott

D 1 Boykott

Der Begriff bezeichnet die wirtschaftliche, soziale oder politische Zwangsmaßnahme gegen eine Person, eine Gruppe, ein Unternehmen oder einen Staat. Die Zwangsmaßnahme besteht darin, dass die betreffende Person, Gruppe, das betreffende Unternehmen oder der betreffende Staat vom Geschäftsverkehr ausgeschlossen wird. Es handelt sich dabei um eine spontane oder verabredete Verweigerung gesellschaftlichen Kontaktes oder wirtschaftlichen Verkehrs. Somit ist ein Boykott eine ökonomische und politische Waffe und verfolgt die Ziele Bestrafung, Wahrung bestimmter Konventionen und Privilegien und Protest gegenüber bestimmten Zuständen.

Der Begriff selbst geht auf den Gutsverwalter Captain Charles Cunningham Boycott zurück, der 1880 von der Irish Land League (Schutzbund der irischen Pächter) zum Verlassen des Landes Irland gezwungen wurde. Boycott hatte sich so hart und grausam gegenüber seinen Untergebenen gezeigt, dass er als Folge der gesellschaftlichen Isolierung emigrieren musste.

D 2 „Judenboykott"

Der Boykott vom 1. April 1933 war die erste reichsweite Maßnahme gegen die deutschen Juden nach der nationalsozialistischen Machtübernahme. Den Boykott erklärte die NSDAP am 28. März 1933, anscheinend nach einer Beratung führender Parteivertreter in Hitlers Residenz in Berchtesgaden; die Initiative lag bei Propagandaminister Joseph Goebbels. Der Boykott wurde als Vergeltungsaktion wie auch als Warnung für das „Weltjudentum" bezeichnet; er wurde von den Nationalsozialisten als Reaktion auf die angebliche „Greuelpropaganda" sowie auf den ökonomischen Boykott gegen das „Neue Deutschland" bezeichnet. Tatsächlich hatten die von der SA verübten Terrorakte gegen politische Rivalen und Juden in den ersten Monaten nach der nationalsozialistischen Machtübernahme ausgedehnte Publizität erhalten und weltweit Proteste hervorgerufen. Der Boykott wurde ursprünglich organisiert als Operation der NSDAP. Julius Streicher wurde an die Spitze des Organisationskomitees gestellt. Trotz der vermutlich kurzen Vorbereitungszeit wurde alles bis ins kleinste Detail geplant. Um 10 Uhr am Samstag, dem 1. April 1933, sollte der Boykott im gesamten Reich gleichzeitig beginnen.

Enzyklopädie des Holocaust. Die Verfolgung und Ermordung der europäischen Juden. Band II. Hg. v. Eberhard Jäckel, Peter Longerich, Julius H. Schoeps. München, 1995, S.687.

Arbeitsaufträge

Wie jede Fotografie zeigt auch diese (Q 1) nur einen zeitlichen und inhaltlichen Ausschnitt des Geschehens. Wir erfahren nichts über die Vor- bzw. die Nachgeschichte der Momentaufnahme. Eure Aufgabe ist es, diese Fotografie mit einem „Davor" und einem „Danach" zu versehen.

1. Stellt euch vor, dass ihr als Journalisten vom Chefredakteur einzig das Foto in die Hand gedrückt bekommt und er euch bittet, mithilfe der Zusatzinformationen (Q 4, Q 5, D 1) einen Bericht über die Vorgeschichte des Dargestellten zu schreiben.
2. Lest die Texte und verbindet sie mit den Beschreibungen der Fotografie (Mindmap).
3. Schreibt nun euren Bericht und denkt an die Merkmale, die ein guter Bericht haben muss:
- Antwort auf die W-Fragen: Wer? Wann? Was? Wo? Wie? Warum? Woher wissen wir das?
- Zeitstufe der Vergangenheit
- Passende und einprägsame Schlagzeile bzw. Überschrift.

TÄTER, OPFER, ZUSCHAUER – DER APRILBOYKOTT 1933

3 Arbeitsblatt: Täter, Opfer, Zuschauer?

● M 3 Perspektiven (Täter, Opfer, Zuschauer)

	„Wie haben Sie den 1. April erlebt?"	„Beschreiben Sie bitte Ihre Gefühle am 1. April 1933"	„Wie haben Sie den Rest des Tages verbracht?"
Sebastian H.			
Joseph G.			
Edwin L.			

● **Q6 Sebastian H.: „Ich war neugierig, wie alles aussehen würde …"**
Sebastian Haffner, geb. 1907 als Raimund Pretzel in Berlin, schrieb nach Jura-Studium und Promotion u. a. für die „Vossische Zeitung". 1938 emigrierte er nach England, wo er als Journalist für den „Observer" arbeitete. Nach der Rückkehr 1954 nach Deutschland arbeitete er als Journalist für „Die Welt" und den „Stern" in Berlin, wo er 1999 starb. Der nachfolgende Auszug aus „Geschichte eines Deutschen" ist ein Jugendwerk aus dem Nachlass. Die Niederschrift des gesamten Textes kann auf den Beginn des Jahres 1939 datiert werden.

Um 10 Uhr früh kam am 1. April 1933 ein Telegramm. „Komm bitte, wenn du kannst. Frank." [...] Nun also fuhr ich zu ihm hinaus. Sein Vater, bei dem er wohnte, war Arzt und also zu boykot-
5 tieren. Ich war neugierig, wie alles aussehen würde … Es sah wüst, aber innerhalb der Wüstheit eher harmlos aus. Die jüdischen Geschäfte – es gab ziemlich viele in den östlichen Straßen – standen offen, vor den Ladentüren standen breitbeinig
10 aufgepflanzt SA-Leute. An die Schaufenster waren Unflätigkeiten geschmiert, und die Ladeninhaber hatten sich meistens unsichtbar gemacht. Neugieriges Volk lungerte herum, halb ängstlich, halb schadenfroh. Der ganze Vorgang wirkte unbeholfen, so als erwarteten alle noch irgend etwas, wuß- 15
ten aber im Moment nicht recht was. Nach öffentlichem Blutvergießen sah es nicht aus.
Sebastian Haffner: Geschichte eines Deutschen. Die Erinnerungen 1914–1933. 2. Aufl. München 2000, S. 154 ff.

● **Q7 Joseph G.: „… ein großer moralischer Sieg"**
Joseph Goebbels, geb. 1897 in Rheydt, Rheinland, war seit 1924 Mitglied der NSDAP und ab März 1933 als Reichsminister für Volksaufklärung und Propaganda zweitwichtigster Mann im nationalsozialistischen Staat. Mit den ihm unterstellten Massenmedien übernahm er hinsichtlich antisemitischer Propaganda und psychologischer Kriegsführung ab 1939 eine Schlüsselrolle im NS-Staat. Gemeinsam mit seiner Frau Magda beging er kurz nach dem Selbstmord Adolf Hitlers am 30. 4. 1945 ebenfalls im Führerbunker Selbstmord.

1. April 1933 (Kaiserhof)
Der Boykott gegen die Weltgreuelhetze ist in Berlin und im ganzen Reich in voller Schärfe ent-

3 Arbeitsblatt: Täter, Opfer, Zuschauer?

brannt. Ich fahre, um mich zu orientieren, über die Tauentzienstraße. Alle Judengeschäfte sind geschlossen. Vor den Eingängen stehen SA-Posten. Das Publikum hat sich überall solidarisch erklärt. Es herrscht eine musterhafte Disziplin. Ein imponierendes Schauspiel! [...] Der Boykott ist für Deutschland ein großer moralischer Sieg. Wir haben dem Ausland gezeigt, daß wir die ganze Nation aufrufen können, ohne daß es dabei im mindesten zu turbulenten Ausschreitungen kommt. Der Führer hat wieder das Richtige getroffen. Um die Mitternachtsstunde wird der Boykott nach unserer eigenen Entscheidung abgebrochen. Wir warten jetzt den Widerhall in der ausländischen Presse und Propaganda ab.

Joseph Goebbels: Tagebücher 1924–1945. Bd.2: 1930–1934. Hg.v.Ralf Georg Reuth. 2.Aufl. München/Zürich 1992, S.789f.

● **Q 8 Edwin L.: „Mir erschien das Ganze unbegreiflich"**

Edwin Landau, geb.1890, war zum Zeitpunkt der „Machtergreifung" Inhaber eines Klempner-Geschäftes im westpreußischen Deutsch-Krone. Er war als ehemaliger Kriegsteilnehmer deutschnational eingestellt und Gründer einer Ortsgruppe des Reichsbundes jüdischer Frontsoldaten. 1934 emigrierte er mit seiner Familie nach Palästina.

Auch vor unserem Lokal postierten sich zwei junge Nazis und hinderten die Kunden am Eintritt.

Mir erschien das Ganze unbegreiflich. Es konnte mir nicht einleuchten, daß so etwas im 20. Jahrhundert überhaupt möglich sein konnte, denn solche Dinge hatten sich doch höchstens im Mittelalter ereignet. Und doch war es bittere Wahrheit, daß da draußen vor der Tür zwei Jungen im braunen Hemd standen, die ausführenden Organe Hitlers. Und für dieses Volk hatten wir jungen Juden einst in Schützengraben in Kälte und Regen gestanden und haben unser Blut vergossen, um das Land vor dem Feind zu schützen. Gab es keinen Kameraden mehr aus dieser Zeit, den dieses Treiben anekelte? [...] Aber in mir gärte es, und ich hätte am liebsten diesen Barbaren meinen Haß ins Gesicht geschrien. Haß, Haß – seit wann hatte dieses Element in mir Platz ergriffen? – Seit einigen Stunden erst war in mir eine Wandlung eingetreten. Dieses Land, und dieses Volk, das ich bisher liebte und schätzte, waren mir plötzlich zum Feind geworden. Ich war also kein Deutscher mehr, oder ich sollte es nicht mehr sein. [...] Ich schämte mich über das Vertrauen, das ich so vielen geschenkt hatte, die sich nun als meine Feinde demaskierten.

Edwin Landau: Mein Leben vor und nach Hitler. In: Monika Richarz (Hrsg.): Jüdisches Leben in Deutschland. Bd.3: 1918–1945. Stuttgart 1982, S.102

Arbeitsaufträge

Die Texte (Q 6–Q 8) sind Aussagen von Menschen, die am 1. April 1933 vom so genannten Judenboykott direkt betroffen waren. Sie haben aber alle drei den Tag anders erlebt, und zwar aus unterschiedlichen Perspektiven.

1. Lest die drei Texte aufmerksam durch.
2. Stellt euch vor, dass Sebastian H., Joseph G. und Edwin L. am nächsten Morgen von einem Journalisten über den Tag befragt worden wären. Versucht aus ihrer Sicht auf die Fragen des Journalisten zu antworten:
- „Wie haben Sie den 1. April 1933 erlebt?"
- „Beschreiben Sie bitte Ihre Gefühle, die der Boykott bei Ihnen ausgelöst hat."
- „Wie haben Sie den Rest des Tages verbracht?"
3. Untersucht die Unterschiede zwischen den einzelnen Wahrnehmungen und Berichten und beschreibt sie. Wer war nach eurer Meinung Täter, Opfer und Zuschauer? Begründet.

TÄTER, OPFER, ZUSCHAUER – DER APRILBOYKOTT 1933

4 Arbeitsblatt: Opferperspektiven

● Q 9 Opfer

Die Fotografie zeigt den Kölner Kaufmann Richard Stern (1899–1967) vor seinem Bettwarengeschäft am 1. April 1933. Er hatte sich am Morgen des Tages mit seinen im Ersten Weltkrieg erworbenen Auszeichnungen demonstrativ vor seinen Eingang gestellt. Unter der Überschrift „An alle Frontkameraden und Deutsche" hatte er unten stehendes Flugblatt drucken lassen

● Q 10 Das Flugblatt Richard Sterns

Entnommen aus: Geschichten einer Ausstellung. Zwei Jahrtausende deutsch-jüdische Geschichte. Hg. v. Stiftung Jüdisches Museum Berlin, 2. Aufl. Berlin, 2002, S.144.

An alle Frontkameraden und Deutsche!

Unser Herr Reichskanzler **Hitler** und die Herren Reichsminister **Frick und Göring** haben mehrfach folgende Erklärungen abgegeben:

Wer im III. Reich einen Frontsoldaten beleidigt, wird mit Zuchthaus bestraft!

➡ Mein Bruder meldete sich mit 25 Jahren am 4. August 1914 als Kriegsfreiwilliger und war bis Ende 1918 an der Front. Ich selbst wurde als junger Bursche von kaum 18 Jahren zur Fahne berufen und stand dauernd **an der Front in vorderster Linie** bei der 2. Masch.-Gewehr-Komp. d. Landw.-Inf.-Regt. 31. Erhielt **für Tapferkeit vor dem Feinde das Eiserne Kreuz** und kehrte erst 1919 nach Hause zurück.

Unser verstorbener kranker Vater verrichtete mit 58 Jahren noch den Kriegshilfsdienst, während seine beiden Söhne im Felde standen. Müssen wir uns nach dieser Vergangenheit im Nationalen Dienst als guter Deutscher, jetzt öffentlich beschimpfen lassen? Soll das heute der Dank des Vaterlandes sein, daß durch Presse und Rundfunk über

65 Millionen Deutsche aufgefordert werden

nicht bei Deutschen Juden zu kaufen, ja jeder Deutsche Jude, selbst der kleinste Geschäftsmann oder Handwerker zu boykottieren sei?

Ist der Deutsche Jude nunmehr ein **Mensch II. Klasse** geworden, den man nur noch als Gast in seinem Vaterland duldet?

Wir fassen diese Aktion gegen das gesamte Deutsche Judentum auf als eine Schändung des Andenkens von

12 000 gefallenen Deutschen Frontsoldaten jüdischen Glaubens.

Wir sehen darüber hinaus in dieser Aufforderung eine Beleidigung für jeden anständigen Bürger. Es ist uns nicht bange darum, daß es in Köln auch heute noch die Zivilcourage gibt, die Bismarck einst forderte, und Deutsche Treue, die gerade jetzt zu uns Juden steht.

Bettwaren-Haus
Marsilstein 20

Der ehemalige Frontkämpfer
Richard Stern

4 Arbeitsblatt: Opferperspektiven

● **Q 11 „… auf den Fliesen liest man: Weg mit Juda"**

Mit folgendem Brief wandte sich im April 1933 ein jüdischer Arzt an den Landesleiter der NSDAP in Lippe*:

Im Vertrauen auf Ihren Gerechtigkeitssinn entschließe ich mich endlich, Sie in dem schweren Kampfe, den wir seit Wochen zu führen haben, um Beistand zu bitten. Fast jeder Tag erneuert und
5 verstärkt die Leiden und Quälereien, denen wir bisher schon ausgesetzt waren. – In der letzten Nacht erschienen SA-Leute vor unserer Haustür und beschmierten – ungeachtet meiner Proteste – die Glasfüllungen der Haustür, den Fußboden des
10 Vorflurs und die Fliesen vor der Haustreppe mit blutroter Ölfarbe; auf den Fliesen liest man: Weg mit Juda. – Wenn ich recht unterrichtet bin, sollen bei dem Boykott gegen die Juden Personen und Sachen keinen Schaden nehmen. Trotzdem behandelte man mich so, einen Mann, der sich freiwillig 15 in's Feld gemeldet hat, schwer verwundet wurde und das EK II und EK I** erhielt; einen Mann, der stets mit Liebe an seinem Deutschtum hing, seine Kinder in diesem Geiste erzog und nie auch nur die geringste Beziehung zu kommunistischen 20 Ideen gehabt, ja Zeit seines Lebens keiner Partei angehört und seit etwa 10 Jahren auch jede politische Betätigung vermieden hatte. […]
Ich hoffe, daß Sie, sehr geehrter Herr, Verständnis für unsere Lage und den Wunsch und die Mög- 25 lichkeit haben werden, sie etwas zu erleichtern.

Aus: R. Wulfmeyer: Lippe 1933. Die faschistische Machtergreifung in einem deutschen Kleinstaat, Bielefeld, 1987, S.82f.

* Ab 1918 war Lippe mit seiner Hauptstadt Detmold Freistaat. 1947 wurde es dem Land Nordrhein-Westfalen eingegliedert.

**EK (Eisernes Kreuz): Ursprünglich preußische, später deutsche hohe Kriegsauszeichnung, die vom preußischen König Friedrich Wilhelm III. 1813 gestiftet worden war.

Arbeitsauftrag

Auf der Fotografie (Q 9) lässt sich unschwer ein vorbeilaufender Passant mit Hut identifizieren. Eigentlich hat er es eilig. Als er aber den ihm bekannten Kaufmann Stern vor seinem Geschäft stehen sieht, bleibt er stehen. Mit Verwunderung fragt er ihn: „Sagen Sie mal Herr Stern, was machen Sie denn hier?" Im Anschluss an die Frage entwickelt sich ein Gespräch zwischen den beiden Männern. „Was ich hier mache? Also …"
Versucht nun auf die Frage des Passanten aus der Sicht Herrn Sterns zu antworten. Denkt dabei an die Umstände und an die Verfassung von Herrn Stern in diesem Moment (aggressiv, aufrührerisch, überzeugend, vehement usw.). Entwerft einen Dialog zwischen den beiden Männern (Fragen und Antworten müssen von euch entworfen werden). Stützt euch dabei auf bisherige Arbeitsergebnisse und stellt begründete Mutmaßungen an.

TÄTER, OPFER, ZUSCHAUER – DER APRILBOYKOTT 1933

5 Arbeitsblatt: Ein stummer Ausschnitt

● M 4 „Perspektivieren"

Arbeitsaufträge

1. Wie stets bei einer Fotografie bleiben auch hier die abgebildeten Personen stumm. Es ist jetzt eure Aufgabe, den abgebildeten Personen eine „Stimme" zu geben. Was könnten sie in der abgebildeten Situation gedacht oder gesagt haben? Haltet euch aber bei euren Vorschlägen an die Hintergründe bzw. an die bisher erstellten Texte und an die daraus gewonnenen Erkenntnisse.
2. Stellt euch vor, dass ihr als 15-jähriger Junge oder als 15-jähriges Mädchen am 1. April 1933 den ganzen Tag durch die Straßen von Berlin geschlendert wärt. Bevor ihr am Abend zu Bett geht, schreibt ihr eure Beobachtungen und Gedanken dazu in euer Tagebuch.

6 Arbeitsblatt: „Davon haben wir nichts gewusst"

● D 3 Zuschauen und mitmachen

„Ich habe ein Christenmädchen geschändet". Das Opfer, der jüdische Student Spier, wird am 19. August 1933 von SA-Leuten zum Marsch durch Marburg gezwungen

Der Historiker Michael Wildt, geb. 1954:
Die in den vergangenen Jahren zunehmend diskutierte Frage, wie aus „normalen" Männern Täter werden konnten, erweist sich bei näherer Betrachtung als eine Frage nach Beteiligung, nach womöglich sehr unterschiedlichen Teilnahmen und Verhaltensweisen des Mitmachens. Auf der Fotografie aus dem Sommer 1933 sind das Opfer wie die SA-Täter deutlich zu erkennen. Alle anderen Beteiligten, die unerlässlich für die Gewaltaktionen waren, lassen sich jedoch nur unzureichend unter dem Oberbegriff der Zuschauer oder „Bystanders" fassen. Zu verschieden waren offenkundig die Grade des Mitmachens, die bei vielen kein bloßes Zusehen, sondern Teilnahme bedeuteten.

Michael Wildt: Volksgemeinschaft als Selbstermächtigung. Gewalt gegen Juden in der deutschen Provinz 1919 bis 1939. Hamburg 2007, S.11

● D 4 Die Deutschen und ihr „Drittes Reich"
Der Sozialpsychologe Harald Welzer, geb. 1958:
Das bedeutet aber zugleich, dass man sich von der Vorstellung freimachen muss, es gebe bei Gesellschaftsverbrechen auf der einen Seite Täter, die Verbrechen planen, vorbereiten und ausführen, und auf der anderen Seite Unbeteiligte oder Zuschauer, die in mehr oder weniger großem Umfang von diesen Taten „wissen". Mit solchen Personenkategorien kann der Handlungszusammenhang, der schließlich in den Massenmord und in die Vernichtung führte, nicht angemessen beschrieben werden. Es gibt in einem solchen Zusammenhang keine Zuschauer, es gibt auch keine Unbeteiligten. Es gibt nur Menschen, die gemeinsam, jeder auf seine Weise – der eine intensiver und engagierter, der andere skeptischer und gleichgültiger – eine gemeinsame soziale Wirklichkeit herstellen.

Harald Welzer: Die Deutschen und ihr „Drittes Reich". In: Aus Politik und Zeitgeschichte. 14–15/2007, S.21–34, hier S.22.

● D 5 „Davon haben wir nichts gewusst!"

Die Fotografie Willy Römers ziert den Umschlag der Lizenzausgabe des Buchs von Longerich für die Bundeszentrale für politische Bildung mit dem Titel „Davon haben wir nichts gewusst. Die Deutschen und die Judenverfolgung 1933–1945"

Arbeitsblatt: „Davon haben wir nichts gewusst"

Der Historiker Peter Longerich, geb. 1955:
„Davon haben wir nichts gewusst!" Der Satz ist allgemein bekannt: Es ist die Antwort, die man wohl am häufigsten hört, wenn man Deutsche der älteren Generation befragt, was sie denn als Zeitgenossen seinerzeit über die Verfolgung und Ermordung der europäischen Juden durch das NS-Regime in Erfahrung gebracht haben. Ein Satz, der viele Fragen aufwirft.

Nicht selten wird er entschieden oder sogar entrüstet vorgebracht; er dient häufig dazu, den in der Frage nach der damaligen Kenntnis mitschwingenden oder auch nur vermuteten Vorwurf der Mitwisserschaft oder gar Mitschuld zurückzuweisen. Das Subjekt des Satzes, das „wir" – häufig heißt es auch, „man" habe nichts gewusst, selten wird das ich gebraucht –, deutet schon darauf hin, dass hier eine kollektive, im Laufe der Zeit zur Abwehr verfestigte Haltung vorliegt.

Peter Longerich: „Davon haben wir nichts gewusst!" Die Deutschen und die Judenverfolgung 1933–1945. Bonn 2006, S. 7.

Arbeitsaufträge

1. Erläutert die Vor- und Nachteile der von Raul Hilberg eingeführten Personenkategorien zur Beschreibung der Judenverfolgung und -vernichtung (Täter – Opfer – Zuschauer). Benutzt dafür die Darstellungen von Michael Wildt und Harald Welzer.
2. „Davon haben wir nichts gewusst!" Bezieht diesen Satz auf den Aprilboykott, diskutiert ihn und setzt euch mit ihm auseinander. Erörtert die Frage nach Täter, Opfer und Zuschauer. Fasst eure Ergebnisse zusammen und verfertigt einen Kommentar in schriftlicher Form zum Thema „Davon haben wir nichts gewusst!"

KOMMENTARE

Ein Kommentar ist die subjektive, oft analysierende Darstellung einer Meinung, die der Autor zu einem Thema vertritt. Sie soll den Leser und die Leserin zur eigenen Meinungsbildung anregen.

7 Arbeitsblatt: Aus der Sicht von Historikern

● **D 6: Das Deutungsmonopol des charismatischen „Führers"**

Hans-Ulrich Wehler (geb. 1931)

Hans-Ulrich Wehler zur „Judenpolitik" der Nationalsozialisten:

Der radikale Antisemitismus hatte sich seit dem ausgehenden 19. Jahrhundert in Teilgruppen der reichsdeutschen Gesellschaft hineingefressen. Seit der Schlußphase des Weltkriegs und während der Weimarer Republik, als die Jagd auf Sündenböcke, die man für die Serie von Katastrophen verantwortlich machen konnte, anhielt, war diese Strömung, die in „den" Juden die Ursache auch der Niederlage und aller späteren Belastungen sah, weiter angeschwollen […]. Außerdem war ein latenter Alltagsantisemitismus ohne die Militanz der Dogmatiker ebenfalls vorgedrungen. Er nahm die Exzesse des Wortes und der Tat stumm hin, rügte sie wohl sogar gelegentlich, verstand sich aber nie zu einer Verteidigung der staatsbürgerlichen Gleichheitsrechte. […]

Im Weltbild des Nationalsozialismus wurde ein extremer Antisemitismus gespeichert, der seit 1933 auf eine Lösung durch den Staat drängte, ohne daß sich ein konkreter Gesamtplan, wie denn die „Entfernung der Juden" (Hitler) vor sich gehen sollte, herausgebildet hätte. Anstelle der Realisierung einer solchen Zielkonzeption entwickelte sich seit 1933 eine phasenweise verschärfte antijüdische Staatspolitik, welche gegen die halbe Million jüdischer Deutscher alsbald in der Form eines Bürgerkriegs geführt wurde, der dann seit 1941 in die systematisch betriebene Vernichtung der europäischen Juden überging. Die antijüdische Politik, die vom Pogrom über sonderrechtliche Diskriminierung bis zur Vertreibung außer Landes reichte, schien jahrelang keinen eindeutigen Richtlinien für die „Entfernung" der stigmatisierten Minderheit zu folgen. Vielmehr experimentierte sie mit der Häufung von unterschiedlichen Terrorakten, um möglichst viele ihrer Angehörigen in die Emigration zu zwingen. Diese Regierungspolitik, durch SA-Gewalt und Reichsgesetze ausgeführt, wurde – wie alle sachkundigen Untersuchungen bisher ergeben haben – von der großen Mehrheit der Bevölkerung billigend, jedenfalls protestlos hingenommen, aber nicht aktiv unterstützt. Der praktizierte Antisemitismus des „Dritten Reiches" war mithin kein Ergebnis einer judenfeindlichen Massenstimmung, die Taten sehen wollte; er konnte daher auch keiner systemförderlichen Integration dienen. Zugleich traf er aber ebenfalls auf keinen entschiedenen Protest, keine öffentliche Ablehnung und Kritik. Der Radauantisemitismus der SA mochte stumme Mißbilligung auf sich ziehen, wie etwa 1938, doch die gesetzlich getarnte Diskriminierung wurde durchweg kritiklos akzeptiert oder sogar für eine überfällige Korrektur des jüdischen „Vordrängelns" gehalten, solange sie sich nur in geregelten Bahnen vollzog. […]

Die Judenfeindschaft im deutschsprachigen Mitteleuropa hat sich von der Grundlage des fatalen christlichen Judenhasses auf das „Volk der Christusmörder" keineswegs mit eherner Notwendigkeit bis zum Holocaust gesteigert. Vielmehr ist das eigentlich erklärungsbedürftige Problem, warum gerade dort, wo die schwierige Judenemanzipation vergleichsweise erfolgreich verlaufen war, die Integration in das deutsche Bürgertum zu einer eindrucksvollen Symbiose geführt hatte, der klassische Bildungskanon so bereitwillig unter die Ideale der Lebensführung aufgenommen worden war, die Aversion eines zählebigen, durch solche Erfolge gereizten Antijudaismus und schließlich die Fundamentalkritik des rassistischen politischen Antisemitismus sich seit 1933 zuerst zu einer Vertreibung, dann sogar zu einer beispiellosen Vernichtungspolitik steigern konnten.

Diese peinigende Frage, die oft in hilfloses Rätselraten gemündet ist, kann dann, sofern man eine möglichst rationale Erklärung der unvorstellbaren Barbarei anstrebt, überzeugend beantwortet werden, wenn man von zwei [...] charakteristischen Strukturmerkmalen des nationalsozialistischen Regimes ausgeht: von der charismatischen Herrschaft Hitlers und der Polykratie der von ihm eingesetzten Sondergewalten. [...]

Daher kann man zugespitzt formulieren, daß ohne den fanatischen Antisemitismus des „Führers", der seit 1933 an allen antijüdischen Maßnahmen beteiligt war, die „Judenpolitik" vom Frühjahr 1933 bis hin zum Holocaust nicht möglich gewesen wäre. Erst der „Führerwille" kanalisierte den dumpfen, gewaltbereiten oder den nur schwadronierenden Antisemitismus in die Zielrichtung der Vertreibung und Vernichtung. Erst seine Grundauffassung gestattet es den zahlreichen Helfershelfern, der Sanktionierung ihres Handelns durch den „Führer" gewiß, ihm allenthalben „entgegenzuarbeiten". [...]

Die antijüdische Politik von 1933 bis 1941 läßt sich als „Kampfmetapher" (Broszat) nicht realitätsangemessen verstehen. Sie läßt sich auch nicht als Ergebnis angehäufter pragmatischer Diskriminierungsaktionen befriedigend begreifen, die allmählich zu einer „kumulativen Radikalisierung" (H. Mommsen) tendierten. Dieser Prozeß war unbestreitbar, insbesondere seit dem September 1941, am Werk. Doch bleibt das entscheidende Moment die höchste Priorität, welche die Judenfeindschaft im nationalsozialistischen Weltbild, namentlich aber in Hitlers Ideenhaushalt genoß. Dieses Weltbild, durch den charismatischen „Führer" mit seinem Deutungsmonopol und seiner Kompetenzkompetenz stets so aggressiv wie möglich interpretiert, übernahm die ausschlaggebende Steuerungsfunktion für das nachfolgende Handeln. Auch wenn ein spontaner Antisemitismus „von unten" praktiziert wurde, geschah das immer in der begründeten Erwartung, daß jedes radikale Vorgehen – bei unterschiedlichen Optionen – die extremste Möglichkeit von Hitler im Bann seines Judenhasses gebilligt werden würde. So und nicht anders ist auch die Vernichtungspolitik des Holocaust seit 1941 zustande gekommen.

Hans-Ulrich Wehler: Deutsche Gesellschaftsgeschichte, Bd. 4. Vom Beginn des Ersten Weltkriegs bis zur Gründung der beiden deutschen Staaten 1914–1949. München 2003, S. 653–664.

● D 7 „Vergemeinschaftete Gewalt"

Michael Wildt (geb. 1954)

Michael Wildt zur Herstellung der „Volksgemeinschaft" durch die antisemitische Gewalttat:
Die Herstellung der Volksgemeinschaft konnte daher nicht allein durch Gratifikation, Selbstinszenierung, Anpassungsdruck oder Terror, Verordnung und Gesetz erfolgen. Diese Transformation war ein politischer Prozess, der die gesamte Gesellschaft erfasste, nicht nur in den großen Städten, sondern gerade in der Provinz, in den Dörfern und kleinen Orten, wo die Nazis zwar die Führungsposten erobert, aber noch nicht die politische Macht errungen hatten. Die Verfolgung der deutschen Juden als „Volksfeinde", als „rassische Gegner des deutschen Volkes", war das wesentliche politische Instrument zur Zerstörung des Staats-

volkes und zur Herstellung der Volksgemeinschaft. In der politischen Praxis vor Ort hieß das, soziale Distanz herzustellen, jedwede Solidarität und Mitleid mit den Verfolgten zu stigmatisieren, um die Juden zu isolieren und für rechtlos, ja vogelfrei zu erklären. Man kann kaum unterschätzen, was zum Beispiel der Ausschluss der jüdischen Mitglieder aus den örtlichen Vereinen, ob Sport-, Gesangs-, Schützenverein oder die lokale Feuerwehr, die allesamt im Laufe des Jahres 1933 den „Arierparagraphen" in ihr Vereinsstatut übernahmen, für die soziale Isolierung der jüdischen Familien im Ort bedeutete. Hinzu kam die Boykottbewegung, die keineswegs auf den 1. April 1933 beschränkt blieb. Während in den Großstädten unter den Augen der ausländischen Beobachter und konzentrierter Kontrolle durch die Polizei der Boykott nach dem 1. April fürs Erste abgebrochen wurde, eröffnete er in der Provinz, in den Kleinstädten und Dörfern, den örtlichen Partei- und SA-Gruppen eine politische Arena, in der sie die soziale, kulturelle und politische Ordnung des Ortes verändern konnten. Mit dem Boykott ließen sich diverse Aktionsformen ausprobieren, von öffentlichen Plakaten und Transparenten, über das Postenstehen direkt vor dem Laden, das bloße Auffordern von Kunden, das Geschäft nicht zu betreten bis hin zu Beschimpfungen und Anwendung von Gewalt. [...] Die zahlreichen geschilderten Fälle zeigen, dass es falsch wäre, den Blick allein auf die Aktivisten zu richten. So wie die Täter keineswegs bloße Befehlsempfänger waren, die Anweisungen ausführten, sondern die Situation, die Gewalttat mitdefinierten, so hatten auch die Zuschauer, Passanten, bystanders eine gleichermaßen elementare Rolle als Duldende oder Billigende, als Komplizen. Die Opfer mussten ihre Ohnmacht erleiden, während die „Volksgenossen" ihre Ermächtigung alltäglich erfuhren und selbst diejenigen, die sich nicht direkt beteiligten, sondern dabeistanden und zuschauten, komplizenhaft an der Machtausübung teilhaben konnten.

Zugleich stiftet Gewalt Gemeinschaft. Jeder kann mittun, dabei sein, ohne als einzelner Verantwortung oder Führung zu übernehmen. Auch der Feigste darf schlagen, stoßen, Gewalt antun, ohne vor der Gegenwehr des Opfers Angst zu haben. In der Gemeinschaft vervielfacht sich die Gewalt gegenüber dem Opfer auf der einen, wie sich die Furcht des Täters, seinerseits verletzt zu werden, Schaden am eigenen Körper zu nehmen, auf der anderen Seite verringert. In der kollektiven Gewalttat gegen Juden wurde die Ausgrenzung der „Anderen" auf brutale Weise exekutiert, und gleichermaßen bedeutete die Gewalt für den einzelnen Täter eine machtvolle Erfahrung der „Selbstaffirmation" (Alf Lüdtke). In der Aktion bildete sich jene „Volksgemeinschaft", von der die NS-Propaganda sonst nur redete: eine Gemeinschaft, die einen Feind besaß, dessen Verfolgung und Vertreibung zum Prüfstein ihrer Existenz wurde; eine Gemeinschaft, die sich nicht durch Gesetze definierte, die immer auch Grenzen hätte setzen können, die sich erst durch die Tat schuf und als Selbstbestimmung erfahren werden konnte.

Die jeweiligen Motive mochten durchaus unterschiedlich gewesen sein: Habgier, Neid, Missgunst mögen die Handelnden ebenso befeuert haben wie explizite Judenfeindschaft. Und selbst unter den antijüdischen Beweggründen mag es variierende Motive und Absichten gegeben haben. Insofern ist die gemeinsame Tat kein Beweis für eine geteilte Motivation oder eine gleichförmige Weltanschauung. Doch verschmolzen die unterschiedlichen Beweggründe in der gemeinsamen Tat, die gewalttätige Praxis hob die möglichen Motivdifferenzen zwischen den Beteiligten in der kollektiven Aktion auf. Gleich welche Intention zur Tat drängte, stets richtete sich die Gewalt gegen Juden. Und in jedem Fall bot der offizielle rassenbiologische Antisemitismus auch denen eine wohlfeile, öffentlich sanktionierte Legitimierung, die aus bloßer Habgier, Rachsucht oder anderen, nicht unbedingt antijüdischen Antrieben handelten. Ja, schlimmer noch, die antisemitische Praxis gestattete, all die Gefühle und Ressentiments, die ansonsten sozial sanktioniert waren, ungehemmt auszuleben.

Das NS-Regime vergemeinschaftete die Gewalt und ließ die „Volksgenossen" an ihr partizipieren.

Arbeitsblatt: Aus der Sicht von Historikern

[...] Dadurch verändern Handlungen die Bedingungen für das zukünftige Handeln. Möglichkeiten eröffnen sich, die vordem nicht bestanden haben. Die Gewaltaktionen gegen Juden haben nicht die „Volksgemeinschaft" geschaffen, aber diese Praxis der Gewalt nahm die Wirklichkeit der „Volksgemeinschaft", wenn auch zeitlich und räumlich begrenzt, vorweg. Gewalt machte einen Gesellschaftszustand konkret, ja körperlich erfahrbar, in dem die alte Ordnung außer Kraft gesetzt war und sich eine neue politische Ordnung rassistischer Ungleichheit etablierte.

Michael Wildt: Volksgemeinschaft als Selbstermächtigung. Gewalt gegen Juden in der deutschen Provinz 1919–1939. Hamburg 2007, S.361ff. und 372ff.

Arbeitsaufträge

1. Nennen Sie unterschiedliche Gründe für die Durchsetzung der nationalsozialistischen Judenpolitik seit 1933.
2. Untersuchen Sie die vorgebrachten Deutungsmodelle in Bezug auf den „Judenboykott" vom 1. April 1933. Stellen Sie die unterschiedlichen Ansätze kritisch gegenüber.
3. Vergleichen und bewerten Sie die unterschiedlichen Erklärungen zur Durchsetzung der nationalsozialistischen „Judenpolitik". Nehmen Sie Stellung zu den vorgebrachten Argumenten.

TÄTER, OPFER, ZUSCHAUER – DER APRILBOYKOTT 1933

8 Arbeitsblatt: Die Jenninger-Rede vom 10. November 1988

Philipp Jenninger nach seiner Rede neben Ida Ehre, die die Gedenkveranstaltung durch die Rezitation des Gedichts „Todesfuge" von Paul Celan eröffnet hatte.

● **Q 12 „Wissen auch wir es?"**
Am 10. November 1988 hielt der damalige Bundestagspräsident Philipp Jenninger zum fünfzigsten Jahrestag der Reichspogromnacht im Bundestag eine Rede. Diese hatte zur Folge, dass der zweithöchste Repräsentant der damaligen Bundesrepublik binnen 24 Stunden von seinem Amt zurücktreten musste.

Meine Damen und Herren! Die Juden in Deutschland und in aller Welt gedenken heute der Ereignisse vor 50 Jahren. Auch wir Deutsche erinnern uns an das, was sich vor einem halben Jahrhundert in unserem Land zutrug, und es ist gut, daß wir dies in beiden Staaten auf deutschem Boden tun; denn unsere Geschichte läßt sich nicht aufspalten in Gutes und Böses, und die Verantwortung für das Vergangene kann nicht verteilt werden nach den geographischen Willkürlichkeiten der Nachkriegsordnung. […]

Heute nun haben wir uns im Deutschen Bundestag zusammengefunden, um hier im Parlament der Pogrome vom 9. und 10. November 1938 zu gedenken, weil nicht die Opfer, sondern wir, in deren Mitte die Verbrechen geschahen, erinnern und Rechenschaft ablegen müssen, weil wir Deutsche uns klarwerden wollen über das Verständnis unserer Geschichte und über Lehren für die politische Gestaltung unserer Gegenwart und Zukunft. […]

Die Opfer – die Juden überall auf der Welt – wissen nur zu genau, was der November 1938 für ihren zukünftigen Leidensweg zu bedeuten hatte. – Wissen auch wir es?

Was sich heute vor 50 Jahren mitten in Deutschland abspielte, das hatte es seit dem Mittelalter in keinem zivilisierten Land mehr gegeben. Und, schlimmer noch: Bei den Ausschreitungen handelte es sich nicht etwa um die Äußerungen eines wie immer motivierten spontanen Volkszorns, sondern um eine von der damaligen Staatsführung erdachte, angestiftete und geförderte Aktion. […]

Die Bevölkerung verhielt sich weitgehend passiv; das entsprach der Haltung gegenüber antijüdischen Aktionen und Maßnahmen in vorangegangenen Jahren. Nur wenige machten bei den Ausschreitungen mit – aber es gab auch keine Auflehnung, keinen nennenswerten Widerstand. Alle sahen, was geschah, aber die allermeisten schauten weg und schwiegen. […]

Und was die Juden anging: Hatten sie sich nicht in der Vergangenheit doch eine Rolle angemaßt – so hieß es damals –, die ihnen nicht zukam? Mußten sie nicht endlich einmal Einschränkungen in Kauf nehmen? Hatten sie es nicht vielleicht sogar verdient, in ihre Schranken gewiesen zu werden?

Arbeitsblatt: Die Jenninger-Rede vom 10. November 1988

Und vor allem: Entsprach die Propaganda – abgesehen von wilden, nicht ernstzunehmenden Übertreibungen – nicht doch in wesentlichen Punkten eigenen Mutmaßungen und Überzeugungen?

Und wenn es gar zu schlimm wurde, wie im November 1938, so konnte man sich mit den Worten eines Zeitgenossen ja immer noch sagen: „Was geht es uns an! Seht weg, wenn es euch graust. Es ist nicht unser Schicksal!" […]

Heute, meine Damen und Herren, stellen sich für uns alle Fragen im vollen Wissen um Auschwitz. 1933 konnte sich kein Mensch ausmalen, was ab 1941 Realität wurde. […]

Es ist wahr, daß die Nationalsozialisten große Anstrengungen unternehmen, die Wirklichkeit des Massenmordes geheimzuhalten. Wahr ist aber auch, daß jedermann um die Nürnberger Gesetze wußte, daß alle sehen konnten, was heute vor 50 Jahren in Deutschland geschah, und daß die Deportationen in aller Öffentlichkeit vonstatten gingen. Und wahr ist, daß das millionenfache Verbrechen aus den Taten vieler Einzelner bestand, daß das Wirken der Einsatzgruppen nicht nur in der Wehrmacht, sondern auch in der Heimat Gegenstand im Flüsterton geführter Gespräche war. […]

Viele Deutsche ließen sich vom Nationalsozialismus blenden und verführen. Viele ermöglichten durch ihre Gleichgültigkeit die Verbrechen. Viele wurden selbst zu Verbrechern. Die Frage der Schuld und ihrer Verdrängung muß jeder für sich selbst beantworten. […]

Deshalb ist auch die Forderung sinnlos, mit der Vergangenheit „endlich Schluß" zu machen. Unsere Vergangenheit wird nicht ruhen, sie wird auch nicht vergehen. Und zwar unabhängig davon, daß die jungen Menschen eine Schuld gar nicht treffen kann. Renate Harprecht, eine Überlebende von Auschwitz, hat dazu gesagt: „Man kann sich sein Volk nicht aussuchen. Ich habe mir damals manchmal gewünscht, nicht Jüdin zu sein, dann bin ich es aber in sehr bewußter Weise geworden. Die jungen Deutschen müssen akzeptieren, daß sie Deutsche sind – aus diesem Schicksal können sie sich nicht davonstehlen."

Sie wollen sich, meine Damen und Herren, auch nicht davonstehlen. Sie wollen vielmehr von uns wissen, wie es dazu kam, wie es dazu kommen konnte. So nimmt die Beschäftigung mit den nationalsozialistischen Verbrechen trotz des wachsenden zeitlichen Abstandes zu den Ereignissen nicht ab, sondern gewinnt an Intensität. Auch für die Psyche eines Volkes gilt, daß die Verarbeitung des Vergangenen nur in der schmerzlichen Erfahrung der Wahrheit möglich ist. Diese Selbstbefreiung in der Konfrontation mit dem Grauen ist weniger quälend als seine Verdrängung.

Aus: Horst Ferdinand (Hg.): Reden, die die Republik bewegten, 2. Auflage Opladen 2002, S.492–505.

Arbeitsauftrag

Schreiben Sie über die Rede des Bundestagspräsidenten eine kurze Nachricht für eine Tageszeitung, wie sie am 11. November 1988 hätte abgedruckt werden können. Tragen Sie lediglich Informationen zusammen, ohne diese zu kommentieren.

Nachricht

Die Nachrichtensprache ist nüchtern und wertfrei. In ihr werden die bekannten W-Fragen beantwortet (Wer? Was? Wann? Wo? Wie? Warum? Welche Quelle hat das der Zeitung mitgeteilt?), und sie schildert etwas, was geschehen ist. In Tageszeitungen nehmen die Nachrichten einen breiten Raum ein.

9 Arbeitsblatt: Reaktionen auf die Rede

Q 13 „Fehlender Verstand"
In der Tageszeitung „Die Rheinpfalz" erschien am 11. November 1988 folgende Nachricht:
Da sprach gestern nicht irgendeiner im deutschen Parlament über die Nazi-Verbrechen anlässlich des 50. Jahrestages der Novemberpogrome von 1938. Der zweite Mann in der Hierarchie unserer Republik, Bundestagspräsident Jenninger, war es, der uns mit seinem Geschichtsverständnis in peinliche Verlegenheit gebracht hat. […] Wem Gott ein Amt gibt, dem gibt er nicht automatisch den dazu notwendigen Verstand.
Aus: Armin Laschet/Heinz Malangré (Hg.): Philipp Jenninger. Rede und Reaktion. Aachen 1989, S. 44.

Q 14 „… eine traurige, beschämende Stunde"
Die Bild-Zeitung druckte am 11. November 1989 folgende Nachricht ab:
Philipp Jenninger, der zweite Mann der Bundesrepublik, hat zum Gedenken an das Juden-Pogrom von 1938, die „Reichskristallnacht", im Bundestag eine taktlose Rede gehalten. […]
Es hätte eine Stunde der Trauer und der Scham sein sollen; es wurde eine traurige, beschämende Stunde.
Aus: Armin Laschet/Heinz Malangré (Hg.): Philipp Jenninger. Rede und Reaktion. Aachen 1989, S. 45.

Q 15 Diskurs rechter Historiker
Die „taz" (Die Tageszeitung") vom 11. November 1988 zur Rede Jenningers:
Seine Rede wird skandalös durch die insgeheime Bewunderung für die – wie er es offen und ohne jede Einschränkung sagt – Erfolge nationalsozialistischer Politik und durch den latenten Antisemitismus, der seiner nahezu unreflektierten Geschichtsnacherzählung unterlegt ist. Jenninger spricht vom „Kampf zwischen Ariern und Juden", von der „germanischen Rasse" und vom „jüdischen Blut", als seien das anerkannte Kategorien. Ausführlich referiert er, ohne einen eigenen Standpunkt zu beziehen, völkische antisemitische Vorurteile, und man merkt ihm das „Faszinosum" in Sprache und Sprechweise an. […]

Jenningers Rede reiht sich so in den Diskurs der rechten Historiker* ein – ein weiterer Schritt beim Versuch, die deutsche Identität als selbstbewußte Großmacht zu rekonstituieren.
Aus: Armin Laschet/Heinz Malangré (Hg.): Philipp Jenninger. Rede und Reaktion. Aachen 1989, S. 46f.

*Anspielung auf den zwei Jahre vorher ausgetragenen so genannten Historikerstreit, in dessen Verlauf sich konservative Historiker für eine Relativierung des Nationalsozialismus stark gemacht hatten.

Q 16 Fehler Jenningers
In der „Frankfurter Allgemeinen Zeitung" vom 12. November 1988 hieß es:
Wer Jenningers Text liest, kann keinen Zweifel daran haben, was der Redner „meinte". Das weist darauf hin, daß der „Fehler" nicht nur, und nicht einmal in erster Linie im Inhalt von Jenningers Rede zu suchen ist: Er liegt – und das wiegt nicht minder schwer – in der Form: Jenninger hat keine Rede vorgelesen, sondern ein Schriftstück, das als geschriebener Text vielleicht diskutabel gewesen wäre, als öffentliches Gedenken aus dem Munde eines politischen Repräsentanten aber ganz und gar untauglich war.
Zu einer höheren Stufe der Verwirrung trug der zweite Fehler Jenningers bei. Große Teile des vorgetragenen Textes, manche Fragen, die Jenninger stellte, und viele Antworten, die er zu geben versuchte, waren eine Imitation der Methode, die Historiker bei ihrer Arbeit benutzen. Es ist die ureigenste Aufgabe des Geschichtsforschers, sich in die Interessen, Motive und Gefühle der Handelnden vergangener Zeiten einzuleben, um der Nachwelt das Zustandekommen von Ereignissen verstehbar zu machen. Die Aufgabe des Politikers, zumal wenn er als Repräsentant von Volk und Staat spricht, ist das nicht.
Aus: Armin Laschet/Heinz Malangré (Hg.): Philipp Jenninger. Rede und Reaktion. Aachen 1989, S. 51.

Q 17 „…, ein Held unserer Zeit?"
In der Zeitgeist-Zeitschrift „Tempo" erschien im November 1988 folgender Beitrag:
Noch nie zuvor hat ein deutscher Politiker bei ei-

Arbeitsblatt: Reaktionen auf die Rede

nem derart prominenten Anlaß den eigenen Leuten so offen erklärt, warum sie einst zu Wahnsinnigen und Mördern geworden waren. Noch nie bekamen sie in einer solchen Deutlichkeit zu hören, daß die Ausrottung der europäischen Juden vorsätzlicher Mord war, verübt zwar von einer Partei- und SS-Kaste, geduldet aber vom ganzen Volk. Endlich hatte einer den Mut, sich in einer Gedenkrede nicht wie in einem mit Watte gepolsterten Rechtfertigungslabyrinth zu verirren, sondern Selbstbezichtigung und Analyse zu betreiben.

Aus: Armin Laschet/Heinz Malangré (Hg.): Philipp Jenninger, Rede und Reaktionen. Aachen 1989, S.61.

Arbeitsaufträge

Die Rede Philipp Jenningers hatte schon im Vorfeld heftige Diskussionen hervorgerufen. Auch in den Tagen und Wochen nach dem 10. November 1988 bestimmte der „Skandal Jenninger" die Tageszeitungen und Zeitschriften.

1. Untersuchen Sie die einzelnen Pressemeldungen hinsichtlich der Vorwürfe, die Jenninger und seiner Rede gemacht wurden.
2. Stellen Sie die unterschiedlichen Positionen und die verschiedenen Argumente einander gegenüber.
3. Erklären bzw. widerlegen Sie einzelne Argumente der Pressemeldungen mit Zitaten aus der Rede Jenningers.

10 Arbeitsblatt: Vergangenheit und Erinnerung

● **D 8 „Skandal im Skandal"**
Bereits knapp drei Jahre später erschien der folgende wissenschaftliche Aufsatz zum Fall Jenninger:

Es ist unterdessen deutlich geworden, daß seine Rede, die hauptsächlich (und historiographisch halbwegs up to date) die Mittäterschaft der Deutschen in der NS-Zeit thematisierte, von linken und liberalen Kritikern zu Unrecht gescholten und skandalisiert wurde. Vielmehr hat die Bonner „politische Klasse" einen konservativen Politiker, der [...] (gewollt oder unabsichtlich) die vorherrschende „Schlußstrich-Mentalität" der deutschen Rechten infrage stellte, auf bis heute undurchsichtig gebliebene Weise in die Wüste geschickt. Jenningers verdächtig schneller Abgang war ein Skandal im Skandal, der ohne jedes öffentliche Echo geblieben ist.

Dem dominierenden Tenor der meisten journalistischen Erst-Kommentare widersprachen nachdenklichere Publizisten zwar rasch und entschieden [...]; doch blieben viele politische und publizistische Kritiker auch nach Lektüre der Rede unerbittlich bei ihrer Fehlperzeption. [...]

Bevor sich die abwägenden Stimmen vernehmlich machen und Jenninger gar selbst seinen Rücktritt revidieren konnte, war eine typische Skandaltirade [...] aufgebaut: Den Skandalisierern (Abgeordneten des Bundestages) war es gelungen, ein Ereignis („die Rede") des Skandalisierten (Philipp Jenningers) zum Skandalon (NS-Apologetik) für die Öffentlichkeit (elektronische und Print-Medien-Nutzer) zu machen. Ein solch Szenario ist aber in aller Regel mit dem Rücktritt des Skandalisierten gekrönt.

Claus Leggewie/Sybille Müller/Tim Nungesser: „Nicht alles darf man beim Namen nennen – in Deutschland". Skandal im Skandal: Die Bundestagsrede Philipp Jenningers zur „Kristallnacht". In: Sowi. Sozialwissenschaftliche Information. 20 Jg. (1991), Heft 2, S.128–132.

● **D 9: Die Wortwahl**
Bereits kurz nach der Rede wurde Jenninger vorgeworfen, dass er zu oft die Täter und zu wenig die Opfer habe zu Wort kommen lassen. Daneben war die Verwendung von NS-Vokabular in seiner Rede das zweite Hauptargument seiner Kritiker.

	Positiv	Negativ	Neutral
Synonyme für die Täter	● Gesunde ● Starke ● Nützliche ● Germanische ● Kulturspender ● Einsatztruppen	● Organisator des Verbrechens ● Organisierter Mob ● Brandstifter ● Mörder ● Propagandisten des Antisemitismus ● Täter ● Henker ● Verbrecher ● Freiwild	● Die herrschende Partei ● NS-Herrscher ● Führung ● Partei- und Staatsführung ● Nationalsozialisten ● SA-Truppe ● Regime ● Gestapo
Synonyme für die Opfer	● Opfer ● Minderheit	● Freiwild ● Ungeziefer ● Menschen zweiter Klasse ● Krankhafte ● Minderwertige ● Schädlinge ● Jüdische Verwesung	● Juden

Auszug aus: Astrid Linn: „… noch heute ein Faszinosum …" Philipp Jenninger zum 9. November 1938 und die Folgen. Münster 1991, S.101

Arbeitsblatt: Vergangenheit und Erinnerung

D 10 „Inkorrekte Erinnerung"
Aleida Assmann, geb. 1947, Literaturwissenschaftlerin und Anglistin, beschäftigt sich hauptsächlich mit der Praxis kollektiver Erinnerung:

Nach der Rede Jenningers, während derer viele Zuhörer den Saal entrüstet verließen, stellte sich einiges anders dar. Ida Ehre, nach ihrem Eindruck von der Jenninger-Rede befragt, erklärte, dass sie von dieser Rede so gut wie nichts mitbekommen habe. Die Rezitation von Celans Gedicht habe sie so aufgewühlt, dass ihr der weitere Verlauf der Gedenkveranstaltung weitgehend entgangen sei. Jenninger sah später seinen Fehler darin, nach der Rezitation von Ida Ehre gesprochen zu haben. „Das war sehr bewegend", sagte er, und dann: „Es war wohl nicht die ideale Einstimmung für einen nüchternen historischen Vortrag." Auch hier stellt sich die Frage nach den für eine Gedenkveranstaltung angemessenen Gattungen und Sprechakten. Ein nüchterner historischer Vortrag ist offensichtlich das falsche Genre für einen solchen Anlass. Jenningers Rede hat die unsichtbare Grenze sichtbar gemacht, die zwischen dem sozialen Gedächtnis und dem politischen Gedächtnis der Deutschen verläuft. Während im einen viel Platz ist für kritische Selbstbefragung und den Wechsel der Perspektiven, ist das im anderen nicht der Fall, das die geschichtspolitische Haltung des Staates in wirkungsvollen Symbolen und klaren Worten zusammenfasst. [...] Auf dieser Ebene, wo es um ritualisierte Stellungnahmen geht, die nicht nur für die Opfer des NS, sondern auch nach außen für die Nachbarstaaten als klare Signale lesbar sein müssen, hatte Jenningers inneres Ringen mit der Schuldproblematik, so wichtig sie andernorts sein mag, keinen Platz. An dieser Eindeutigkeit ließ es Jenninger fehlen und musste am Tag nach seiner Rede den Hut nehmen.

Aleida Assmann: Der lange Schatten der Vergangenheit. Erinnerungskultur und Geschichtspolitik. München 2006, S. 165

D 11 „Er wollte über die Geschichte sprechen"
Ian Buruma, geb. 1951, ist ein anglo-niederländischer Schriftsteller und Journalist.

Denn Jenninger konnte nicht für die Opfer sprechen, er wollte aber auch nicht um Vergebung bitten, indem er einfach nur seiner Scham Ausdruck verlieh. Er wollte über die Geschichte sprechen, wollte Distanz gewinnen und sie verstehen. Es war keine unlautere Absicht, aber er hätte erkennen müssen, daß die Historisierung, auch dreiundvierzig Jahre nach dem Krieg, immer noch eine hochbrisante Angelegenheit ist. Denn zu einer „normalen" Gesellschaft, die nicht von Gespenstern heimgesucht wird, findet man nicht durch eine Normalisierung der Geschichte; und auch nicht, indem man mit Kreuz und Knoblauch herumfuchtelt. Eher umgekehrt: Wenn eine Gesellschaft offen und frei genug geworden ist, um einen Blick zurück zu riskieren, und zwar aus der Perspektive weder des Opfers noch des Verbrechers, sondern des Kritikers, dann erst werden sich die Gespenster im Licht des Verstehens auflösen.

Ian Buruma: Erbschaft der Schuld. Vergangenheitsbewältigung in Deutschland und Japan. München/Wien 1994, S. 316f.

Arbeitsaufträge

1. Suchen Sie die vollständige Rede im Internet. Prüfen Sie sie hinsichtlich der Wortwahl (D 9). Nennen Sie die angeführten Gründe, die – nach Meinung der Wissenschaftler Leggewie, Assmann, Linn und Buruma – zum Scheitern der Gedenkrede Jenningers beigetragen haben.
2. Stellen Sie Zusammenhänge zwischen den Argumenten der Wissenschaft und den Pressestimmen kurz nach der Rede her und stellen Sie die unterschiedlichen Argumentationen gegenüber.
3. Bewerten Sie den „Skandal Jenninger" in der Form eines kritischen Leserbriefes.

4. Lösungsvorschläge zu den Arbeitsblättern

Es sei hier ausdrücklich betont, dass es sich bei den Lösungsvorschlägen um mögliche Antworten handelt, die selbstverständlich auch anders formuliert sein können. Gerade die Aufgabenformate zum kreativen Schreiben sollen die eigenständige und kreative Textproduktion der Schülerinnen und Schüler fördern. Aus diesem Grund werden hierzu keine ausformulierten Lösungsvorschläge präsentiert, sondern lediglich einzelne Elemente, die in den Lösungstexten der Schülerinnen und Schüler vorkommen sollten.

Arbeitsblatt 1
Zeitpunkt der Fotografie: Samstag, 1. April 1933, kurz nach 10 Uhr.

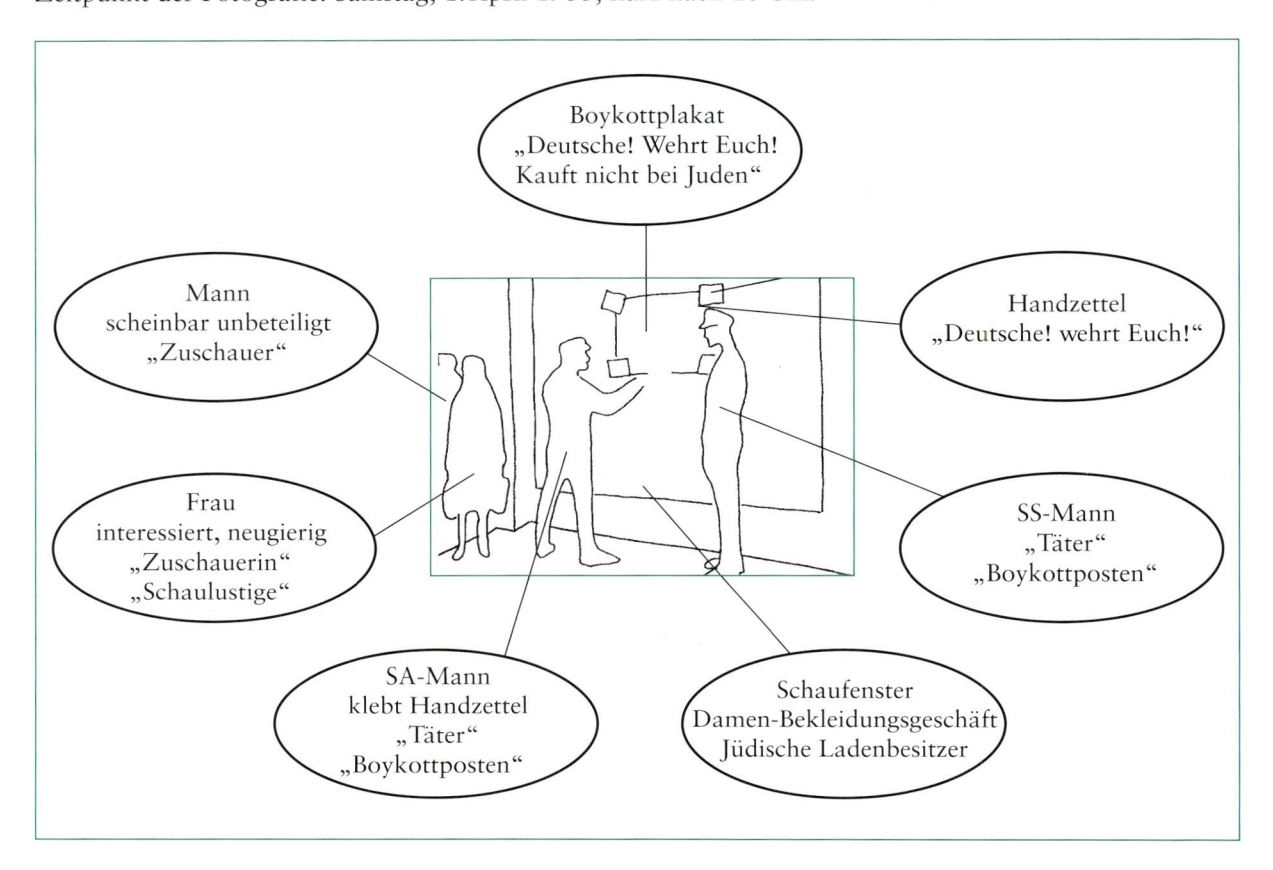

- Boykottplakat „Deutsche! Wehrt Euch! Kauft nicht bei Juden"
- Mann scheinbar unbeteiligt „Zuschauer"
- Handzettel „Deutsche! wehrt Euch!"
- Frau interessiert, neugierig „Zuschauerin" „Schaulustige"
- SS-Mann „Täter" „Boykottposten"
- SA-Mann klebt Handzettel „Täter" „Boykottposten"
- Schaufenster Damen-Bekleidungsgeschäft Jüdische Ladenbesitzer

Arbeitsblatt 2
„Wehrt Euch!" Der Tag des „Judenboykotts" am 1. April 1933

Wer?
- NSDAP
- Initiative von Propagandaminister Joseph Goebbels
- Organisationskomitee unter Führung von Julius Streicher Ausgeführt durch SA und SS

Wann?
- Boykotterklärung am 28. März 1933
- Boykottdurchführung am Samstag, dem 1. April 1933, ab 10 Uhr

Was?
- Boykott jüdischer Geschäfte, Ärzte und Rechtsanwälte
- Scheinbare „Vergeltungsaktion"
- „Zur Abwehr der jüdischen Greuel- und Boykotthetze" „Verabredeter" Boykott

Wo?
- Im ganzen Reichsgebiet
- Vor jüdischen Geschäften, Anwaltskanzleien und Arztpraxen

Wie?
- Plakate und Handzettel mit dem Boykottaufruf „Deutsche! wehrt Euch! Kauft nicht bei Juden!"

	• An Transportern und Lastautos angebrachte Transparente	Woher?	• Stigmatisierung und Ausgrenzung der jüdischen Bevölkerung
Warum?	• Boykottzeichen, schwarzer Kreis auf gelben Grund		• Ankündigungen ab dem 28. März 1933 in allen Zeitungen und im Rundfunk
	• „Zur Abwehr der jüdischen Greuel- und Boykotthetze"		• Plakate und Anschläge an Litfasssäulen

Arbeitsblatt 3

	„Wie haben Sie den 1. April erlebt?"	„Beschreiben Sie bitte Ihre Gefühle am 1. April 1933"	„Wie haben Sie den Rest des Tages verbracht?"
Sebastian H.	Zunächst unbeteiligt Beobachter des Boykotts Von einem Freund zu „Hilfe gerufen"	Verärgert über den Boykott Unverschämtheit „Wüst", aber harmlos Unbeholfene SA-Posten	Durch die Straßen gegangen Das Geschehen beobachtet beobachtet
Joseph G.	Als Zuschauer und Beobachter in Berlin Als „Verantwortlicher"	Berauscht vom „Erfolg" des „imponierenden Schauspiels" Siegesgewiss Stolz und begeistert Überlegen	Telegrafiert mit dem „Führer" Gefeiert mit Parteigenossen Abends und bei Dunkelheit nach Hause
Edwin L.	In meinem Laden Zusammen mit meinen Mitarbeitern	Hass Wut Scham über mein Vertrauen den „Deutschen" gegenüber Ekel	Den ganzen Tag in meinem Laden geblieben Abends und bei Dunkelheit nach Hause Zu Hause alles noch einmal meiner Familie erzählt

Arbeitsblatt 4

Passant: Sagen Sie mal, Herr Stern, was machen Sie denn hier?

Stern: Was ich hier mache? Das sehen Sie doch. Ich versuche deutlich zu zeigen, was ich von diesem „Boykott" halte. Er ist eine Unverschämtheit, eine Beleidigung!

Passant: Was für einen Boykott meinen Sie denn?

Stern: Ja hören Sie einmal. Lesen Sie denn keine Zeitung? Hören Sie kein Radio? Der „Judenboykott". Zur Abwehr der „Greuelhetze", wie es überall heißt. 65 Millionen Deutsche sind dazu aufgefordert: „Wehrt Euch! Kauft nicht bei Juden!".

Passant: Sollten Sie dann nicht besser in Ihrem Laden sein und nicht hier draußen stehen? Allein zu Ihrer eigenen Sicherheit!

Stern: Sicherheit? Ich habe keine Angst. Hier sehen Sie. Das „Eiserne Kreuz". Das hat man nicht für das Sichverdrücken bekommen. „Für Tapferkeit vor dem Feinde!" Ich habe für das deutsche Vaterland schon gekämpft, da hing der SS-Mann hier noch an Mutters Brust. Und jetzt soll ich kein Deutscher mehr sein? Was denken die sich eigentlich dabei!

Passant: ...

Arbeitsblatt 5

Die Aufgabenformate dienen der Ergebnissicherung und dem Transfer der bisherigen Beschäftigung mit dem Aprilboykott. Als Lösungsvorschläge können die Ergebnisse von Arbeitsblatt 3 dienen. Bei den hier vorliegenden Aufgaben geht es insbesondere darum, dass die Schülerinnen und Schüler perspektivisch schreiben und auch Gegenperspektiven einnehmen können. Dabei müssen die Texte sich auf empirische Triftigkeit untersuchen lassen und sollten sich auf die bisher verwendeten Quellen und Darstellungen stützen.

Arbeitsblatt 6

1. Zu den „Kategorien":
- Die Kategorien sind Oberbegriffe und lassen sich nur unzureichend anwenden.
- Es gab unterschiedliche „Teilnahmen" und unterschiedliche Grade des „Mitmachens".
- Besonders die Kategorie der „Zuschauer" ist dabei diskussionswürdig; so gab es z. B. Zuschauer, die sich offen gegen die Aktionen gestellt haben, solche, die scheinbar unbeteiligt vorübergegangen sind, solche, die begeistert, verärgert usw. waren.
- Es gibt prinzipiell keine „Unbeteiligten".
- An der Herstellung sozialer Wirklichkeiten sind alle beteiligt.

2. In den einzelnen Kommentaren sollten die Argumentationen von Wildt und Welzer auf jeden Fall thematisiert werden.
- „Dabeisein" ist bereits „mitmachen". Gewaltaktionen wie der Aprilboykott waren öffentlich und sichtbar.

Arbeitsblatt 7

1. Zu den Gründen:
- Antisemitismus als Teil der reichsdeutschen Gesellschaft
- Latenter Alltagsantisemitismus seit dem Deutschen Kaiserreich
- „Charismatische Herrschaft" Hitlers
- Der fanatische Antisemitismus des Führers sanktionierte das Handeln „von unten" („Führerwille").
- Inklusion durch Exklusion (Ideologie der „Volksgemeinschaft")
- Habgier, Neid, Missgunst, Judenfeindschaft
- Rassenbiologischer Antisemitismus als Legitimation der öffentlichen Gewalttat

2. *Wehler:*
- Keine systemförderliche Integration durch den gewalttätigen Antisemitismus
- Keine judenfeindliche Massenstimmung
- „Führerwille" als Motor der Judenverfolgung und Judenvernichtung
- Legitimation des gewalttätigen Handelns durch den Judenhass des „Führers"
- Aktionen wurden billigend hingenommen; Indifferenz der Zuschauer

Wildt:
- Verfolgung der Juden als wichtigstes Instrument zur Herstellung der nationalsozialistischen Volksgemeinschaft
- Inklusion durch Exklusion

- Die einzelnen Aktionen dienten als politische Arenen, in denen die lokalen Parteigrößen bestehende Ordnungen verändern konnten
- Die Gewalttat stiftete Gemeinschaft und setzte die alte Ordnung außer Kraft
- „Zuschauer" als gleichsam Handelnde bei der Herstellung sozialer Wirklichkeiten

3. Bei diesem Aufgabenformat geht es darum, dass sich die Schülerinnen und Schüler erörternd mit den vorgebrachten Argumenten auseinandersetzen und die Angemessenheit der Aussagen vor dem Hintergrund der bisherigen Ergebnisse bei der Beschäftigung mit dem Aprilboykott prüfen.

Arbeitsblatt 8
- 10. November 1988; Deutscher Bundestag; Bundestagspräsident Philipp Jenninger
- 50. Jahrestag der Reichspogromnacht („Reichskristallnacht")
- Gedenkveranstaltung
- Bevölkerung als passive Masse, die keine Auflehnung und keinen Widerstand zeigte
- Die Aktionen vollzogen sich „in aller Öffentlichkeit"; die antijüdischen Gesetze und Maßnahmen waren der Öffentlichkeit bekannt
- Sinnlosigkeit des „Schlussstrichs"
- „Wie konnte es dazu kommen?"

Arbeitsblatt 9
1. und 2.
- Peinliches Geschichtsverständnis
- Fehlender Verstand
- Taktlose Rede; skandalöse Rede
- Beschämende Stunde
- Bewunderung der nationalsozialistischen „Erfolge"
- Unreflektierte Geschichtsnacherzählung
- Reiht sich ein in den Diskurs rechter Historiker
- Verwechslung des Redekontexts; Angemessenheit der Rede
- Fehler liegt nicht im Inhalt der Rede

3. Die Lösungen sollten sich hier nicht ausschließlich auf den abgedruckten Auszug der Rede beziehen. Der gesamte Text der Rede befindet sich als Textdatei im Internet, etwa unter http://scandalpress.com/19881110_jenninger.htm.

Arbeitsblatt 10
1. Gründe
- Politischer Hintergrund; „Skandaltirade"
- Verwendung des NS-Vokabulars
- Verwendung der indirekten Rede (Anführungszeichen kann man nicht hören); fehlende Eindeutigkeit
- Zeitpunkt der Rede (nach der Rezitation des Gedichts „Todesfuge" von Paul Celan)
- Nüchternheit der Rede; wissenschaftlicher Ton
- Unangemessenheit des Genres (Gedenkrede ist keine Geschichtsvorlesung); versuchte Historisierung
- Rezeptionsgewohnheiten und Rezeptionserwartungen (Grenze zwischen sozialem und politischem Gedächtnis)

2. Zusammenhänge:
- „Stunde der Trauer" – „Stunde der Scham" (Rezeptionsgewohnheiten und Rezeptionserwartungen; fehlende Eindeutigkeit; Unangemessenheit des Genres)
- „Faszinosum in Sprache und Sprechweise" (Verwendung von NS-Vokabular, Verwendung der indirekten Rede)
- „… ein Held unserer Zeit?" (Skandaltirade; „Er wollte über die Geschichte sprechen, wollte Distanz gewinnen und sie verstehen".

3. Bei diesem Aufgabenformat geht es darum, dass sich die Schülerinnen und Schüler erörternd mit den vorgebrachten Argumenten auseinandersetzen und die Angemessenheit der Aussagen vor dem Hintergrund der bisherigen Ergebnisse bei der Beschäftigung mit dem Aprilboykott prüfen. Deutlich soll dabei die begründete eigene Stellungnahme werden.

Anmerkungen

1 Vgl. Avraham Barkai: Etappen der Ausgrenzung und Verfolgung bis 1939. In: Deutsch-Jüdische Geschichte in der Neuzeit. Hg. im Auftrag des Leo Baeck Instituts von Michael A. Meyer unter Mitwirkung von Michael Brenner. Bd. IV. München 2000, S.194f; vgl. Saul Friedländer: Das Dritte Reich und die Juden. Erster Band: Die Jahre der Verfolgung 1933–1939. Bonn 2006, S.30f.

2 Vgl. Avraham Barkai: Vom Boykott zur „Entjudung". Der wirtschaftliche Existenzkampf der Juden im Dritten Reich 1933–1945. Frankfurt a.M. 1987, S.24f.

3 Vgl. Enzyklopädie des Holocaust. Die Verfolgung und Ermordung der europäischen Juden. Band 1. Hg. v. Eberhard Jäckel; Peter Longerich; Julius H. Schoeps. München/Zürich 1995, S.235f.

4 Vgl. ebd. Band 2, S.687ff.

5 Vgl. Der Prozess gegen die Hauptkriegsverbrecher vor dem Internationalen Militärgerichtshof. 14. November 1945–1. Oktober 1946. Bd. 29. Nürnberg 1948, S.268f. und Enzyklopädie, Bd. 3 (s. Anm. 3), S.1375f.

6 Vgl. hierzu Michael Wildt: Volksgemeinschaft als Selbstermächtigung. Gewalt gegen Juden in der deutschen Provinz 1919–1939. Hamburg 2007, S.361f.

7 Raul Hilbergs Studie „The Destruction of the European Jews" erschien bereits 1961. Für die deutsche Ausgabe vgl. Raul Hilberg: Die Vernichtung der europäischen Juden. Frankfurt a.M. 1990.

8 Hannah Arendt: Nach Auschwitz. Berlin 1989, S.85.

9 Vgl. Daniel Jonah Goldhagen: Hitlers willige Vollstrecker. Ganz gewöhnliche Deutsche und der Holocaust. Berlin 1996.

10 Vgl. Geschichte des jüdischen Volkes. Hg. v. Haim Hillel Ben-Sasson. Bd. 3. München 1980, S.364f.

11 Vgl. Ulrich Sieg: Judenzählung. In: Hirschfeld, Gerhard/Krumeich, Gerd/Renz, Irina (Hg.): Enzyklopädie Erster Weltkrieg. Paderborn et al. 2003, S.599f. und Jacob Rosenthal: „Die Ehre der jüdischen Soldaten". Die Judenzählung im Ersten Weltkrieg und ihre Folgen. Frankfurt a.M. 2007.

12 Vgl. Peter Longerich: Tendenzen und Perspektiven der Täterforschung. In: Aus Politik und Zeitgeschichte. 14-15/ 2007, S.3–7.

13 Harald Welzer: Die Deutschen und ihr „Drittes Reich". In: Aus Politik und Zeitgeschichte 14–15/ 2007, S.21–34, hier S.23.

14 Vgl. Saul Friedländer: Die Jahre der Verfolgung 1933–1939. München 1998; Peter Longerich: Politik der Vernichtung. Eine Gesamtdarstellung der nationalsozialistischen Judenverfolgung. München 1998; ders.: „Davon haben wir nichts gewusst!". Die Deutschen und die Judenverfolgung 1933–1945. München 2006.

15 Longerich 2007 (s. Anm. 11), S.4.

16 Vgl. Welzer 2007 (s. Anm. 12), S.21.

17 Vgl. Norbert Kampe: Studenten und „Judenfrage" im Deutschen Kaiserreich. Die Entstehung einer akademischen Trägerschicht des Antisemitismus. Göttingen 1988.

18 Vgl. Frank Bajohr: „Unser Hotel ist judenfrei". Bäder-Antisemitismus im 19. und 20. Jahrhundert. Frankfurt a.M. 2003.

19 Wildt 2007 (Anm. 6), S.371.

20 Siehe hierzu auch die Arbeiten von Matthias Heyl und Margit Maronde-Heyl, die dieses zugrunde liegende Konzept bereits frühzeitig – in Anlehnung an die amerikanische „holocaust education" – vertraten: Vgl. als Beispiel Matthias Heyl/Margit Maronde-Heyl: Täter, Opfer, Zuschauer und Helfer. Geschichte und Gegenwart aus verschiedenen Perspektiven betrachtet. In: Pädagogik 50 (1998) 9, S.15–18.

21 Vgl. für die Phase der Verfolgung und Vernichtung Eva Fogelman: „Wir waren keine Helden". Lebensretter im Angesicht des Holocaust. Motive, Geschichte, Hintergründe. Frankfurt/New York 1995.

22 Aus: Die Gleichschaltung der Bilder. Zur Geschichte der Pressefotografie 1930–36. Hg. v. Diethart Kerbs, Walter Uka und Brigitte Walz-Richter. Berlin 1983, S.134. Die ursprüngliche Zuordnung der Fotografie zum Fotografen Abraham Pisarek muss mittlerweile revidiert werden. Fakt ist, dass die Fotografie zwar im Archiv Pisareks in Berlin gefunden wurde, mittlerweile jedoch zweifellos geklärt werden konnte, dass die Fotografie die Deportation von 52 jüdischen Männern aus Baden-Baden am 10. November 1938 in das Konzentrationslager Dachau zeigt.

23 Vgl. Saul Friedländer: Eine integrierte Geschichte des Holocaust. In: Aus Politik und Zeitgeschichte 14–15/ 2007, S.7–14.

24 Willy Römer (1887–1979), Bildjournalist, Mitglied der NSDAP ab 1942.

25 Josef Memminger: Schüler schreiben Geschichte. Kreatives Schreiben im Geschichtsunterricht zwischen Fiktionalität und Faktizität. Schwalbach/Ts. 2007, S.98.

Literatur

Primärliteratur

Als Hamburg „erwachte". 1933 – Alltag im Nationalsozialismus. Hg. v. Bruhns, Maike/Preuschoft, Claudia/Skrentny, Werner. Hamburg 1983.

Das Schwarzbuch. Tatsachen und Dokumente. Die Lage der Juden in Deutschland 1933. Hg. vom Comité des Delegations Juives. Paris 1934. Wiederaufgelegt 1983 bei Ullstein. Frankfurt a. Main 1983.

Deutschkron, Inge: Ich trug den gelben Stern. Köln 1978.

Die Gleichschaltung der Bilder. Zur Geschichte der Pressefotografie 1930–36. Hg. v. Krebs, Diethart/ Uka Walter, Walz-Richter Brigitte. Berlin 1983.

Ferdinand, Horst (Hg.): Reden, die die Republik bewegten. 2. erw. und überarb. Aufl. Opladen 2002.

Haffner, Sebastian: Geschichte eines Deutschen. Die Erinnerungen 1914–1933. 2. Aufl. Stuttgart/München 2000.

Joseph Goebbels Tagebücher 1924–1945. Hg. v. Reuth, Ralf Georg. Band 2. 1930–1934. 2. Aufl. München/Zürich 1992.

Landau, Edwin: Mein Leben vor und nach Hitler. In: Richarz, Monika (Hg.): Jüdisches Leben in Deutschland. Selbstzeugnisse zur Sozialgeschichte, Bd. 3. 1918–1945. Stuttgart 1982, S. 99–108.

Laschet, Armin/Malangré, Heinz (Hg.): Philipp Jenninger. Rede und Reaktion. Aachen 1989.

Sekundärliteratur

Geschichtsdidaktik

Abram, Ido/Heyl, Matthias (Hg.): Thema Holocaust. Ein Buch für die Schule. Reinbek bei Hamburg 1996.

Bergmann, Klaus: Multiperspektivität. Geschichte selber denken. 2. Aufl. Schwalbach/Ts. 2000.

Heyl, Matthias: „Erziehung nach Auschwitz" und „Holocaust Education" – Überlegungen, Konzepte und Vorschläge. In: Abram, Ido/Heyl, Matthias (Hg.): Thema Holocaust. Ein Buch für die Schule. Reinbek bei Hamburg 1996, S. 61–164.

Memminger, Josef: Schüler schreiben Geschichte. Kreatives Schreiben im Geschichtsunterricht zwischen Fiktionalität und Faktizität. Schwalbach/ Ts. 2007.

Pandel, Hans-Jürgen: Quelleninterpretation. Die schriftliche Quelle im Geschichtsunterricht. 2. Aufl. Schwalbach/Ts. 2000.

Fachwissenschaft

Assmann, Aleida: Der lange Schatten der Vergangenheit. Erinnerungskultur und Geschichtspolitik. München 2006.

Bajohr, Frank: „Unser Hotel ist judenfrei". Bäder-Antisemitismus im 19. und 20. Jahrhundert. Frankfurt a. M. 2003.

Barkai, Avraham: Etappen der Ausgrenzung und Verfolgung bis 1939. In: Deutsch-Jüdische Geschichte in der Neuzeit. Hg. im Auftrag des Leo Baeck Instituts von Michael A. Meyer unter Mitwirkung von Michael Brenner. Bd. IV. München 2000.

Browning, Christopher: Ganz normale Männer. Das Reserve-Bataillon 101 und die „Endlösung" in Polen. Reinbek 1993.

Buruma, Ian: Erbschaft der Schuld. Vergangenheitsbewältigung in Deutschland und Japan. München/Wien 1994.

Enzyklopädie des Holocaust. Die Verfolgung und Ermordung der europäischen Juden. Band 1. Hg. v. Jäckel, Eberhard/Longerich, Peter/Schoeps, Julius H. München/Zürich 1995.

Fogelman, Eva: „Wir waren keine Helden". Lebensretter im Angesicht des Holocaust. Motive, Geschichte, Hintergründe. Frankfurt/New York 1995.

Friedländer, Saul: Eine integrierte Geschichte des Holocaust. In: Aus Politik und Zeitgeschichte. 14–15/2007, S. 7–14.

Friedländer, Saul: Die Jahre der Verfolgung 1933–1939. München 1998.

Geschichte des jüdischen Volkes. Hg. v. Hillel Ben-Sasson, Haim, Bd. 3. München 1980.

Goldhagen, Daniel Jonah: Hitlers willige Vollstrecker. Ganz gewöhnliche Deutsche und der Holocaust. Berlin 1996.

Hilberg, Raul: Täter, Opfer, Zuschauer. Die Vernichtung der Juden 1933–1945. Frankfurt a. M. 1995.

Hilberg, Raul: Die Vernichtung der europäischen Juden. Frankfurt a. M. 1990.

Longerich, Peter: Tendenzen und Perspektiven der Täterforschung. In: Aus Politik und Zeitgeschichte 14–15/2007, S. 3–7.

Longerich, Peter: „Davon haben wir nichts gewußt!". Die Deutschen und die Jugendverfolgung 1933–1945. München 2006.

Longerich, Peter: Politik der Vernichtung. Eine Gesamtdarstellung der nationalsozialistischen Judenverfolgung. München 1998.

Ludwig, Johannes: Boykott, Enteignung, Mord. Die „Entjudung" der deutschen Wirtschaft. München/Zürich 1992

Welzer, Harald: Die Deutschen und ihr „Drittes Reich". In: Aus Politik und Zeitgeschichte 14–15/2007, S. 21–34.

Welzer, Harald: Täter. Wie aus ganz normalen Menschen Massenmörder werden. Frankfurt a. M. 2005

Wildt, Michael: Volksgemeinschaft als Selbstermächtigung. Gewalt gegen Juden in der deutschen Provinz 1919–1939. Hamburg 2007.

Vadim Oswalt

Der Völkermord an den europäischen Juden (1939–1945)

„Jede schu derwaren wir den tojt"

1. Sachanalyse – Überblick über den Forschungsstand

Obwohl das Thema „Vernichtung der europäischen Juden" inzwischen eines der am intensivsten erforschten historischen Themen ist, bleibt es weiterhin ein wissenschaftlich kontroverses und geschichtskulturell besonders virulentes Problem der deutschen Geschichte. Das unvergleichbare Ausmaß der nationalsozialistischen Verbrechen macht es zu einem zentralen und unverzichtbaren Gegenstand historischer Vermittlungsprozesse in der Bundesrepublik Deutschland. Die Diskussion über den Holocaust ist niemals nur eine rein innerwissenschaftliche gewesen. Sie hat entscheidende Impulse aus dem gesamten geschichtskulturellen Feld, vor allem durch Publizistik und Medien, erhalten, in denen auch Zeithistoriker immer aktiv und präsent waren. Welche Verschiebungen haben sich in der Diskussion des Themas Holocaust in den letzten Jahren ergeben?

1.1 Das Ende der Kontroverse zwischen „Intentionalisten" und „Funktionalisten"

Die Diskussion um die Rassenpolitik des Dritten Reiches war bis in die 1990er-Jahre hinein in den Geschichtswissenschaften stark von der Debatte zwischen „Intentionalisten" und „Funktionalisten" geprägt. Die „Intentionalisten" wie Karl-Dietrich Bracher, Eberhard Jäckel oder Klaus Hildebrand gingen davon aus, dass es beim Holocaust um einen von Anfang an geplanten und vor allem von Adolf Hitler betriebenen Völkermord ging. Die „Funktionalisten" wie Hans Mommsen oder Martin Broszat meinten, dass es sich um einen improvisierten Völkermord handelte, in dem sich die polykratischen[1] und extrem chaotischen Institutionen des NS-Staates wechselseitig radikal verstärkten (These der „kumulativen Radikalisierung"). In dieser Interpretation spielte Hitler nicht die zentrale Rolle. Die jahrelange fruchtlose Suche nach einem expliziten „Führerbefehl" zur Vernichtung der europäischen Juden spielt inner- wie außerwissenschaftlich keine Rolle mehr. Lediglich in der Auseinandersetzung mit den Revisionisten –

> **Revisionismus**
>
> *Unter Revisionismus (von lateinisch: revidere = „wieder hinsehen") versteht man Versuche, eine wissenschaftliche Erkenntnis und Position, die allgemein anerkannt ist, nochmals zu überprüfen, in Frage zu stellen, neu zu bewerten oder umzudeuten. In der Geschichtswissenschaft wird oft von Revision gesprochen, wenn es um Überprüfung oder Änderung eines bis dahin herrschenden Geschichtsbildes geht. Dieses Anliegen nehmen seit 1945 vor allem rechtsgerichtete „Revisionisten" in Anspruch. Sie betreiben unter diesem Etikett eine pseudowissenschaftliche Geschichtsklitterung und Geschichtsfälschung, die methodisch auf dem Ignorieren von erwiesenen und dem Erfinden angeblicher Tatsachen beruht. Ihr Ziel ist eine Erneuerung des Nationalsozialismus. Die Holocaustleugnung gilt als Kern dieser geschichtsrevisionistischen Umdeutungsversuche. Holocaustleugner bezeichnen sich oft als „Revisionisten", um ihren Veröffentlichungen den Anschein einer unvoreingenommenen „Revision" historischer Tatsachen zu geben*

allen voran mit David Irving[2] – hatte er eine gewisse Bedeutung, denn diese versuchten die Diskussion zur Entlastung Hitlers und zur Verharmlosung der nationalsozialistischen Gewaltverbrechen zu nutzen. So hatte Irving behauptet, Hitler habe erst im Oktober 1943 vom Holocaust erfahren und Himmler und Heydrich seien dessen eigenmächtige Initiatoren gewesen.

Der Gerichtsprozess, den David Irving gegen die Holocaustforscherin Deborah Lipstadt[3] führte, bildete einen zentralen Einschnitt in der Diskussion. Entscheidend für den Prozessverlauf waren Gutachten der Historiker Peter Longerich und Richard J. Evans.[4] Longerich belegte mit einer ganzen Reihe von Dokumenten, dass Hitler, obwohl er offentsichtlich einen schriftlichen Befehl ver-

---

Bild auf S.110: Jüdische Schülerinnen und Schüler, um 1942.
Zum Untertitel: „Jede Stunde erwarten wir den Tod" (Lied der Juden im Vernichtungslager Treblinka)

mied, den Völkermord gewollt, autorisiert und mit mündlichen Äußerungen selbst vorangetrieben hat. So gab es neben der bekannten Rede Hitlers im Reichstag am 30.1.1939 mit der Prophezeiung der „Vernichtung der jüdischen Rasse in Europa" eine Fülle anderer Äußerungen, bei denen seine Gefolgschaft – allen voran Heinrich Himmler – sehr genau wusste, was von ihr erwartet wurde. Evans wies in Irvings Werk Widersprüche, einen selektiven und oberflächlichen Umfang mit Quellen sowie Verdrehungen und Manipulationen nach.

1.2 Phasen des Völkermords

Wer eine der ausführlichsten Darstellungen über den Holocaust, nämlich die „Politik der Vernichtung" von Peter Longerich, liest, sieht, dass die Protagonisten durchaus zielstrebig, aber mit taktischen Anpassungen und Improvisation agierten, schließlich gab es ja für ihr Handeln kein „Vorbild" oder „Modell". Betont wird die zentrale Bedeutung des Zweiten Weltkriegs, denn erst die Ausnahmesituation des Krieges schuf die Bedingungen, unter denen eine Neuordnung der Gesellschaft auf rassistischer Grundlage („biologische Revolution") möglich wurde. Das Ziel der physischen Vernichtung konnte verwirklicht werden, weil in den besetzten Ostgebieten besonders radikale Kräfte aus Partei und SS den Ton angaben, die die massenhafte Deportation und Vernichtung von Menschen unter möglichst großer Geheimhaltung ins Werk setzten.

Das Verhältnis von Völkermord und Krieg wird durch folgende zentrale Aspekte charakterisiert:

1. In einer ersten Phase ab September 1939 richtete sich die systematische Politik der Vernichtung zunächst gegen eine ausgegrenzte Bevölkerungsgruppe im Innern, die Behinderten, bei der infolge der sog. Euthanasie-Morde („Aktion T4") 70000 behinderte Menschen mitten in Deutschland starben. Diese Aktion spielte eine große Rolle für die weitere Vernichtungspolitik, weil nach dem Stopp der Euthanasiemorde (24.8.1941) die Experten der Aktion T4 sofort zum Bau von Gasmordanlagen im Osten eingesetzt wurden.

2. Angesichts der engen Verknüpfung von Krieg und Völkermord werden auch die weiteren Phasen der „Judenpolitik" während des Krieges verständlich. Bereits im Rahmen des Polenfeldzugs gab es Erschießungsaktionen an Juden und der polnischen Zivilbevölkerung. Nach Abschluss der Kampfmaßnahmen standen im „Generalgouvernement"[5] bis zum Beginn des Russlandfeldzugs 1941 die Deportation und Einrichtung von „Judenreservaten" (z.B. Ghettos) im Zentrum. In dieser Zeit gab es auch Überlegungen zur Deportation der Juden etwa nach Madagaskar oder nach Sibirien, wobei mit dem Tod der meisten Menschen unter widrigen klimatischen Bedingungen gerechnet wurde.

3. Mit dem Überfall auf die Sowjetunion am 22. Juni 1941 setzten Tötungsaktionen im großen Maßstab durch die so genannten Einsatzgruppen ein. Die Zeit nach dem Steckenbleiben der Offensive vor Moskau und dem Kriegseintritt der USA im Dezember 1941 muss als Wendepunkt in der „Judenpolitik" des „Dritten Reiches" angesehen werden. Nachdem mit einem raschen Endsieg nicht mehr zu rechnen war, verstärkten sich die fanatischen Anstrengungen zur Durchführung der

Abb. 1: Vor der Abfahrt eines als „Umsiedlerzug" getarnten Deportationszugs von Hanau/Hessen nach Theresienstadt, 30.5 1942

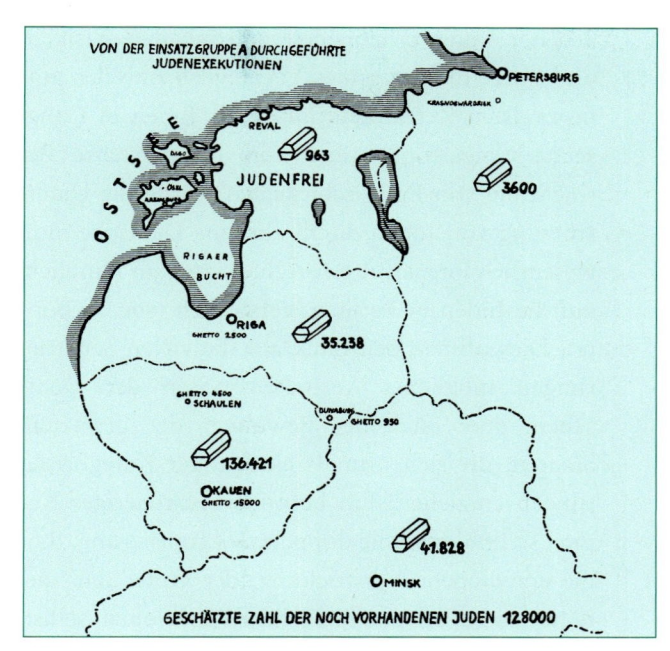

Abb. 2: Judenexekutionen der Einsatzgruppe A. Die Karte ist Bestandteil des zweiten Berichts des Führers der Einsatzgruppe A Dr. Franz Stahlecker über die Morde der Einsatzgruppe A in den baltischen Staaten und Weißrussland (1.2.1942)

Judenvernichtung noch im Krieg. Auf der Berliner Wannseekonferenz vom 20. Januar 1942 wurde die Planung eines europäischen Vernichtungsprojekts durch die verantwortlichen Stellen der SS, federführend durch das Reichssicherheitshauptamt, mit den „zuständigen" Ministerien koordiniert. Der Völkermord war zum Zeitpunkt der Konferenz bereits in vollem Gang. Einsatzgruppen hatten bis Januar 1942 in Polen und in der Sowjetunion schon über 500 000 Juden ermordet. Nun setzte der NS-Staat alle Mittel ein, um den Völkermord europaweit zu koordinieren und systematisch durchzuführen.

4. Innerhalb von nur elf Monaten (März 1942 – Februar 1943) forderte der Holocaust in einem regelrechten „Blitzkrieg" seine meisten Opfer – nach Schätzung von Christopher Browning ca. 60 Prozent aller ermordeten Juden. Dieses gigantische Mordprogramm konnte nur durch die Einrichtung von Zentren industrieller Massenvernichtung durchgeführt werden. In diese Phase fällt mit der „Aktion Reinhardt" auch die größte Vernichtungsaktion, die das Ziel hatte, alle Juden im Generalgouvernement zu ermorden[6]. Für diese Aktion wurden die reinen Vernichtungslager Belzec, Sobibor und Treblinka geschaffen, in denen es keinerlei Selektion oder Überlebenschance gab. In diese Phase fielen auch die ersten großen Deportationen aus den besetzten Staaten Niederlande, Belgien und Frankreich, für die dann das Konzentrationslager Auschwitz zum zentralen Ziel und Vernichtungsort wurde.

5. Trotz der immer schwieriger werdenden Bedingungen (z. B. Transportkapazitäten) und dem Vorrücken der Roten Armee wurde das Mordprogramm so lange wie irgend möglich aufrechterhalten. 1944 fand mit der Ermordung der Mehrzahl der Juden des inzwischen besetzten Ungarns – etwa 400 000 Menschen – in Auschwitz die letzte große Vernichtungsaktion statt.

Die „Wannseekonferenz"

Der von der NS-Führung mit der „Endlösung der Judenfrage" beauftragte Reinhard Heydrich lud für den 20. Januar 1942 13 Staatssekretäre verschiedener Ministerien sowie hohe Partei- und SS-Funktionäre zu einer „Besprechung mit anschließendem Frühstück" in die Berliner Villa „Am Großen Wannsee 56–58" ein. Thema der Konferenz war die Koordinierung der Zusammenarbeit aller an der „Endlösung" beteiligten Dienststellen. Das Protokoll der Besprechung führte Adolf Eichmann, der für die zentrale Organisation der Deportationen zuständig war. Durch dieses Protokoll sind die wesentlichen Ziele und Ergebnisse der Besprechung überliefert: die Unterrichtung der Teilnehmer über den Plan zum Mord an den europäischen Juden sowie die ausdrückliche Betonung der Federführung des Reichsführers der Schutzstaffel (SS), Heinrich Himmlers, und Reinhard Heydrichs. Ein vorrangiges Ziel der Zusammenkunft war die Einbindung der vertretenen Institutionen in die Planung und technisch-organisatorische Umsetzung des Völkermords.

1.3 Opferperspektiven – Täterperspektiven

Das zweite große Werk zum Thema Judenvernichtung – Saul Friedländers „Das Dritte Reich und die Juden" (Gesamtausgabe München 2008) – zeigt eine weitere Verschiebung der Perspektive. Es hat den Anspruch, „die Praktiken der Täter, die Einstellung der umgebenden Gesellschaft und die Welt der Opfer in einem einzigen Rahmen" zu behandeln. Die Differenzierung und Individualisierung vieler Handlungsweisen der beteiligten Personen und der Perspektiven auf den Völkermord sind kennzeichnend für die neuere Holocaustforschung. Dies betrifft auch die Behandlung des Themas in geschichtskulturellen Manifestationen, vor allem im Film „Schindlers Liste". Darin rückt mit Oskar Schindler eine Persönlichkeit in den Mittelpunkt, die nicht eindeutig klassifizierbar ist, weil er einerseits als Unternehmer von der Kriegs- und Rassenpolitik des Nationalsozialismus profitiert und andererseits für seine jüdischen Zwangsarbeiter unter erheblichen persönlichen Risiken und unter Einsatz seines Vermögens eine der umfassendsten Rettungsaktionen für Juden in Gang setzte. Angestoßen durch die differenzierte Betrachtung von Einzelschicksalen wurde die Unterstützung von Juden durch einzelne Deutsche nun wesentlich intensiver erforscht – etwa im Hinblick auf die Juden in Berliner Verstecken (sog. U-Boote). Dies öffnete den Blick auf die vielen Schattierungen möglicher Verhaltensweisen der Deutschen, aber auch der Bewohner der besetzten Staaten, die sich oftmals eindeutiger Kategorisierungen entziehen. Ein besonders schwieriges Kapitel stellt hierbei die doppelte Viktimisierung, d.h. die erzwungene Verstrickung, der Opfer dar, die teilweise in unterschiedlichen Funktionen selbst als Instrumente der Vernichtung missbraucht wurden – etwa als „Judenräte" in den Ghettos oder in den so genannten Sonderkommandos in den Lagern.

DAS REICHSSICHERHEITSHAUPTAMT

Das Reichssicherheitshauptamt (RSHA) wurde am 27. September 1939, zu Beginn des Zweiten Weltkrieges, vom Reichsführer SS Heinrich Himmler durch Zusammenlegung von Sicherheitspolizei (Sipo) und Sicherheitsdienst (SD) gegründet. Das Amt stellte als eines von 12 Hauptämtern der SS mit ca. 3000 Mitarbeitern die zentrale Behörde dar, die den größten Teil der deutschen Sicherheitsorgane zur Zeit des Nationalsozialismus leitete. Chef des RSHA war SS-Obergruppenführer Reinhard Heydrich. Nachdem dieser an den Folgen eines Attentats am 4. Juni 1942 gestorben war, führte Heinrich Himmler als „Reichsführer SS und Chef der Deutschen Polizei" zunächst persönlich das RSHA, bis am 30. Januar 1943 Ernst Kaltenbrunner neuer Chef wurde.

Die Aufgaben des RSHA umfassten alle sicherheitspolitischen und nachrichtendienstlichen Belange, auch Verhaftungen von „politisch unzuverlässigen" Personen. Die dem RSHA unterstellten SS-Einsatzgruppen unternahmen in den besetzten Gebieten die Bekämpfung „aller reichs- und deutschfeindlichen Elemente". Dies bedeutete vor allem in Polen und später in der Sowjetunion planmäßige Massaker an staatlichen und kulturellen Repräsentanten dieser Länder, insbesondere an katholischen Priestern und kommunistischen Funktionären, sowie an Roma und vor allem an Juden. Gegen die jüdische Bevölkerung wurden durch Hasspropaganda gezielt Pogrome in Gang gesetzt. In der Sowjetunion leitete das RSHA die sog. Säuberungsaktionen gegen sowjetische Kommunisten und Juden. Über 500 000 Menschen fielen diesen Aktionen zum Opfer. Im Referat IV B 4 des RSHA organisierte SS-Obersturmbannführer Adolf Eichmann den bürokratischen Teil der „Endlösung der Judenfrage". Innenpolitisch verfügte das RSHA ebenfalls über umfassende Vollmachten und nutzte vor allem die gerichtlich nicht kontrollierbare „Schutzhaft" zur Bekämpfung politischer wie „rassischer" Gegner (Juden, „Zigeuner"). Die sog. Meldungen aus dem Reich lieferten detaillierte Berichte über die Stimmung der intensiv bespitzelten Bevölkerung.

Abb. 3: Konzentrationslager Auschwitz: Schuhe im Effektenlager „Kanada". Aufnahme von 1945

1.4 Neue Quellenfunde

Über fünfzig Jahre nach dem Ende des Völkermords tauchten bedeutende Quellenfunde auf (u. a. durch die Öffnung der Archive in Osteuropa 1990), die ermöglichten, die Verstrickung von Hunderttausenden von Tätern in die Ermordung von Millionen von Menschen deutlicher als bisher zu zeigen. Besonders bedrückende Zeugnisse stellen die inzwischen zugänglichen Akten der deutschen Finanzämter dar, die zeigen, wie gewöhnliche Deutsche bei den Versteigerungen des beschlagnahmten jüdischen Eigentums ihrer Mitbürger „Schnäppchen" machten.

Auch die Publizierung bisher unbekannter Quellen lassen menschliche Verhaltensweisen beim Völkermord aus Sicht der Opfer wie der Täter plastischer werden: So wurden die in der Sächsischen Landesbibliothek in Dresden archivierten Tagebücher des im Jahre 1960 verstorbenen Romanisten Victor Klemperer rasch zu einem der eindringlichsten Zeugnisse der Ausgrenzung und Verfolgung der deutschen Juden.[7] Das sog. Höcker-Album hingegen zeigt, wie unbeschwert die Angehörigen der SS in der Nähe des Konzentrationslagers Auschwitz ihren Vergnügungen und der Erholung nachgingen.[8] Dieses Album ist nach Karl-Friedrich Höcker (1911–2000, 1944 Adjutant des Kommandanten im Stammlager Auschwitz) benannt, der offensichtlich der ursprünglicher Besitzer war. Ein amerikanischer Besatzungsoffizier nahm es nach Kriegsende mit in die USA, wo er es im Jahr 2007 dem United States Holocaust Memorial Museum vermachte. Die 116 Aufnahmen des Albums sind vor allem deshalb besonders aufschlussreich, weil sie Mitglieder des Wachpersonals von Auschwitz bei ihren Freizeitvergnügen im SS-Erholungsheim (sog. Sola-Heim) zeigen und so eine Kleinbürgeridylle neben dem Grauen des Lagers schildern (Blaubee-

---

„ENDLÖSUNG, HOLOCAUST, SHOA, PORAJMOS"

Die Existenz unterschiedlicher Bezeichnungen für den Völkermord der Nationalsozialisten entspringt einerseits dem Mangel an einem adäquaten deutschen Wort und andererseits dem Bedürfnis der Opfergruppen nach einer Beschreibung des Genozids aus ihrer Perspektive. Die beschönigende Beschreibung der Nationalsozialisten des Völkermords als „Endlösung" kann so nicht mehr verwendet werden. Der Begriff Holocaust stammt aus dem Griechischen und bedeutet ursprünglich „Brand, Verbrennung". Er wurde in der Antike zur Bezeichnung von Brandopfern verwendet, in der Neuzeit auch für größere Katastrophen oder Verbrechen.

Bereits im Krieg bürgerte sich „Holocaust" als Begriff für den nationalsozialistischen Völkermord im angelsächsischen Raum ein, in Deutschland wurde er durch die 1979 ausgestrahlte gleichnamige amerikanische Fernsehserie bekannt.

ren pflücken, Lieder singen etc.). Dieses visuelle Dokument erinnert sehr an die Autobiographie von Rudolf Höss, des Lagerkommandanten von Auschwitz und begeisterten Rosenzüchters, mit ihrer erschreckenden Schilderung des Nebeneinanders von Normalität und Bestialität.[9]

1.5 Täterperspektiven in der Kontroverse: Die Goldhagen-Browning-Debatte

Die Berücksichtigung der lange Zeit vernachlässigten Perspektive vor allem der Täter auf der unteren Ebene des Völkermords führte zu einer heftigen Kontroverse, die von amerikanischen Historikern initiiert (Goldhagen, Browning) und von deutschen Historikern mitgeführt wurde. Grundlage der Diskussion waren die Akten des Prozesses, der in den 1960er-Jahren in Hamburg gegen die Mitglieder des Reserve-Polizeibataillons 101 geführt wurde, das bei Judenerschießungen in Polen eingesetzt worden war. Dieser Quellenbefund führte Daniel Goldhagen[10] und Christopher Browning[11] zu gegensätzlichen Schlussfolgerungen. Warum, so fragten sie, folgten die Mitglieder dieses Bataillons den Befehlen willig, obwohl sie zum größten Teil nicht überzeugte Nationalsozialisten waren?

Christopher Browning bezog die „Normalität" dieser Täter auf grundsätzliche sozialpsychogische Fragen, etwa auf das Verhalten unter bestimmten Gruppen- und Autoritätssituationen. Der Vergleich mit dem sog. Milgram-Experiment[12] förderte eine frappierende Übereinstimmung der Befunde zutage. Brownings Schlussfolgerung, dass „normale Männer" unter bestimmten Bedingungen zu Mördern gemacht werden können und teilweise daran durchaus Gefallen finden, stellt einen sehr beunruhigenden Befund dar.

Daniel Goldhagen ging es hingegen um die Verstrickung der „normalen Deutschen" in den Völkermord und um die Frage, wie sehr er von der breiten Masse der Deutschen unterstützt wurde. Dass die Männer des Polizeibataillons 101 den Befehlen willig folgten, obwohl sie zum größten Teil nicht überzeugte Nationalsozialisten gewesen waren, führte ihn zu dem Schluss, dass die „normalen Deutschen", also die Durchschnittsbevölkerung, das Projekt der Judenvernichtung guthießen und deshalb als „Hitlers willige Vollstrecker" agierten. Er ging von einem in der deutschen Bevölkerung tief verwurzelten „eliminatorischen Antisemitismus" aus, der als Triebfeder des Holocaust anzusehen sei. Seine These ähnelte der bereits im Krieg formulierten Auffassung, dass der Nationalsozialismus seinen Ursprung im Nationalcharakter und in den Traditionen der Deutschen habe. Weit zurückreichende Wurzeln wurden etwa bei Martin Luther und seiner Staatsgläubigkeit (und seinem Antisemitismus) gesehen, eine These, die der amerikanische Politikwissenschaftler William Montgomery bereits 1941 formuliert hatte („From Luther to Hitler")[13]. Andere Autoren stellten die weitreichenden Schlussfolgerungen beider Autoren in Frage (z. B. Peter Longerich), indem sie die ihr zugrunde liegende Repräsentativität der Polizeibataillone im Hinblick auf die deutsche Bevölkerung bezweifelten.

1.6 Weitere Opfergruppen – Sinti und Roma

Die Diskussion um das Denkmal für die ermordeten Juden Europas hat deutlich

Abb. 4: Fotografie aus dem „Höcker-Album": Beschäftigte des KZ Auschwitz beim Freizeitvergnügen

gemacht, dass die anderen Opfergruppen ebenfalls eine Erinnerung an ihr Schicksal fordern. Dies sind vor allem auch die Sinti und Roma, von denen sicher 200 000 (höchste Schätzungen ca. 500 000) ermordet wurden. Die heutigen Roma verwenden ihr Wort Porajmos („Das Verschlingen") für den Völkermord an den europäischen Roma in der Zeit des Nationalsozialismus. Auch wenn die „rassische Einordnung" der Sinti und Roma durch die Nationalsozialisten zunächst widersprüchlich blieb, waren die Aktionen des Völkermords ihnen gegenüber genauso radikal und durchgreifend wie bei Juden. Dies war spätestens seit Heinrich Himmlers Auschwitzerlass vom 16.12.1942 der Fall, der die Einweisung aller in Deutschland lebenden Sinti und Roma in das Konzentrationslager Auschwitz befahl, und zwar ohne „Rücksicht auf den Mischlingsgrad".

Bereits die Nürnberger Rassegesetze 1935 wurden auch auf Sinti und Roma angewendet und damit deren Entrechtung eingeleitet. Zwar galten „Zigeuner" einerseits als Arier, jedoch kam der Arzt und NS-Cheftheoretiker in Fragen der „Zigeuner", Robert Ritter, zu dem Schluss, dass sich die Sinti und Roma mit „minderwertigen Rassen" vermischt hätten und deshalb zu 90 Prozent „rassisch unrein" seien. Auch wenn die „Zigeuner-Politik" zunächst inkonsistent blieb, waren ihre Folgen ebenso verheerend wie für die Juden – die meisten Sinti und Roma wurden in die Konzentrationslager, vor allem nach Auschwitz, deportiert. Weil „Mischlinge" als besonders schädlich galten, reichte es bereits für die Deportation, wenn einer von acht Urgroßeltern als Zigeuner galt. Ab 1943 wurde die Rassenpolitik auch gegen „Zigeuner" konsequent durchgesetzt. So wurden auch von der Front Hunderte von Soldaten, die bis dahin als „Zigeuner" in der Wehrmacht gedient hatten, nach Auschwitz deportiert. Die Einsatzgruppen im Osten bezogen Sinti und Roma unterschiedslos in ihre Mordaktionen ein.

1.7 Der Völkermord an den europäischen Juden im kulturellen Gedächtnis

Wesentlich für die Entwicklung der Forschungen und ihre geschichtskulturellen Verarbeitungsformen ist, dass Zeitgenossen bald nicht mehr leben werden. Deshalb verstärken sich in den letzten Jahren die Bemühungen, so viele mündliche Zeugnisse wie möglich für die Nachwelt zu erhalten. Das prägnanteste Beispiel hierfür ist das Visual History Archive der von Steven Spielberg initiierten Shoah-Foundation, deren Online-Archiv auf 52 000 Video-Interviews aus 56 Ländern in 32 Sprachen angewachsen ist. Für die Erinnerungskultur der Bundesrepublik Deutschland stellte sich bei der Vereinigung 1990 die Frage, wie sich Gesamtdeutschland – die DDR hatte die Verantwortung stets abgelehnt – zum Erbe der Shoah stellt. Mit dem Mahnmal für die ermordeten Juden Europas wurde 2005 ein Zeichen dafür gesetzt, dass auch das vereinigte Deutschland die Erinnerung und Verantwortung für Auschwitz als ein Fundament der neuen Republik ansieht.

2. Didaktische Analyse mit Standards und Kompetenzen

Der Geschichtsunterricht befindet sich im Hinblick auf das Thema „Holocaust" in einer Phase des Übergangs. Durch den in den letzten Jahren vollzogenen Generationswechsel treffen die Vertreter der zweiten Generation (Lehrer) auf die Vertreter der dritten Generation (Schüler) seit Kriegsende. Für Schüler spielt die unmittelbare Auseinandersetzung mit der Tätergeneration, die noch die Generation ihrer Lehrer prägte, verständlicherweise keine Rolle mehr. Sie passen sich deshalb oftmals – das zeigen empirische Untersuchungen – einem konventionalisierten Betroffenheitsgestus an, der durch die Lehrer vermittelt wird. Warum sich die deutsche Gesellschaft als „Schicksals-, Verantwortungs- und Haftungsgemeinschaft" empfindet, ist auch für die große

	Standards Die Schülerinnen und Schüler können …
AFB 1	• die gedanklichen Grundlagen eines eliminatorischen Antisemitismus wiedergeben (biologistische Erklärungsmodelle, Rassenantisemitismus, …); • Raum und Zeit und Ausmaß der Vernichtungsaktionen im Kontext des Zweiten Weltkriegs bestimmen und skizzieren; • weitere Opfergruppen des Holocaust benennen, vor allem Sinti und Roma; • die Existenz jüdischen Widerstands gegen die Vernichtung im Angesicht völliger Aussichtslosigkeit benennen;
AFB 2	• die Radikalisierung der „Judenpolitik" im Laufe des Krieges in Zäsuren und Phasen einordnen; • von Quellenaussagen von Tätern abstrahieren und ihre fanatischen und situationsgebundenen Strategien nachweisen;
AFB 3	• sich mit der doppelten Viktimisierung der Opfer, die oftmals selbst als Werkzeuge der Vernichtung missbraucht wurden, auseinandersetzen; • die Frage diskutieren, wieso manche Menschen im Angesicht von Folter und Tod immer noch die Kraft aufbringen, Widerstand zu leisten; • sich mit der kaum nachvollziehbaren Mentalität der Täter und ihrem nachträglichen Abstreiten jeglicher Verantwortung auseinandersetzen; • eine wissenschaftliche Kontroverse auf die ihr zugrunde liegenden Fragen der Quellenheuristik überprüfen (Oberstufe); • die aktuelle Bedeutung des Holocaust für das Selbstverständnis der Bundesrepublik Deutschland und die ihm zugrunde liegenden ethischen, moralischen und normativen Kategorien beurteilen.

Zahl an Migrantenkindern durchaus nicht selbstverständlich. Aus diesen Gründen kommt es nicht so sehr darauf an, eine Haltung der Betroffenheit von den Schülern einzufordern, sondern die besondere Bedeutung des Themas auch für das wiedervereinigte Deutschland explizit zu thematisieren, was in diesem Lernmodell anhand des „Mahnmals für die ermordeten Juden Europas" geschieht (s. Arbeitsblatt 10). Dieser Aspekt kann sowohl den Einstieg in das Thema Vernichtung der europäischen Juden bilden als auch als Transfer und Aktualisierung am Ende seiner Behandlung dienen. Dabei kommt es darauf an, deutlich zu machen, dass sich der Umgang mit dem negativen Erbe in einer demokratischen Gesellschaft in kontroversen Diskussionen entwickelt, also nicht dekretiert werden kann und Wandlungen unterworfen ist. Denkbar ist auch eine zirkuläre Struktur, die bei der geschichtskulturellen Frage nach dem Umgang mit dem Thema beginnt und dort auch wieder endet. Möglich ist aber auch, zunächst Auschwitz als Ort der Vernichtung zu thematisieren und dann auf die rassistischen Ideen einzugehen, die diesem entsetzlichen Geschehen zugrunde liegen.

Didaktisch sind inzwischen auch mediale Fragen von besonderer Relevanz. So werden insbesondere Fotografien, die ursprünglich relativ unhinterfragt eingesetzt wurden, inzwischen in ihrer Aussagekraft (Dokumentensinn) und in ihrer pädagogischen Wirkung wesentlich kritischer als früher beurteilt. Die Entstehung bestimmter Bildiko-

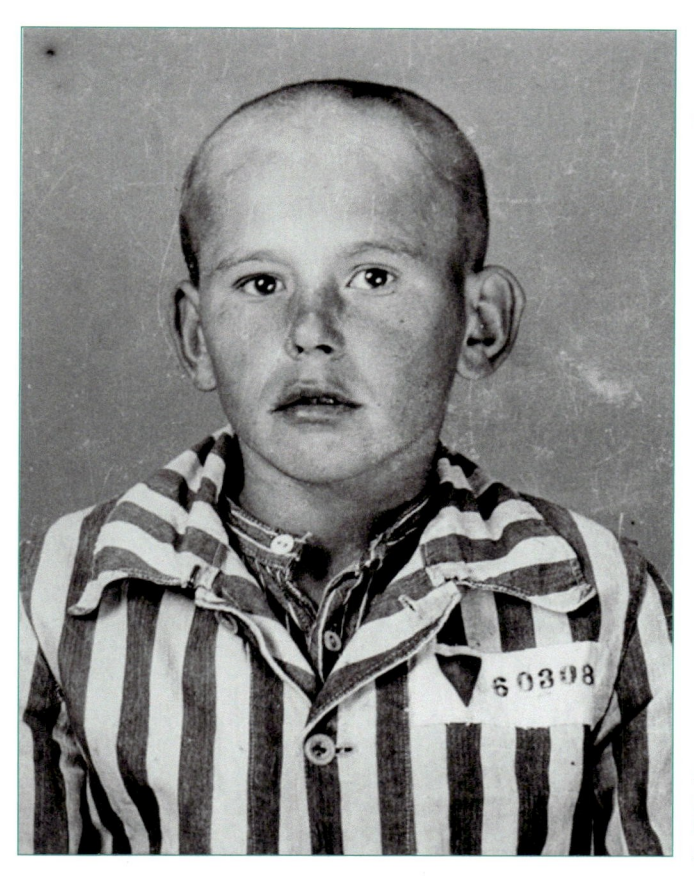

Abb. 5: Personenerfassungslichtbild aus der Häftlingskartei des KZ Auschwitz von Rebalka, Iwan.
Bis zum Frühling 1943 wurden fast alle Häftlinge in Auschwitz fotografiert

nen bei der Befreiung der Konzentrationslager und ihre Wirkung, die ihrer ursprünglichen Intention oftmals widerspricht, ist vor allem von Cornelia Brink gut erforscht worden.[14] Gerade die Gedenkstätten haben ihre Präsentationsweisen verändert, indem sie sich von Medien mit Schockwirkung verabschiedet haben oder diese so zeigen, dass der Besucher sie nur sieht, wenn er es ausdrücklich will (z. B. Holocaust-Museum Washington). Schließlich geben die wenigen vorhandenen visuellen Medien die Opfer in der Art wieder, wie die Täter sie sehen wollten, oder in den sog. Leichenbergbildern der Alliierten, wozu diese sie reduzieren wollten. Natürlich wurden die Bilder bei der Befreiung der Konzentrationslager von den Alliierten mit der Absicht gemacht, über das entsetzliche Ausmaß der dort geschehenen Verbrechen aufzuklären. Der Betrachter dieser Bilder sieht aber einen „gesichtslosen Abfall" (Cornelia Brink), der in fataler Weise die Wahrnehmung der Opfer in die Richtung steuert, die auch der Absicht der Täter entsprach.

Wichtig ist aber auch, die Erinnerung an den Lebenskontext der Opfer vor der Vernichtung wachzuhalten, indem verdeutlicht wird, dass es um das Sterben von Individuen und nicht einer anonymen Masse ging. Auf diese Herausforderung wird an mehreren Stellen dieses Modells reagiert:

- Zeichnungen Überlebender ermöglichen genauso wie nachträglich verfasste Berichte einen Zugang, die furchtbare Erfahrung der Vernichtung zumindest ansatzweise aus der Perspektive der Opfer deutlich zu machen. Medien wie die Fotografie werden demgegenüber dorthin gerückt, wo sie thematisch ihren Ursprung haben, in die Perspektive der Täter, die den reibungslosen Ablauf ihres schrecklichen Tuns dokumentierten und „mitleidslos" ihre Objektive auf die Menschen richteten, die sie in den Tod schickten.
- Es finden Einzelschicksale Erwähnung, wie etwa das der jüdischen Widerstandskämpferin Robota Roza in Auschwitz oder die Berichte einzelner Sinti und Roma über ihren Leidensweg.

Auch Multiperspektivität wird in diesem Modell angestrebt; sie kann allerdings bei diesem Thema nicht in der unmittelbaren Gegenüberstellung von Opfer- und Täterperspektiven liegen, zu asymmetrisch war ihre Situation. Die „Moral" der Täter wird in einem eigenen Arbeitsblatt unter die Lupe genommen (Arbeitsblatt 6), wobei es hier um die diachrone Perspektive geht: Wie verhielten sich Täter, nachdem sie ihre Macht verloren hatten?

Kompetenzen Die Schülerinnen und Schüler können …	
Interpretationskompetenz	• Schriftquellen ideologiekritisch nach den zugrunde liegenden Weltbildern (Ideologien, Menschenbildern, Motivationen, Glaubensvorstellungen) analysieren und die Ergebnisse fixieren; • historiographische Deutungskontroversen (Goldhagen, Browning) etc. interpretieren (d.h. Autor, Deutung, Kontroversität und Rezeption verstehen); • die verschiedenen Begriffe (Endlösung, Holocaust, Shoa, Parajmos) in ihrem Begriffsumfang deuten und mit ihnen begriffsgeschichtlich umgehen;
Narrative Kompetenz	• Stigmatisierung, Ausgrenzung, Deportation und physische Vernichtung in einer zusammenhängenden (kohärenten) Erzählung darstellen (Historikerperspektive); • Begriffswechsel vornehmen und die Geschichte aus der Sicht der Betroffenen (nichtfiktional) darstellen (Opferperspektive);
Geschichtskulturelle Kompetenz	• die verschiedenen geschichtskulturellen Deutungen der Holocaustthematik in unterschiedlichen kulturellen Medien (z.B. Gedenkarchitektur und Spielfilm) auf ihre medienspezifische Darstellungsweise untersuchen; • die Rezeption der geschichtskuturellen Deutungsmuster (in Denkmal und Film) im Feuilleton (Print und elektronisch) diskutieren;
Gattungskompetenz	• Bildquellen nach verschiedenen Systematiken unterscheiden und ihre jeweilige Funktionsweise beschreiben (Erinnerung, Dokumentation, Propaganda, Denunziation); • Kriterien entwickeln, anhand derer sich diese Bildquellen identifizieren lassen.

3. Methodische Überlegungen

3.1 Überlegungen zum Einstieg

Eine Erschließung der besonderen Radikalität der Judenvernichtung im Dritten Reich wurde durch die Analyse von Propagandamaterial möglich. So wird deutlich, dass das Programm durch seine biologistische Ausrichtung weit über den traditionellen Antijudaismus des Mittelalters hinausging. Die Bezeichnung von Menschen als „schädliche Rasse", die „ausgemerzt" werden soll, machte das Vorhaben so unerbittlich und unmenschlich, weil die Vernichtung – unabhängig vom individuellen Verhalten – vollständig sein musste, um erfolgreich zu sein. Deshalb wurden gerade Frauen und Kinder zu Opfern dieses exterminatorischen Antisemitismus, weil sie Verkörperungen von Fortpflanzung sind. Auch Konvertieren – wie beim Antijudaismus des Mittelalters – bot keine Überlebenschance. Humane Regungen wie Mitleid wurden außer Kraft gesetzt.

Eine Alternative bildet der Einstieg über die geschichtskulturelle Dimension (Arbeitsblatt 8) – d. h. über Fragen des Umgangs mit dem Thema Holocaust heute.

3.2 Vorschläge zur Erarbeitung

Eine sachliche, räumliche und zeitliche Erschließung der Entwicklung hin zum Massenmord wird auch in diesem Modell als wichtig angesehen, denn es macht deutlich, dass es sich zwar um einen hochgradig irrationalen, aber durchaus zielstrebigen Prozess handelt, der unter den Bedingungen des Krieges mit ungeheurem Aufwand unter der Beteiligung von Hunderttausenden von Helfern betrieben wurde (Deportationen in Ghettos, Massenerschießungen, Aufbau von Vernichtungslagern). Die Schüler sollen sich eine Vorstellung davon erarbeiten, wie das Programm der Vernichtung Schritt für Schritt entwickelt und schließlich ins Werk gesetzt wurde, damit sie nicht bei vagen Eindrücken stehen bleiben. Das gewählte Material als Ausgangspunkt zur Erarbeitung – eine Geschichtskarte – bietet zunächst einen Blick auf die ungeheure Dimension dieses Vorgangs, auf der anderen Seite können hiervon ausgehend auch arbeitsteilig Phasen und einzelne Aspekte des Prozesses der Vernichtung erarbeitet werden. Hierfür können das Schulbuch, Nachschlagewerke oder Internetseiten genutzt werden. Besonders hier bietet sich ein arbeitsteiliges Vorgehen an.

3.3 Möglichkeiten für Vertiefungen und Transfers

Sie sollen zunächst Differenzierungen an zwei Punkten leisten: Zum einen erarbeiten die Schüler, dass es noch mehr Opfergruppen gab, vor allem die Sinti und Roma, und warum es diese heute so schwer haben, als solche anerkannt zu werden. Dies lässt sich auch auf die Kontroverse um das Berliner Denkmal beziehen. Zum anderen ist es wichtig, das Bild der passiven Opfer zu korrigieren. Es gibt viele Beispiele jüdischen Widerstands. Auch wurde in Ghettos und Konzentrationslagern, oftmals unter unvorstellbaren Bedingungen, Solidarität durch die Betroffenen geleistet.

Die Berücksichtigung von Opfer- und Täterperspektiven dient der Überschreitung einer reinen Außensicht des Massenmordes. Wichtig ist es hier, die Grenzen des Verstehens und Darstellens zu markieren. Im Hinblick auf Heinrich Himmlers Posener Rede und Adolf Eichmanns Schlusswort beim Prozess in Jerusalem wird der Einsatz der entsprechenden Tondokumente empfohlen, die im Internet verfügbar sind.

Für die gymnasiale Oberstufe bietet sich die Auseinandersetzung mit der Goldhagen-Browning-Debatte als Vertiefung an, weil sie an einer zentralen Frage des Umgangs mit dem Thema insgesamt ansetzt. Bei Browning wird deutlich, dass er das Thema auf eine generelle menschheitsgeschichtliche Ebene gehoben hat (ähnlich wie in der so genannten Holocaust-Education), wogegen sich Goldhagen mit seinem rein nationalgeschichtlichen Erklärungsansatz wendet. Zum anderen ist dieses Thema für einen kompetenzorientierten Unterricht besonders geeignet, weil eine geschichtsmethodische Problemstellung – wie kann die Interpretation des gleichen Quellenbestands zu vollständig unterschiedlichen Ergebnissen führen? – selten so mit Händen zu greifen ist wie hier. Hier lassen sich Fragen der Quellenheuristik und -interpretation diskutieren.

1 Arbeitsblatt: Die ideologischen Grundlagen für den Völkermord

Der Völkermord an den europäischen Juden entstand nicht spontan. Er wurde gedanklich vorbereitet. Die dabei umgesetzten Ideen waren keine Erfindung der Nationalsozialisten. Der Rassenantisemitismus war in vielen Ländern Europas und in den USA sehr verbreitet. Die Nationalsozialisten jedoch formten aus diesen Ideen ein besonders radikales Programm, das sie mit größtmöglicher Konsequenz umsetzten. Von 11 Millionen Juden in Europa – eine nationalsozialistische Hochrechnung – wurden etwa sechs Millionen ermordet.

● Q 1 „Die Taufe hat aus ihm keinen Nichtjuden gemacht"

Aus dem antisemitischen Kinderbuch „Der Giftpilz", 1938:

„Die Taufe hat aus ihm keinen Nichtjuden gemacht..."

Anne meint: „Wisst ihr, unsere Lehrerin erzählt uns, dass genauso wenig wie ein Neger durch die Taufe Deutscher werden kann, ein Jude durch die Taufe zu einem Nichtjuden werden kann. Ich glaube, dass die Christen eines Tages den Klerus verfluchen werden, der den Juden erlaubt, christliche Kirchen zu betreten. Die Juden wollen die Kirchen zerstören, und das werden sie auch, wenn man ihnen weiter erlaubt, sie zu entweihen. Es gibt da eine Redensart: Wenn ein Jude von einen Priester getauft werden will, dann sei auf der Hut, denn Jude bleibt Jude von der Seele und vom Blut. Taufwasser hilft nicht im geringsten. Das macht den Juden auch nicht besser! Er ist ein Teufel auf Lebenszeit, und das währt für Ewigkeit."

Ernst Hiemer: Der Giftpilz, Nürnberg 1938.

● Q 2 Die „Parasiten der Menschheit"

Aus einem Leitfaden zur weltanschaulichen Schulung von SS und Polizei:

Als besonders verwerflich erwies sich in Europa der zersetzende Einfluss der Rassenvermischung mit den Juden. Diese Parasiten der Menschheit haben es wohl verstanden, bis zum heutigen Tage eine Vollvermischung mit ihren Wirtsvölkern zu vermeiden.

Darüber hinaus bestand eine besondere Gefahr darin, dass das Judentum mit den Mitteln der seelischen Zersetzung das artbewusste Handeln und Denken der Völker systematisch auszuhöhlen begonnen hatte, um sich auf dieser Grundlage politisch und wirtschaftlich zum Herren überall aufzuschwingen. Dazu kam noch, dass sich diese rassische Vermischung vornehmlich in den geistig führenden Schichten der europäischen Völker ausgebreitet hatte. Die Juden machten jedes echte Gefühl verächtlich, und ihre ganze Propagandaarbeit zielte bewusst auf eine innere Aushöhlung und Aufsplitterung der Volkskörper hin. Die Nachwirkungen dieser vor 1933 zersetzenden jahrzehntelangen Infektion sind sogar noch bis heute in den Völkern zu spüren. Es bedarf einer angestrengten Arbeit, um auch die letzten Spuren dieser Seuche auszumerzen und Europa auf die natürliche und einzig richtige Bahn des Lebens zurückzuführen. Die Lösung der Judenfrage ist daher über die Grenzen des Reiches hinaus heute eine Lebensfrage der Völker Europas geworden.

Aus: Walther Hofer (Hg.): Der Nationalsozialismus. Dokumente 1933–1945, Frankfurt/M. 1957, S.281.

DER VÖLKERMORD AN DEN EUROPÄISCHEN JUDEN

Arbeitsblatt: Die ideologischen Grundlagen für den Völkermord 1

● **Q 3 „Vernichtung der jüdischen Rasse"**
Hitler im Reichstag am 30.1.1939:
Ich bin in meinem Leben sehr oft Prophet gewesen und wurde meistens ausgelacht. In der Zeit meines Kampfes um die Macht war es in erster Linie das jüdische Volk, das nur mit Gelächter meine
5 Prophezeiungen hinnahm, ich würde einmal in Deutschland die Führung des Staates und damit der ganzen Nation übernehmen und dann unter vielen anderen auch das jüdische Problem zur Lösung bringen. Ich glaube, dass dieses damalige
10 schallende Gelächter dem Judentum in Deutschland unterdes wohl schon in der Kehle erstickt ist. Ich will heute wieder ein Prophet sein: Wenn es dem internationalen Finanzjudentum in und außerhalb Europas gelingen sollte, die Völker noch
15 einmal in einen Weltkrieg zu stürzen, dann wird das Ergebnis nicht die Bolschewisierung der Erde und damit der Sieg des Judentums sein, sondern die Vernichtung der jüdischen Rasse in Europa.
Aus: Deutsches Rundfunkarchiv Frankfurt/M.-Potsdam: „Das Verbrechen hinter den Worten – Tondokumente (1930–1964).

Hitler bei seiner Reichstagsrede am 30.1.1939

Arbeitsauftrag

1. Beschreibt das Bild, das in dem Kinderbuch „Der Giftpilz" von Juden gezeichnet wird (Q 1).
2. Erläutert an Q 1 (Text) und Q 2 die Ideen des Rassenantisemitismus. Geht auf die Vergleiche zwischen Gesellschaft und Biologie ein und bewertet sie.
3. Stellt Formulierungen zusammen, die deutlich machen, dass die „Rassenlehre" der Nationalsozialisten die menschliche Gesellschaft auf rein biologische Grundlagen reduziert.
4. Erklärt, warum der Mord an Frauen und Kindern in der Logik des Rassenantisemitismus liegt.
5. Ermittelt die tatsächlichen Ursachen für den Zweiten Weltkrieg. Analysiert den Kern der Aussage Hitlers (Q 3) unter der Berücksichtigung dieser Ursachen.
6. Beurteilt die Konsequenzen der in Q 1 vertretenen Auffassung zum Übertritt von Juden zum christlichen Glauben für die Betroffenen.

DER VÖLKERMORD AN DEN EUROPÄISCHEN JUDEN

2 Arbeitsblatt: : Ein Völkermord im europäischen Maßstab

Der Judenvernichtung fielen in der Mehrzahl Bürger nichtdeutscher Staaten in Europa zum Opfer. Sie wurde erst durch die Eroberung vieler europäischer Staaten durch die Deutsche Wehrmacht möglich. Die Karte zeigt ein räumliches Bild des Vernichtungsprozesses. Die Arbeit mit ihr kann zum Ausgangspunkt werden, um eine Vorstellung vom Ablauf dieses ungeheuerlichen Vorgangs zu gewinnen.

● **M 1 Judenvernichtung in Europa**

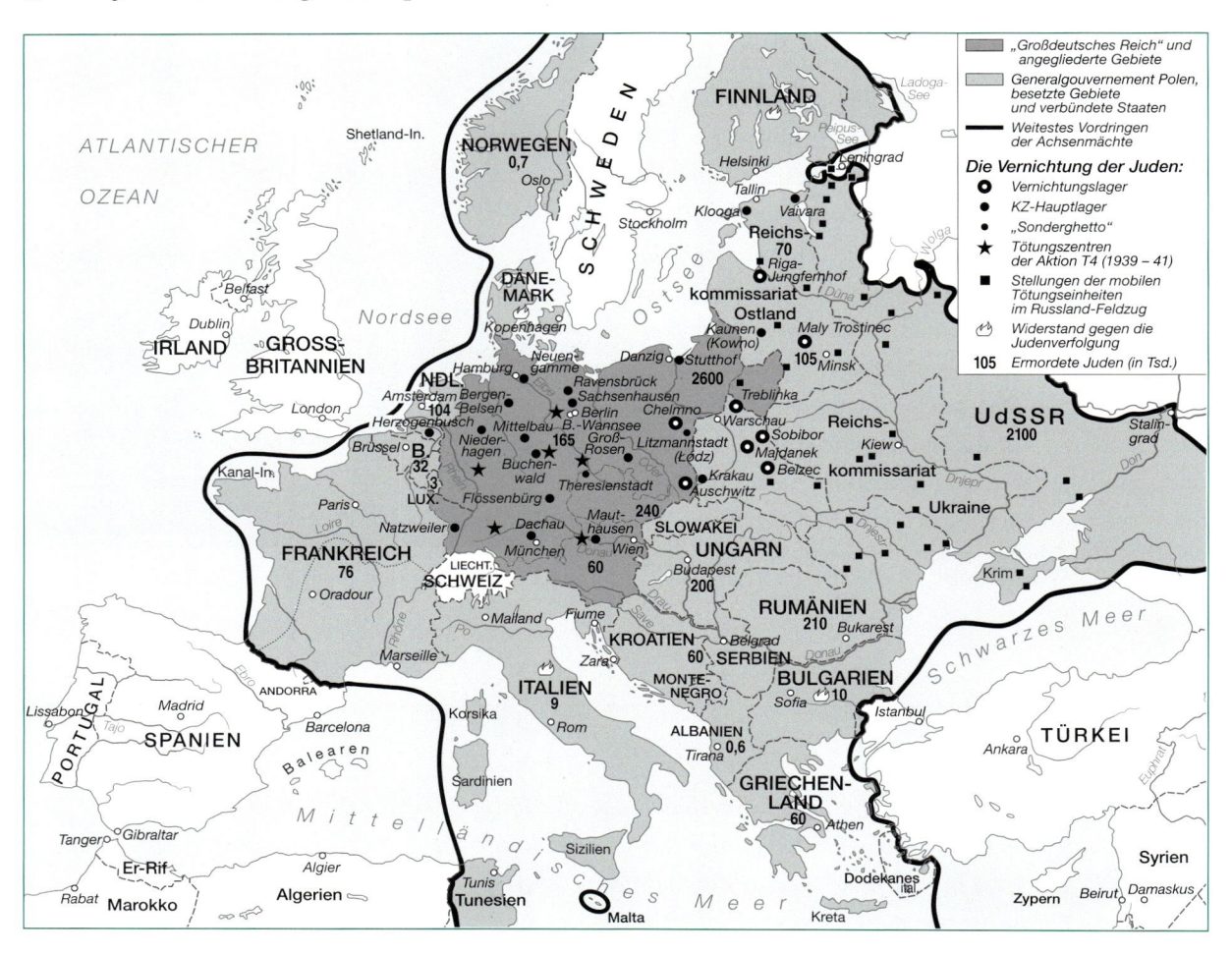

Arbeitsaufträge

1. Klärt zunächst eine Reihe von Begriffen, die auf der Karte gezeigt werden. Bedient euch hierfür eures Geschichtsbuchs oder eines Lexikons (z.B. Wolfgang Benz [Hg.], Lexikon des Holocaust, München 2002) oder anderer Hilfsmittel.
2. Beschreibt die Herkunft der Opfer und die Lage der Vernichtungsorte. Beschreibt, wo sich die Vernichtungsaktionen konzentrierten und wie sie ausgeführt wurden.
3. Fasst die wichtigsten Abschnitte und Phasen des Völkermords in einer Zeitleiste zusammen.
4. Folgende Staaten bieten Beispiele für das unterschiedliche Schicksal der Juden aus den europäischen Ländern: Polen, Dänemark, Italien, Ungarn. Versucht jeweils etwas über ihr Schicksal zu erfahren und erklärt, wieso es zu einer hohen bzw. niedrigen Zahl der Opfer kam.

DER VÖLKERMORD AN DEN EUROPÄISCHEN JUDEN

Arbeitsblatt: Das Schicksal der Sinti und Roma   3

Die Verfolgung und Vernichtung der Sinti und Roma nahm trotz einiger Unterschiede einen ähnlichen Verlauf wie die der Juden. Etwa 200 000 Sinti und Roma (andere Schätzungen sprechen von bis zu 500 000) kamen unter den schrecklichen Bedingungen in den Lagern, bei Erschießungsaktionen oder medizinischen Versuchen um. Viele wurden vor allem in Auschwitz-Birkenau in Gaskammern ermordet.

1935 wurden „Zigeuner" auch den Nürnberger Rassegesetzen unterworfen. Während der Olympischen Spiele (1936) begann ihre systematische Inhaftierung in Konzentrationslagern. Das erste war der so genannte Rastplatz Marzahn in Berlin, der zwischen einer Müllhalde und einem Friedhof lag und zu dem Hunderte „Zigeunerfamilien" verfrachtet wurden. Durch die Einzäunung mit Stacheldraht wurden aus diesem und anderen ähnlichen Lagern de facto Konzentrationslager.

● **Q 4 Datenerfassung von „Zigeunern"**

Prof. Robert Ritter (rechts), Leiter der „Rassenhygienischen Forschungsstelle" im Reichsgesundheitsamt Berlin-Lichterfelde bei der Datenerfassung von „Zigeunern" mit Unterstützung der Polizei, 1938

● **Q 5 Von Marzahn nach Auschwitz**
Eine Überlebende des „Zigeunerlagers" Berlin-Marzahn berichtet, 1999:

Ich war gerade 14 Jahre alt, hatte meine Volksschulzeit in Berlin-Weißensee in der Wilhelmstraße hinter mir und wollte in eine Schneiderlehre gehen, da kam im Sommer 1936 die Polizei.
5 Als wir im Lager Marzahn ankamen, gab es dort nichts. Die Männer mussten die Polizeibaracke, Wege und Unterkünfte […] bauen. Bewacht wurden wir durch die Polizei und ihre Schäferhunde. Zwar durften wir das Lager verlassen, um zur
10 Arbeit zu gehen, aber nur mit Genehmigung der Polizei. Die Kinder durften die Schule im Dorf Marzahn nicht mehr besuchen. Sie erhielten in den ersten Jahren Unterricht in der Schulbaracke im Lager, bis der Lehrer eingezogen wurde. Danach wurden die Kinder überhaupt nicht mehr unterrichtet.

Wir erhielten alle einen „Zigeuner-Ausweis", der sich von allen anderen Ausweisen und Pässen unterschied. Er war mit einem großen „Z" gestempelt und trug neben dem Passbild noch den Abdruck des rechten Zeigefingers. Auch unsere Lebensmittelkarten und Haushaltskarten, die wir später erhielten, waren mit „Z" gekennzeichnet. Die für uns vorgesehenen Rationen waren wesentlich schlechter als für die nicht rassisch Verfolgten, auch dann, wenn unsere Männer schwerste Arbeit verrichten mussten. Für unsere kleinen Kinder war nur 1/8 l Magermilch pro Tag vorgesehen. Doch auch diese Ration bekamen wir nur dann, wenn der Bauer, bei dem wir sie erhalten sollten, etwas Milch übrig hatte. Ansonsten durften wir nur beim Lebensmittel- und Kohlenhändler Hasse einkaufen, dessen Geschäft im Dorf Marzahn lag.

Es gab zwei Wege, die aus dem Lager führten.

3 Arbeitsblatt: Das Schicksal der Sinti und Roma

Wir wurden von den Bewachern angewiesen, den längeren Weg zu nehmen (um Wasser zu holen). Das war sehr hart, denn im Lager gab es nur drei Pumpen, und im Winter waren sie häufig eingefroren. Um wenigstens etwas Wasser zu bekommen, mussten wir dann den längeren Weg bis ins Dorf nehmen. Nahmen wir trotzdem einmal den kürzeren Weg, dann hetzte die Polizei die Schäferhunde auf uns. Im Winter 1940/41 ist meine Mutter [...] von einem Schäferhund schrecklich gebissen worden. Der Polizist, der den Hund auf meine Mutter gehetzt hatte, hieß Bredel. Ich werde ihn nie vergessen. Doch der schlimmste Aufseher war der so genannte Platzmeister. Er hieß Polenz. Er ging immer herum und schlug auf jeden ein, der ihm gerade vor das Gesicht kam. Vor allem die Kinder mussten schrecklich unter ihm leiden. [...]

Als die Bombenangriffe begannen, durften wir nicht in die Luftschutzbunker. Unsere Männer hoben Gräben auf dem freien Felde aus, in denen wir uns dann verkrochen. Alle meine Angehörigen bis auf meinen Mann und meine Kinder sind nach Auschwitz abtransportiert worden und nicht wiedergekommen. Vom Lager aus gab es drei Transporte nach Auschwitz. Sie hatten Listen mit den Namen der Menschen, die sie für die Transporte aussuchten. Ich weiß nicht, warum sie mich nicht holten. Wir waren zum Schluss noch ungefähr 50 Personen. Wahrscheinlich hatten sie keine Lastkraftwagen mehr, um uns auch noch zu holen. Ich kann nicht genau sagen, wie viele Sinti anfänglich im Lager gewesen waren, denn es war ein sehr großes Lager. Ich denke jedoch, dass es bestimmt zwischen 800 und 1000 Menschen waren. Es war eine furchtbare Zeit. Das Lager lag direkt an der Bahnstrecke Marzahn–Werneuchen.

Manchmal warfen uns die Menschen aus den vorbeifahrenden Zügen Brot, Kohlköpfe oder auch Kohlen zum Heizen herunter, denn auch sie wussten, wie wir leiden mussten.

Aus: Romani Rose (Hg.): „Den Rauch hatten wir täglich vor Augen." Der nationalsozialistische Völkermord an den Sinti und Roma. Heidelberg 1999, S.64ff.

● **Q 6 Medizinische Versuche**
In den Konzentrationslagern fanden medizinische Experimente statt. So führte der SS-Arzt Dr. Beiglböck im Sommer 1944 im KZ Dachau an Sinti und Roma Versuche zur Trinkbarmachung von Meerwasser durch. Man suchte eine Methode, um über dem Meer abgeschossene Piloten mit Trinkwasser zu versorgen. Die Häftlinge wurden gezwungen, tagelang nur Salzwasser oder chemisch präpariertes Wasser zu trinken.
Aussage von Karl Höllenreiner, Überlebender dieser medizinischen Versuche, vor dem Nürnberger Gerichtshof am 17. Juni 1947:

Nach dieser Untersuchung wurden wir alle in ein Zimmer gebracht, und ein Doktor der Luftwaffe, dessen Namen mir entfallen ist, aber dessen Aussehen ich noch deutlich vor Augen habe, hielt eine Ansprache. Aus dieser Rede habe ich folgenden Wortlaut in Erinnerung: „Ihr seid jetzt ausgesucht für Seewasser-Versuche, erst werdet ihr gutes Essen bekommen, wie ihr es noch nie gesehen habt, dann werdet ihr hungern und Seewasser trinken." Ferner sagte er: „Wisst ihr überhaupt, was Durst ist? Ihr werdet wahnsinnig werden, ihr werdet denken, dass ihr in der Wüste seid, und werdet versuchen, den Sand von der Erde abzulecken." [...]

In der folgenden Woche begannen die eigentlichen Experimente. Wir erhielten überhaupt keine Nahrung mehr und nur Seewasser oder chemisch

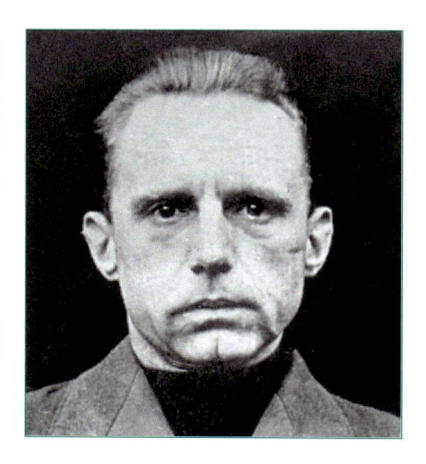

Wilhelm Beiglböck war als Arzt verantwortlich für die „Meerwasserversuche" an Sinti- und Roma-Häftlingen im KZ Dachau

Arbeitsblatt: Das Schicksal der Sinti und Roma

präpariertes Seewasser zu trinken. Nach meiner Erinnerung war unsere Gruppe von 40 Zigeunern in drei ungefähr gleichstarke Untergruppen aufgeteilt. Gruppe 1 erhielt nur richtiges Seewasser. Gruppe 2 erhielt nur chemisch präpariertes Seewasser, welches eine dunkel-gelbe Farbe hatte und bestimmt noch viel schlimmer war als reines Seewasser. Gruppe 3 erhielt nur präpariertes Seewasser, welches ungefähr aussah wie richtiges Trinkwasser. Ich gehörte zu Gruppe 2. [...] Während dieser Experimente hatte ich furchtbare Durstanfälle, fühlte mich sehr krank, verlor stark an Gewicht und zum Schluss bekam ich Fieber und fühlte mich so schwach, dass ich mich nicht mehr auf den Beinen halten konnte. [...]

Ich erinnere mich noch genau an eine Szene, wo ein tschechoslowakischer Zigeuner den Doktor der Luftwaffe gebeten hat, dass er unmöglich noch mehr Wasser trinken könnte. Dieser tschechoslowakische Zigeuner wurde daraufhin auf Anordnung von dem Doktor der Luftwaffe an ein Bett festgebunden, der Doktor der Luftwaffe goss diesem Zigeuner persönlich mittels einer Magenpumpe gewalttätig das Seewasser herunter. [...] Von den ursprünglich 40 Mann hat einer, wie bereits erwähnt, die Versuche nur wenige Tage mitgemacht. Drei waren so dem Tode nah, dass man sie am selben Abend auf Tragbahren, mit weißen Tüchern abgedeckt, herausgetragen hat. Von diesen drei habe ich niemals wieder etwas gehört.

Aus: Dokumentationszentrum Deutscher Sinti und Roma Heidelberg; http://www.sintiundroma.de/content/?aID=286.

● **Q 7 „Sie zogen ziel- und planlos umher"**
Dieser Gerichtsbescheid des Oberlandesgerichts München (1961) ist typisch für die Art, mit der bis in die 1970er-Jahre die Frage der Verfolgung der Sinti und Roma in der Bundesrepublik von Behörden und Politikern behandelt wurde:

Sie lebten in offenen Lagern, verlassenen Judenvierteln oder auf dem Lande bei Bauern, meist recht primitiv, aber doch frei. Sie wurden verschiedentlich auch zur Arbeit in Rüstungswerken oder zum Straßen- und Stellungsbau herangezogen und zwangsverpflichtet. Dass sie solche Arbeit unter Aufsicht und unter einem gewissen Zwang verrichten mussten, lag in der Natur der Sache. Die Arbeit war aber aus diesen Gründen allein noch keine Zwangsarbeit unter haftähnlichen Bedingungen, da die Arbeitsverpflichteten außerhalb ihrer Arbeitszeit im Allgemeinen in ihrer Freiheit nicht beschränkt waren. Im Übrigen war die Behandlung der in Polen lebenden Zigeuner deutscher Herkunft sicher unterschiedlich. Misshandlungen sind zweifellos vorgekommen [...]. Gelegentlich wurden die Zigeuner auch von Polizei, SS oder Wehrmachtsdienststellen festgenommen und kürzere oder längere Zeit in Gefängnissen oder geschlossenen Lagern festgehalten. Dies alles geschah jedoch nicht, um sie aus Gründen der Rasse zu verfolgen, sondern weil sie ziellos und planlos umherzogen, sich über ihre Person nicht ausweisen konnten oder für Spione gehalten wurden.

„... lag in der Natur der Sache", in: Michael Albus/Philomena Franz: Die Liebe hat den Tod besiegt. Düsseldorf, 1988, S. 85f.

Arbeitsaufträge

1. Beschreibt anhand von Q 5, was viele Sinti und Roma in der NS-Zeit erlitten.
2. Schildert den Ablauf des medizinischen Experiments an Sinti und Roma (Q 6) und macht den Unterschied zu humanen Formen medizinischer Forschung deutlich.
3. Vergleicht den Bericht der Opfer mit den Behauptungen des Gerichts der Nachkriegszeit (Q 7) und bewertet deren Stichhaltigkeit.
4. Analysiert das Urteil (Q 7), indem ihr Formulierungen sucht, die Verharmlosungen der Vernichtung von Menschen enthalten oder die die Opfer sogar zu Schuldigen stempeln.

DER VÖLKERMORD AN DEN EUROPÄISCHEN JUDEN

4 Arbeitsblatt: Jüdischer Widerstand

Lange Zeit herrschte das Bild vor, Juden hätten sich nicht gegen ihr Schicksal gewehrt. In Wirklichkeit gab es jedoch die vielfältigsten Formen des Widerstands: Fluchthilfe und Sicherung des Überlebens – mit der Errichtung geheimer Lager in den Wäldern –, Partisanenkampf vor allem in Osteuropa und Aufstände sowie Ausbruchsversuche aus Ghettos und Lagern – sogar in den Zentren der Vernichtung (Sobibór, Treblinka, Auschwitz). Am bekanntesten ist der Ghettoaufstand in Warschau (1943), der ausbrach, als die Deportation der noch verbliebenen Juden kurz bevorstand.

● **Q 8 Roza Robota - eine jüdische Widerstandskämpferin**

Roza Robota (1921-1945) wurde 1942 nach Auschwitz-Birkenau deportiert, wo sie sich einer jüdischen Untergrundorganisation anschloss. Gemeinsam mit anderen Frauen schmuggelte sie Sprengstoff aus dem Lager Monowitz zu dem so genannten Sonderkommando, was ihr möglich war, weil sie im Effektenlager „Kanada" (Verwertung von Kleidung und Gepäck der Opfer, siehe Arbeitsblatt 5) in der Nähe des Krematoriums arbeitete. Dem Sonderkommando gelang es am 7. Oktober 1944, das Krematorium IV zu sprengen.

Roza Robota (Kreis) als Mitglied der zionistischen Jugendgruppe Haschomer Hazair in ihrem polnischen Heimatort Ciechanów. Die 1913 gegründete – bis heute existierende – sozialistische jüdische Jugendbewegung Haschomer Hazair verwandelte sich während des Holocaust zur wichtigsten jüdischen Widerstandsgruppe im Untergrund in Polen

● **Q 9 Der Aufstand des Sonderkommandos in Auschwitz und das Schicksal Roza Robotas**

Israel Gutman (geb. 1923) nahm als Mitglied einer Widerstandsgruppe am Aufstand im Warschauer Ghetto im April 1943 teil, wurde verwundet und dann in das KZ Majdanek und nach Auschwitz deportiert. Er ist einer der Überlebenden der jüdischen Widerstandsgruppe in Auschwitz. Nach seiner Befreiung emigrierte er nach Israel und lebte in einem Kibbuz. In seinen Erinnerungen berichtet er vom Aufstand des Sonderkommandos und dem Schicksal Roza Robotas:

Als die Vorbereitungen der illegalen Widerstandsbewegung für einen Aufstand Gestalt anzunehmen begannen, wurde die jüdische Gruppe der Organisation beauftragt, Sprengstoff aus der Munitionsfabrik „Union" zu schmuggeln, damit Sprengkörper hergestellt werden könnten. Jehuda Laufer und ich waren dafür verantwortlich. Wir kannten eine verlässliche Kameradin im Frauenlager, Roza Robota. […] Einige Mädchen, die in der betreffenden Abteilung arbeiteten, versprachen kleine Mengen Sprengstoff zu beschaffen. Die Kameradin Hadessa […] erhielt den Auftrag, die Verbindung herzustellen und den Sprengstoff – es handelte sich um geringe Mengen – aus einem Versteck zu holen. Von dort brachte sie ihn dann in einer Arbeitspause zu Jehuda oder mir. Ein anderes Mitglied unserer Organisation, von Beruf Spengler, stellte eine Schüssel mit doppeltem Boden her. Wir achteten darauf, dass in dieser Schüssel immer Tee- und Suppenreste waren. Im Doppelboden versteckten wir den Sprengstoff. Deshalb fiel unsere Schüssel nicht auf. Sowohl in das Stammlager als auch nach Birkenau wurden kleine Mengen von diesem Sprengstoff verschickt. Nach Birkenau brachte sie Roza Robota. So kam

Arbeitsblatt: Jüdischer Widerstand

das Pulver zu der Gruppe im Sonderkommando, die mit der Widerstandsbewegung Kontakt hatte.

Nach einem Besuch in Birkenau teilte uns Noach mit, dass das Sonderkommando einen Aufstand vorbereitete, ohne auf den geplanten allgemeinen Aufstand im Lager zu warten. Damals war die große Vernichtungsaktion der ungarischen Juden beendet worden, und darum erwartete das Sonderkommando täglich seinen Untergang. [...] Sie waren organisiert und entschlossen zu handeln. An dem Tag, als ein zweiter „Transport" zusammengestellt werden sollte, brach der Aufstand aus. In wenigen Minuten schlossen sich ihm etwa 600 Häftlinge dieses Kommandos an. Das Krematorium IV wurde in Brand gesteckt und gesprengt. Der deutsche Kapo, der wegen seiner Brutalität berüchtigt war, wurde lebend ins Feuer geworfen. Im Nahkampf wurden vier SS-Leute getötet und viele andere verletzt. Das Revier des Krematoriums war der Kampfplatz. Die Aufständischen sprengten die Umzäunung, und Hunderte flüchteten. Die SS war völlig verwirrt. In aller Eile wurden 2000 Mann alarmiert und der Ausnahmezustand verhängt. Die jüdischen Häftlinge in Birkenau mussten zum Appell antreten. Die SSler liefen nervös und verängstigt herum. [...] Aber die Häftlinge von Birkenau und die aus anderen Lagern konnten den Aufständischen nicht zur Hilfe kommen. Ihr Schicksal war von vornherein besiegelt. Trotzdem wurde dieser Aufstand des Sonderkommandos zu einem Symbol. An der Stelle, wo Millionen unschuldiger Opfer ermordet wurden, fielen durch die rächenden Hände von Häftlingen die ersten SS-Mörder. Dieser Aufstand hat den nichtjüdischen Schicksalsgenossen in Auschwitz gezeigt, was Juden zu tun vermochten.

Zwei Tage danach erfuhren wir, dass auch Roza Robota in den Bunker gebracht worden war. Wir hatten volles Vertrauen zu ihr. Aber wir wussten auch, wie die SS foltern konnte.

In diesen Tagen ereignete sich etwas, was ganz unglaublich klingt. Jakob, der Kapo des Bunkers, wandte sich an uns und erklärte sich bereit, Noach bei Nacht heimlich in den Bunker zu lassen. Noach trat in die Zelle und fand Roza auf dem kalten Betonboden liegend. Sie hat ihn anfangs nicht erkannt. [...] Ganz langsam aber erholte sie sich so weit, dass sie Noach die Ereignisse der letzten Tage erzählen konnte. Sie sagte, dass sie keinen Namen genannt, sondern die ganze Schuld auf jemanden geschoben hatte, von dem sie wusste, dass er bereits tot war. Sie versicherte, dass wir nichts zu fürchten hätten. Dass sie sterben müsse, wisse sie. Bis zum Ende werde sie standhalten. Noach brachte uns einen Zettel von Roza – ein letztes Abschiedswort. Sie schrieb uns, wie schwer es sei, sich vom Leben zu trennen; aber wir hätten nichts zu befürchten, sie würde uns nicht verraten. Nur eine Bitte hatte sie an uns: Falls noch jemand von uns eines Tages in Freiheit käme, sollte er Rache üben.

Aus: Arno Lustiger: Zum Kampf auf Leben und Tod. Das Buch vom Widerstand der Juden 1933–1945, Erftstadt 2004, S.215ff.

Arbeitsaufträge

1. Beschreibt die Ausgangsbedingungen des Widerstands im Konzentrationslager Auschwitz, wie sie in Q9 deutlich werden.
2. Nennt Gründe für das Scheitern des Aufstands des Sonderkommandos.
3. Erklärt am Beispiel von Q9 die hohe Bedeutung, die diesem Widerstand in der israelischen Erinnerung beigemessen wird.
4. Setzt euch mit dem Schicksal Roza Robotas auseinander, indem ihr aufzeigt, was ihr Verhalten in den Augen ihrer Mithäftlinge so bewundernswert machte.

DER VÖLKERMORD AN DEN EUROPÄISCHEN JUDEN

5 Arbeitsblatt: Auschwitz – die größte Todesfabrik aller Zeiten

Es gibt kaum Bildquellen aus den Todeslagern. Fotografien wurden in geringer Zahl von den Tätern aufgenommen. Um dennoch Zeugnis von dem schrecklichen Geschehen geben zu können, fertigten einige Überlebende nachträglich Zeichnungen an. Die Bilder sind von zwei Überlebenden zur Verarbeitung ihrer schrecklichen Erfahrung nach ihrer Befreiung gezeichnet worden. Ella Lieberman-Shiber (1927–1998) stammte aus Berlin und musste mit ihrer Familie 1938 nach Polen ziehen. 1943 nach Auschwitz deportiert, überlebte sie aufgrund ihrer zeichnerischen Begabung, da sie zum Malen von Porträts eingesetzt wurde. 1992 veröffentlichte sie eine ganze Reihe Zeichnungen zu ihren Erfahrungen im Lager unter dem Titel „Am Rande des Abgrunds."

David Olère (1902–1985) arbeitete als Künstler in Frankreich, bis er 1943 wegen seiner jüdischen Abstammung verhaftet und schließlich nach Auschwitz deportiert wurde. Dort musste er im so genannten Sonderkommando arbeiten, dessen Aufgabe es war, die Leichen aus den Gaskammern zu verbrennen und die Asche aus den Öfen zu entfernen. Er überlebte den so genannten Todesmarsch und verarbeitete seine Erfahrungen in zahlreichen Zeichnungen.

● Q 10 Ella Liebermann-Shiber, Versteck (ca. 1945–1949)

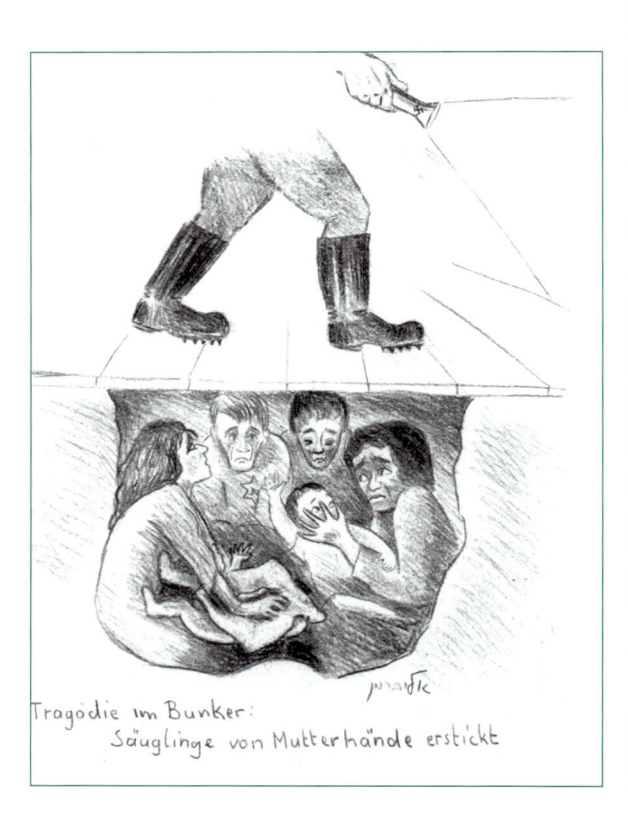

● Q 11 Ella Liebermann-Shiber, Deportation (ca. 1945–1949)

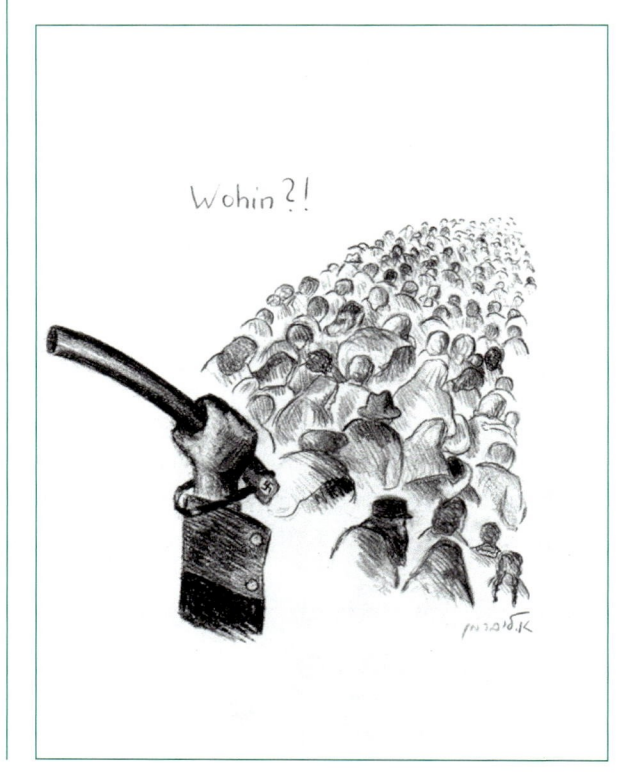

Arbeitsblatt: Auschwitz – die größte Todesfabrik aller Zeiten

● **Q 12 „Alle raus, schnell!"**
Edith Bruck kam 1944 mit einem Transport ungarischer Juden nach Auschwitz:
Nach viertägiger Fahrt hielt der Zug. Draußen brüllte es: „Alle raus, schnell!" Im Nu standen wir vor den Waggons; ich sah viele Baracken und viele kahl geschorene Frauen in gestreifter Sträflings-
5 kleidung und mit einer Nummer auf dem Kragen. Meinen Vater und meine Brüder hatte ich plötzlich aus den Augen verloren. Sie stießen mich vorwärts, dabei trennten sie die Männer von den Frauen. Ich sah meine Mutter weinen und reden
10 und begriff nicht, mit wem sie redete. Sie sagte zu mir: „Schau, dort drüben ist dein Vater!" Auch er weinte und grüßte uns müde mit der Hand. Dann schrie er: „Ich liebe euch, vergebt mir alles!" Und meine Mutter antwortete: „Auch du vergib mir,
15 ich habe dich immer geliebt!" Ich zog sie am Arm mit, um sie ihrem Schmerz zu entreißen. Sie flehte mich an, meinen Vater nicht aus den Augen zu verlieren, denn er entfernte sich immer weiter von uns, und sie konnte ihn nicht
20 mehr sehen, weil sie ihre Brille nicht mehr hatte. [...]
Nun waren nur wir übrig geblieben, meine Mutter, Eliz und ich. Und immer weiter stießen sie uns vorwärts. Ich sah, wie man meiner
25 Cousine ihr kleines Kind aus den Armen riss und fragte mich, ob dies das Ende sei. Ich glaubte nicht, dass es in dieser oder jener anderen Welt eine ähnliche Hölle geben könnte. Wir mussten alles wegwerfen, und während
30 wir weitergingen, sah ich Spielsachen, Fotos und Puppen wie Tote am Weg liegen. Die Mütter heulten und wollten ihre Kinder nicht loslassen, und die deutschen Aufseher stießen grässliche Flüche aus. Eine Reihe SS-Leute
35 stand rechts, eine andere links; in der Mitte teilten uns andere mit Stößen und Gebrüll: „Rechts, links, rechts, links!" Ich wusste damals noch nicht, dass links den Krematoriumsofen und rechts Zwangsarbeit bedeutete.
Edith Bruck: Wer dich so liebt. Lebensbericht einer Jüdin, Berlin 1999, S.25ff.

● **Q 13 Die Vernichtung in Gaskammern und die Verbrennung der Leichen**
Die Krematorien waren der Kern der Vernichtungsmaschinerie. In den unterirdischen Gaskammern wurden Tausende von Menschen am Tag mit Gas getötet, durch elektrische Lastenaufzüge in die darüber liegenden Krematorien transportiert und anschließend verbrannt. Die Beseitigung und den Transport im Bereich der Gaskammern und Krematorien mussten jüdische Häftlinge verrichten. Einige brachen das Zahngold heraus, das zu Goldbarren zusammengeschmolzen wurde. In diesen sog. Sonderkommandos mussten Opfer als Werkzeuge der Vernichtung dienen, bevor sie selbst getötet wurden.

a) David Olère, Eingang zur Gaskammer

5 Arbeitsblatt: Auschwitz – die größte Todesfabrik aller Zeiten

b) David Olère, Das Krematorium

● **Q 14 Die „Verwertung" der Leichen**
Genauso wie alle verwertbaren Körperteile (Zahngold, Haare) plünderte man auch die Hinterlassenschaften der ermordeten Menschen aus. Im so genannten Effektenlager Kanada mussten Häftlinge Kleider und alle Besitztümer sortieren, die anschließend zur Weiterverwendung verschickt wurden. Mit diesem makabren Gut erwirtschaftete die SS große Gewinne.
Kitty Hart arbeitete als Häftling in dem Kanada-Kommando in einer Abteilung, in der Kleider sortiert wurden:

Täglich fuhren Lastautos mit dem geraubten Gut aus dem Lager nach Deutschland. Wenn wir Kleider sortierten, mussten alle Taschen ausgeleert werden. Es war schlimm, wenn einem dabei Personaldokumente oder – was noch schlimmer war – Fotografien in die Hände gerieten. Ich wagte nie, sie anzuschauen. Wer hätte das vermocht! Nur wenige Meter von uns entfernt – und vielleicht im gleichen Moment – wurden die Menschen, denen das alles gehört hatte, verbrannt.

Aus: Hans Günther Adler/Hermann Langbein/Ella Lingens-Reiner: Auschwitz. Zeugnisse und Berichte, 2. überarbeitete Aufl. Köln 1979, S.98.

Arbeitsaufträge

1. Beschreibt den Weg der Opfer von der Deportation bis zur Vernichtung in den Lagern und schildert die Erfahrungen, die für die Betroffenen damit verbunden waren.
2. Arbeitet die Bedeutung der Selbstzeugnisse der Betroffenen heraus (autobiografische Berichte, Zeichnungen) und charakterisiert ihren besonderen Wert, den sie im Vergleich mit Berichten und Bildern der Täter besitzen.
3. Beschreibt die Art, wie die Überlebenden die Szenen in ihren Zeichnungen wiedergeben. Charakterisiert die Perspektive der Opfer, indem ihr beschreibt, wie die Zeichnungen die Täter und die Opfer abbilden.
4. Die Zeichnungen und Berichte der Überlebenden machen deutlich, dass viele Opfer in Situationen gerieten, in denen sie sich selbst als schuldig empfanden. Setzt euch mit diesen Situationen auseinander, indem ihr deren Tragik bestimmt.

DER VÖLKERMORD AN DEN EUROPÄISCHEN JUDEN

6 Arbeitsblatt: Die Täter

Es ist schwer zu überschauen, wie viele Deutsche direkt an der Ermordung der europäischen Juden beteiligt waren. Schätzungen sprechen von ca. 200 000 Deutschen und Österreichern und einer großen Zahl an ausländischen Kollaborateuren in Ost und West. Welche Motive hatten die Haupttäter des Holocaust für ihr Tun? Dies wird an den Beispielen Heinrich Himmler und Adolf Eichmann deutlich.

Heinrich Himmler
(1900–1945),
undatierte Aufnahme

● **Q 15 „Wir sind anständig geblieben"**
Heinrich Himmler war für die Durchführung des Völkermords an den europäischen Juden der Hauptverantwortliche. Als Reichsführer SS (Schutzstaffel) und Chef der Polizei war er mit großen Vollmachten ausgestattet. Er machte die SS zur „rassischen" Eliteorganisation des NS-Staates, als deren zentrale Aufgabe er die Durchführung des Völkermordes sah. 1945 beging Himmler in britischer Gefangenschaft Selbstmord. Aus der Rede Heinrich Himmlers bei der SS-Gruppenführertagung in Posen, 4.10.1943:

Ich will hier vor Ihnen, in aller Offenheit auch ein ganz schweres Kapitel erwähnen. Unter uns soll es einmal ganz offen ausgesprochen sein, und trotzdem werden wir in der Öffentlichkeit nie darüber
5 reden. Genauso wenig, wie wir am 30. Juni 1934 gezögert haben, die befohlene Pflicht zu tun und Kameraden, die sich verfehlt hatten, an die Wand zu stellen und zu erschießen, genauso wenig haben wir darüber jemals gesprochen und werden
10 je darüber sprechen. Ich meine jetzt die Judenevakuierung, die Ausrottung des jüdischen Volkes. Es gehört zu den Dingen, die man leicht ausspricht. –

„Das jüdische Volk wird ausgerottet", sagt ein jeder Parteigenosse, „ganz klar, steht in unserem Programm, Ausschaltung der Juden, Ausrottung, 15 machen wir." Und dann kommen sie alle an, die braven 80 Millionen Deutschen, und jeder hat seinen anständigen Juden. Es ist ja klar, die anderen sind Schweine, aber dieser eine ist ein prima Jude. Von allen, die so reden, hat keiner zugesehen, kei- 20 ner hat es durchgestanden. Von Euch werden die meisten wissen, was es heißt, wenn 100 Leichen beisammen liegen, wenn 500 daliegen oder wenn 1000 daliegen. Dies durchgehalten zu haben, und dabei – abgesehen von Ausnahmen menschlicher 25 Schwächen – anständig geblieben zu sein, das hat uns hart gemacht. Dies ist ein niemals geschriebenes und niemals zu schreibendes Ruhmesblatt unserer Geschichte, denn wir wissen, wie schwer wir uns täten, wenn wir heute noch in jeder Stadt – bei 30 den Bombenangriffen, bei den Lasten und bei den Entbehrungen des Krieges – noch die Juden als Geheimsaboteure, Agitatoren und Hetzer hätten. [...]

Wir hatten das moralische Recht, wir hatten die 35 Pflicht gegenüber unserem Volk, dieses Volk, das uns umbringen wollte, umzubringen. Wir haben aber nicht das Recht, uns auch nur mit einem Pelz, mit einer Uhr, mit einer Mark oder mit einer Zigarette oder mit sonst etwas zu bereichern. Wir wol- 40 len nicht am Schluss, weil wir einen Bazillus ausrotten, an dem Bazillus krank werden und sterben. [...] Insgesamt aber können wir sagen, dass wir diese schwerste Aufgabe in Liebe zu unserem Volk erfüllt haben. Und wir haben keinen 45 Schaden in unserem Inneren, in unserer Seele, in unserem Charakter daran genommen.

Aus: http://www.nationalsozialismus.de/dokumente/texte/ heinrich-himmler-posener-rede-vom-04-10-1943-volltext.html (Zugriff: 1.8.2009)

6 Arbeitsblatt: Die Täter

● **Q 16 Der Täter als Opfer?**

Adolf Eichmann war ab 1939 Hauptverantwortlicher für die Deportationen aus dem deutschen Machtbereich in den Osten und in die Vernichtungslager. Nach dem Krieg floh er nach Lateinamerika, wo er bis 1960 in Argentinien unter falschem Namen lebte. Vom israelischen Geheimdienst entführt, wurde er in Jerusalem vor Gericht gestellt, zum Tode verurteilt und 1962 hingerichtet.

Schlusswort Adolf Eichmanns beim Prozess in Jerusalem am 26.6.1961:

Den Schuldspruch kann ich nicht anerkennen. Ich habe Verständnis, dass man Sühne fordert für die Verbrechen, die an Juden begangen worden sind. Ich hatte das Unglück, in diese Greuel verwickelt zu werden. Aber diese Untaten geschahen nicht mit meinem Willen. Mein Wille war nicht, Menschen umzubringen. Der Massenmord ist allein die Schuld der politischen Führer. Ich betone auch jetzt wieder, meine Schuld ist mein Gehorsam, meine Unterwerfung unter Dienstpflicht und Kriegsdienstverpflichtung, unter Fahneneid und Diensteid, dazu galt ab Kriegsbeginn das Kriegsgesetz. Dieses Gehorchen war nicht leicht. Ich habe nicht mit Gier und Lust Juden verfolgt. Dies tat die Regierung. [...]

Adolf Eichmann (1906–1962). Aufnahme von 1942

Ich sagte schon, die Führungsschicht, zu der ich nicht gehörte, hat die Befehle gegeben, sie hat, meines Erachtens mit Recht, Strafe verdient für die Greuel, die auf ihren Befehlen an den Opfern begangen wurden. Aber auch die Untergebenen sind jetzt Opfer. Ich bin ein solches Opfer. Meine Lebensnorm, die man mich früh schon lehrte, war das Wohl und Streben zur Verwirklichung ethischer Werte. Von einem bestimmten Augenblick an wurde ich aber von Staats wegen daran gehindert, nach dieser Norm zu leben. Von der Einheit der Ethik musste ich in die Vielheiten der Moral umsteigen.

Aus: Peter Krause: Der Eichmann-Prozess in der deutschen Presse. Frankfurt/Main 2002, S.72.

Arbeitsaufträge

1. Beschreibt das Selbstverständnis des Täters Himmler anhand dieses Redeausschnitts (Q 15). Welches Verständnis hat er von „Moral"?
2. Himmler hatte die Angewohnheit, alle seine Reden auf Schallplatte aufzeichnen zu lassen. Überlegt, warum Leugner des Massenmordes an den europäischen Juden immer wieder die Echtheit dieses Tondokuments zu bestreiten versuchen.
3. Vergleicht die tatsächliche Rolle Eichmanns beim Mord an den europäischen Juden mit seiner im Prozess in Jerusalem geäußerten Selbsteinschätzung (Q 16).
4. Überprüft anhand der Aussage Eichmanns, wieso es gerade in einer bürokratischen Organisation leicht ist, die Verantwortung für die eigene Beteiligung an schrecklichen Morden abzustreiten.

DER VÖLKERMORD AN DEN EUROPÄISCHEN JUDEN

7 Arbeitsblatt: Ihre Geschichte – unsere Geschichte?

Heute (2010) haben in Deutschland mehr als ein Drittel der Kinder und Jugendlichen einen „Migrationshintergrund". Ihre Eltern, Großeltern etc. sind nicht in Deutschland geboren. Diese Jugendlichen besitzen zwar in der Regel die deutsche Staatsbürgerschaft, aber ihre Vorfahren waren weder als Opfer noch als Täter in die Verbrechen Deutschlands zur Zeit des Nationalsozialismus verstrickt. In Befragungen wurden die Einstellungen von Kindern und Jugendlichen mit Migrationshintergrund zum Holocaust untersucht.

● **M 2 Eine quantitative Befragung**
Im Auftrag der Wochenzeitung „Die Zeit" befragte das Meinungsforschungsinstitut TS Emnid anlässlich des Holocaust-Gedenktags am 27. Januar 2010 400 Menschen mit türkischem Migrationshintergrund, teils mit deutschem, teils mit türkischem Pass. Das Institut wollte herausfinden, was Deutschtürken über den Holcaust wissen, wie sie die deutsche „Vergangenheitsbewältigung" beurteilen und inwieweit ihrer Meinung nach in Deutschland lebende Menschen mit Migrationshintergrund sich mit diesem dunklen Kapitel der deutschen Geschichte auseinandersetzen sollten.

Frage 1

? In Europa sind zwischen 1938 und 1945 etwa sechs Millionen Juden durch die Nazis ermordet worden.

Das bezeichnet man als Holocaust. Wieviel wissen Sie davon: Würden Sie sagen …?

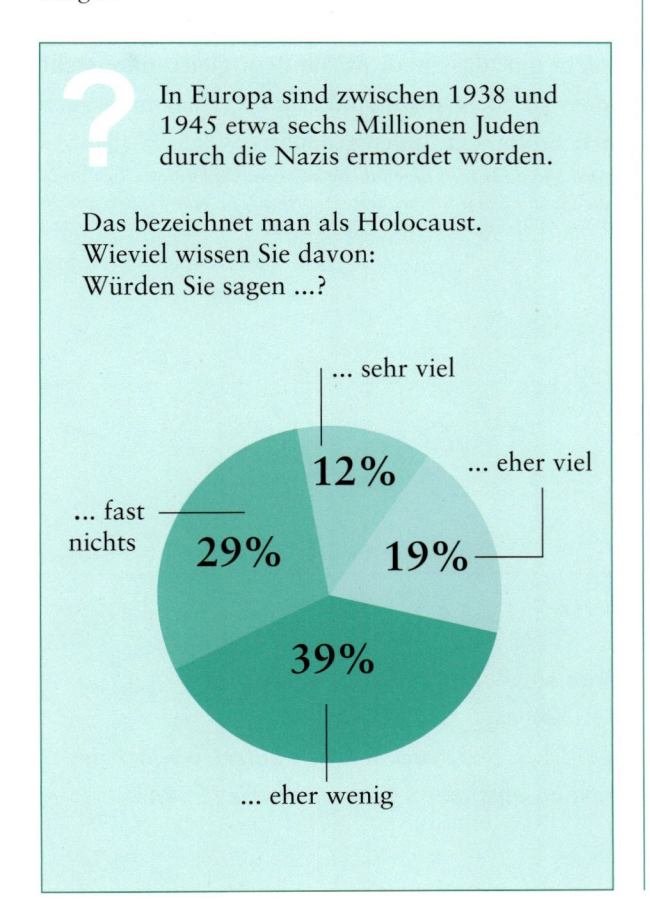

... sehr viel 12%
... eher viel 19%
... fast nichts 29%
... eher wenig 39%

Frage 2

? Ist die intensive Beschäftigung mit der Judenverfolgung jetzt, 70 Jahre später, …?

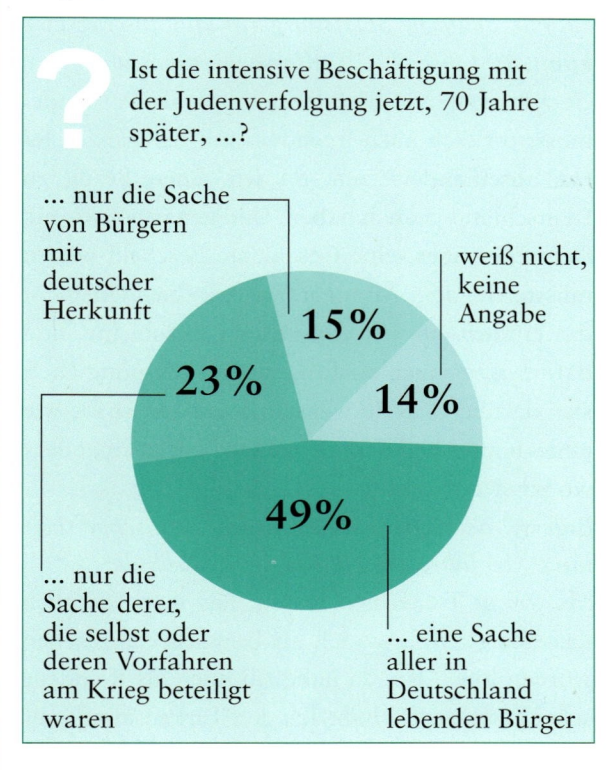

... nur die Sache von Bürgern mit deutscher Herkunft 23%
weiß nicht, keine Angabe 14%
... nur die Sache derer, die selbst oder deren Vorfahren am Krieg beteiligt waren 15%
... eine Sache aller in Deutschland lebenden Bürger 49%

Frage 3

? Wie würden Sie den Umgang der Deutschen mit ihrer Geschichte, besonders der im Zweiten Weltkrieg, bezeichnen: Ist der Umgang für andere Nationen …?

... eher abschreckend 60%
... eher vorbildlich 25%
weiß nicht/ keine Angabe 15%

7 Arbeitsblatt: Ihre Geschichte – unsere Geschichte?

● **M 3 Eine qualitative Befragung**
Die Soziologin Viola B. Georgi interessierten ähnliche Fragestellungen wie die Umfrage des Meinungsforschungsinstituts. Sie wählte eine andere Form der Untersuchung, die qualitative Befragung, indem sie Interviews mit Jugendlichen mit Migrationshintergrund durchführte.
Fatima, deutsche Staatsbürgerin äthiopischer Herkunft, 19 Jahre alt, 12. Klasse, Gymnasium:
Gerade weil wir hier leben, und als Ausländer musst du dich auch irgendwo mit der ganzen Sache auseinandersetzen, da wir einen Bezug zu Deutschland ja auch haben. Und genau so, wie ein Deutscher über seine Geschichte Bescheid wissen müsste. In dem Moment, wo wir hier leben, ist das ja auch ein Teil von unserer Geschichte, und darum ist es auch wichtig, meiner Meinung nach, sich darüber klar zu werden, was passiert ist, wie es dazu kam und dass es genauso gut auch anderswo passieren könnte.
Bülent, deutscher Staatsbürger türkischer Herkunft, 16 Jahre alt, 10. Klasse, Realschule:
Als wir in Tschechien waren, das war eigentlich das einzige Mal, wo ich als Deutscher angesehen worden bin. Also, da habe ich mich als Reindeutscher gesehen. Da habe ich den Türken in mir vergessen, weil da war es was anderes. [...] Da kam ich mir schon so schlecht auch vor, weil die Deutschen da so Schlimmes verbrochen haben. Das sind solche Momente, wo man darüber nachdenkt und wo man ein bisschen Schuldgefühl kriegt. Da habe ich mich echt als Deutscher angesehen, also als ein Gast in einem Land, der nicht gern gesehen wird.
Muhrat, kurdische Herkunft, 16 Jahre, 10.Klasse:
Ich versteh' mehr als die anderen. Ich versteh' schon was, weil ich weiß, was Leiden heißt. Und was früher mit Deutschland passiert ist, ist fast gleich wie heute mit den Kurden, zum Beispiel, wie die Deutschen die Juden verjagt haben. Das ist doch das Gleiche, wie es die Türken mit den Kurden machen.
Turgut, deutscher Staatsbürger kurdisch-türkischer Herkunft, 20 Jahre, 13. Klasse, Gymnasium:
Aber das Problem ist: Zwar habe ich einen deutschen Pass, aber ich werde nicht als Deutscher akzeptiert. Und das ist jetzt bei uns Ausländern ganz genauso. [...] Man wirft uns vor, und das sind genau die gleichen Vorwürfe, wie man den Juden damals gemacht hat, dass wir nicht genug deutsch fühlen. Aber das ist nur Vorurteil. [...] Ich finde nicht gut, dass man Ausländern gleich unterstellt, dass sie nicht loyal sind. Und das hat man auch früher von den Juden gedacht.

Aus: Viola Georgi: Jugendliche aus Einwandererfamilien und die Geschichte des Nationalsozialismus, in: Aus Politik und Zeitgeschichte, B 40–41 (2003), S.44.

Arbeitsaufträge

1. Fasst das Ergebnis der Umfrage, das in den Grafiken abgebildet ist (M2), zusammen.
2. Analysiert eventuelle Widersprüche zwischen den Aussagen.
3. Nehmt Stellung zu den Ausschnitten der Interviews (M3). Setzt euch mit den unterschiedlichen Sichtweisen der Jugendlichen zum Thema Holocaust auseinander und versucht die Herkunft bestimmter Einstellungen zu klären.

Arbeitsblatt: Singularität des Holocaust?

Völkermorde hat es besonders in der neueren Geschichte immer wieder gegeben. Die Ermordung der Herero in der damaligen deutschen Kolonie Südwestafrika (1904–1906) und der Armenier in der Türkei (1915–1916) sind dafür Beispiele. Mehrmals ist diskutiert worden, ob der Mord an den Juden im Nationalsozialismus ein Völkermord wie all die anderen war, oder ob er „singulär" – einzigartig – war und sich in zentralen Aspekten von den anderen Völkermorden unterschied.

● **D 1 Vergleichen heißt nicht gleichmachen**

Christian Meier (geb. 1929), Aufnahme von 1996

Der Historiker Christian Meier lehrte Alte Geschichte an der Universität München.

Wenn die Rede von der Singularität der deutschen Verbrechen unter dem Nazi-Regime ist, so kann dieser Begriff nicht Unvergleichbarkeit meinen. Er kann es schon deswegen nicht, weil ja leider das Jahrhundert nicht arm an Massen-, auch an millionenfachen Massenmorden ist. Ein Vergleich der deutschen etwa mit den russischen muss erlaubt, ja sogar geboten sein – zum Zwecke besserer Erkenntnis. Zum Zwecke besonders der Herausarbeitung der spezifischen Bedingungen des 20. Jahrhunderts, die verschieden dieser Massenmorde gemein sind. [...] Singularität meint natürlich auch nicht die Banalität, dass jedes Ereignis, jeder Handlungskomplex in der Geschichte etwas Individuelles, Einmaliges ist. „Einzigartigkeit" bezieht sich vielmehr auf etwas, was eben einzig in seiner Art ist. Singularität kann in diesem Zusammenhang also vernünftigerweise nur bedeuten, dass unsere Untaten so weit aus der Reihe der anderen herausragen, dass mit ihnen ein neues Kapitel in der Geschichte menschlicher Untaten aufgeschlagen ist. Dass sie qualitativ nennenswert über die anderen hinausgehen. Insofern wären sie in der bisherigen Geschichte beispiellos. [...] Ich war bisher und bin noch der Meinung, dass man [...] behaupten kann und muss, dass die deutschen Untaten singulär sind. Und zwar (um es in der Formulierung Eberhard Jäckels zu sagen), „weil noch nie zuvor ein Staat [...] beschlossen [...] hatte, eine bestimmte Menschengruppe, einschließlich der Alten, der Frauen, der Kinder und der Säuglinge möglichst restlos zu töten, und diesen Beschluss mit allen nur möglichen staatlichen Machtmitteln in die Tat umsetzte". Es handelte sich nicht nur um eine Welle des Mordens, sondern ebenso um den Versuch der systematischen Ausrottung eines ganzen Volkes mit Stumpf und Stiel – und darunter viele Menschen, die sich gar nicht diesem Volke, sondern etwa dem unseren zugehörig fühlten. [...] Das, fürchte ich, war singulär, und daran lasse sich nichts deuten und nichts leugnen. [...]

Christian Meier: 40 Jahre nach Auschwitz. Deutsche Geschichtserinnerung heute, München 1987, S.24ff.

Arbeitsaufträge

1. Erläutern Sie die Problematik, die in den Begriffen Vergleich, Vergleichbarkeit, Unvergleichbarkeit steckt.
2. Erörtern Sie die Argumente Meiers für die Singularität, die Einzigartigkeit, des nationalsozialistischen Judenmordes.

9 Arbeitsblatt: Die Goldhagen-Browning-Debatte

Die beiden Historiker Christopher Browning und Daniel Goldhagen versuchten eine Erklärung für das Verhalten eines Erschießungskommandos – des Polizei-Bataillons 101 – zu finden.

● **D 2 „Ganz normale Männer"**

Christopher Browning (geb. 1944)

Der US-amerikanische Historiker Christopher Browning, 1993:
In aller Frühe wurden die Männer des Reserve-Polizeibataillons 101 am 13. Juli 1942 aus ihren Betten geholt. […] Die Männer stammten aus Hamburg, waren Familienväter mittleren Alters und kamen aus proletarischen oder kleinbürgerlichen Verhältnissen. Da sie als zu alt galten, um noch für die deutsche Wehrmacht von Nutzen zu sein, waren sie zur Ordnungspolizei eingezogen worden. Die meisten von ihnen hatten in den von Deutschland besetzten Gebieten noch keine Erfahrungen gesammelt. Als neue Rekruten waren sie erst knapp drei Wochen zuvor in Polen eingetroffen. […]

Die Männer des Reserve-Polizeibataillons 101 kletterten von ihren LKWs und sammelten sich im Halbkreis um Major Wilhelm Trapp, einem dreiundfünfzigjährigen Berufspolizisten, den seine Untergebenen liebevoll „Papa Trapp" nannten. Nun war der Zeitpunkt gekommen, an dem sie von ihrem Kommandeur erfahren sollten, welchen Auftrag das Bataillon erhalten hatte. Trapp war bleich und nervös, hatte Tränen in den Augen und kämpfte beim Reden sichtlich darum, seine Gefühle unter Kontrolle zu halten. Das Bataillon stehe vor einer furchtbar unangenehmen Aufgabe, erklärte er mit tränenerstickter Stimme. Ihm selbst gefalle der Auftrag ganz und gar nicht, die ganze Sache sei höchst bedauerlich, aber der Befehl komme von ganz oben. Vielleicht werde ihnen die Ausführung leichter fallen, wenn sie an den Bombenhagel dächten, der in Deutschland auf Frauen und Kinder niedergehe. […]

Das Bataillon habe nun den Befehl, diese Juden* zusammenzutreiben. Die Männer im arbeitsfähigen Alter sollten dann von den anderen abgesondert und in ein Arbeitslager gebracht werden, während die übrigen Juden – Frauen, Kinder und ältere Männer – vom Polizeibataillon auf der Stelle zu erschießen seien. Nachdem Trapp seinen Männern auf diese Weise erklärt hatte, was ihnen bevorstand, machte er ein außergewöhnliches Angebot: Wer von den Älteren sich dieser Aufgabe nicht gewachsen fühlte, könne beiseite treten. […]

Warum entwickelten sich die meisten Männer des Reserve-Polizeibataillons 101 zu Mördern, während das nur bei einer Minderheit von vielleicht zehn oder allerhöchstens zwanzig Prozent nicht der Fall war? Für die Herausbildung eines solchen Verhaltens sind in der Vergangenheit schon eine Reihe von Erklärungen angeboten worden: Brutalisierung in Kriegszeiten, Rassismus, arbeitsteiliges Vorgehen verbunden mit wachsender Routine, besondere Selektion der Täter, Karrierismus, blinder Gehorsam und Autoritätsgläubigkeit, ideologische Indoktrinierung und Anpassung. Alle diese Faktoren spielen eine Rolle – allerdings in unterschiedlichem Maße […].

Neben der ideologischen Indoktrinierung war ein weiterer entscheidender Aspekt das gruppenkonforme Verhalten. Den Befehl, Juden zu töten, erhielt das Bataillon, nicht aber jeder einzelne Polizist. Dennoch machten sich 80 bis 90 Prozent der Bataillonsangehörigen ans Töten, obwohl es fast alle von ihnen – zumindest anfangs – entsetzte und anwiderte. Die meisten schafften es einfach nicht, aus dem Glied zu treten und offen nonkonformes Verhalten zu zeigen. Zu schießen fiel ihnen leichter.

Arbeitsblatt: Die Goldhagen-Browning-Debatte

Das Verhalten jedes menschlichen Wesens ist natürlich eine sehr komplexe Angelegenheit, und wer es als Historiker zu „erklären" versucht, befleißigt sich dabei automatisch einer gewissen Arroganz. Wenn es um fast 500 Männer geht, ist es noch gewagter, den Versuch einer allgemeingültigen Erklärung ihres kollektiven Verhaltens zu unternehmen. Welche Schlussfolgerungen lassen sich also ziehen? Was man von der Geschichte des Reserve-Polizeibataillons 101 vor allem mitnimmt, ist großes Unbehagen. Diese Geschichte von ganz normalen Männern ist nicht die Geschichte aller Männer oder Menschen. Die Reserve-Polizisten hatten Wahlmöglichkeiten, und die meisten von ihnen begingen schreckliche Untaten. Doch jene, die getötet haben, können nicht aus der Vorstellung heraus freigesprochen werden, dass in ihrer Situation jeder Mensch genauso gehandelt hätte. Denn selbst unter ihnen gab es ja einige, die sich von vornherein weigerten zu töten oder aber ab einem bestimmten Punkt nicht mehr weitermachten. Die Verantwortung für das eigene Tun liegt letztlich bei jedem einzelnen.

Zugleich hat das kollektive Verhalten des Reserve-Polizeibataillons 101 aber zutiefst beunruhigende Implikationen. Es gibt auf der Welt viele Gesellschaften, die durch rassistische Traditionen belastet und aufgrund von Krieg oder Kriegsdrohung in einer Art Belagerungsmentalität befangen sind. Überall erzieht die Gesellschaft ihre Mitglieder dazu, sich der Autorität respektvoll zu fügen, und sie dürfte ohne diese Form der Konditionierung wohl auch kaum funktionieren. Überall streben die Menschen nach beruflichem Fortkommen. In jeder modernen Gesellschaft wird durch die Komplexität des Lebens und die daraus resultierende Bürokratisierung und Spezialisierung bei den Menschen, die die offizielle Politik umsetzen, das Gefühl für die persönliche Verantwortung geschwächt. In praktisch jedem sozialen Kollektiv übt die Gruppe, der eine Person angehört, gewaltigen Druck auf deren Verhalten aus und legt moralische Wertmaßstäbe fest. Wenn die Männer des Reserve-Polizeibataillons 101 unter solchen Umständen zu Mördern werden konnten, für welche Gruppe von Menschen ließe sich dann noch Ähnliches ausschließen?

Christopher R. Browning: Ganz normale Männer. Das Reserve-Polizeibataillon 101 und die „Endlösung" in Polen. Reinbek 1993, S.21f., 208, 341, 246.

*Gemeint sind die Juden des Dorfes Józefów (Polen).

● D 3 „Ganz gewöhnliche Deutsche"

Daniel J. Goldhagen (geb. 1959)

Der US-amerikanische Soziologe und Politologe Daniel J. Goldhagen, 1996:

Der Bataillonschef, Major Trapp, erhielt den ersten Befehl zur Ermordung von Juden erst kurz vor dem für die Operation festgelegten Tag. [...] Die Kompanien des Bataillons fuhren auf Lastkraftwagen in das etwa dreißig Kilometer entfernte Józefów. Sie brachen nach Mitternacht auf; diejenigen, die über die Art des bevorstehenden Unternehmens Bescheid wussten, hatten während der zweistündigen Fahrt über die holprige Straße Zeit, über die Bedeutung ihrer Aufgabe nachzudenken. Die anderen erkannten erst wenige Augenblicke, bevor die infernalische Inszenierung begann, dass sie auserwählt waren, die Vision des Führers zu verwirklichen, die er und seine nächsten Gefolgsleute immer wieder artikuliert hatten – den Traum von der Ausrottung der Juden.

Major Trapp ließ das Bataillon antreten. Die Männer stellten sich im Halbkreis um Trapp herum auf: „Er gab bekannt, dass wir in dem vor uns liegenden Ort eine Erschießungsaktion durchzuführen hätten, und brachte dabei auch klar zum

9 Arbeitsblatt: Die Goldhagen-Browning-Debatte

Ausdruck, dass es Juden seien, die wir erschießen sollten. Während seiner Ansprache erinnerte er uns daran, an unsere Frauen und Kinder in der Heimat zu denken, die dort Bombenangriffe zu erdulden hätten. Insbesondere sollten wir daran denken, dass viele Frauen und Kinder bei diesen Bombenangriffen ihr Leben lassen müssen. Mit dem Gedanken an diese Tatsachen würde es uns leichter fallen, die Befehle während der bevorstehenden Aktion auszuführen. Major Trapp erwähnte, dass diese Aktion [...] nicht in seinem Sinne sei, sondern dass er diesen Befehl von höherer Stelle bekommen hätte" [Bericht eines Bataillonsmitglieds].

Auf jeden Fall verstanden die hier Versammelten, dass sie sich auf eine folgenschwere Unternehmung und nicht auf eine bloße polizeiliche Routineaufgabe einließen. Sie erhielten den ausdrücklichen Befehl, die hilflosesten unter den Juden zu erschießen – die Alten, die Jungen, die Kranken, die Frauen und die Kinder –, nicht aber die arbeitsfähigen Männer. Sie sollten verschont werden. Wollten diese ganz gewöhnlichen Deutschen das tun? Äußerten sie ihren Unmut und wünschten sie sich weit fort, wie Männer – auch solche in Uniform – es eben gern tun, wenn sie lästige, unerfreuliche oder widerwärtige Befehle erhalten? Wenn dem so war, dann war die Fortsetzung von Trapps Ansprache für sie gleichsam ein Segen. Ihr geliebter Kommandeur, ihr „Papa Trapp", eröffnete ihnen einen Ausweg, der anfangs zumindest für die älteren Angehörigen des Bataillons galt. Er machte ihnen ein bemerkenswertes Angebot: „Als Abschluss seiner Ansprache richtete der Major an die Älteren des Bataillons die Frage, ob welche darunter seien, die sich dieser Aufgabe nicht gewachsen fühlten. Zunächst hatte niemand den Mut, sich zu melden. Ich bin dann als einziger vorgetreten. [...] Erst dann meldeten sich weitere Kameraden. Wir waren dann etwa 10–12 Mann, die sich zur Verfügung des Majors halten mussten" [Bericht eines Bataillonsmitglieds] [...] Letztlich ist es nicht wirklich relevant, ob die Männer in allen Polizeibataillonen wussten, dass sie eine direkte Mitwirkung an den Morden ohne ernsthafte Nachteile verweigern konnten; denn auch die Deutschen, die es wussten, töteten wie die mindestens 4500 Mann aus den genannten neun Polizeibataillonen. Es ist auffallend, dass acht dieser Bataillone überwiegend oder doch zu einem sehr erheblichen Teil aus Reservisten bestanden. Deshalb liegt die Vermutung nahe, dass auch die Angehörigen anderer Polizeibataillone unabhängig davon, ob sie von der möglichen Freistellung Kenntnis hatten, gemordet hätten. Es gibt keinen Beweis für das Gegenteil. Die Stichprobe reicht aus, um auch über die anderen Polizeibataillone sagen zu können: Indem sie sich dafür entschieden, sich nicht vom Völkermord an den Juden freistellen zu lassen, machten die Deutschen selbst deutlich, dass sie Vollstrecker des Völkermords sein wollten.

Daniel Jonah Goldhagen: Hitlers willige Vollstrecker. Ganz gewöhnliche Deutsche und der Holocaust, Berlin 1996, S. 252–55 u. 330.

Arbeitsaufträge

1. Vergleichen Sie die Darstellungen desselben Vorgangs durch die Historiker Christopher Browning und Daniel Goldhagen (D2 und D3). Arbeiten Sie heraus, welche Aspekte sie jeweils hervorheben, und stellen Sie die Schlussfolgerungen einander gegenüber.
2. Analysieren Sie die Erklärung der Autoren für den Sachverhalt, dass die Mehrheit der Angehörigen der Polizeibataillone den Auftrag zur Durchführung von Erschießungen erfüllte.
3. Erläutern Sie, zu welchen unterschiedlichen Deutungen die beiden Historiker hinsichtlich der Ursachen des Holocaust insgesamt gelangen.
4. Setzen Sie sich mit den Konsequenzen dieser Schlussfolgerungen auseinander.

DER VÖLKERMORD AN DEN EUROPÄISCHEN JUDEN

10 Arbeitsblatt: Das Mahnmal für die ermordeten Juden Europas

Mit der Errichtung des Mahnmals für die ermordeten Juden Europas in Berlin wurde ein weithin sichtbares Zeichen gesetzt, dass auch das wiedervereinigte Deutschland sich dieser besonderen Verantwortung stellt. Überlegungen und Planungen zu diesem Denkmal waren von besonders heftigen öffentlichen Diskussionen von Vertretern in Politik und Publizistik begleitet.

● **M 4 Luftbild des Mahnmals**

Das Mahnmal wurde am 10.5.2005 eingeweiht. Es besteht aus einem Feld mit 2711 Betonstelen. Entwurf: Peter Eisenman. Aus der Ausschreibung für den Wettbewerb (1994):

Das Gelände für das geplante Denkmal – zwischen Brandenburger Tor und Potsdamer Platz – steht für die Extreme der vergangenen 60 Jahre deutscher Geschichte. Seine Nähe zur Reichskanzlei, dem Amtssitz Hitlers, verweist auf die Täter, aber auch auf ihre Unterwerfung und Entwaffnung. Schließlich markiert dieser Ort nahezu 40 Jahre der Trennung zwischen den beiden Deutschlands. Nahe den eingeebneten Trümmern dieser Ereignisse soll das Denkmal für die ermordeten Juden Europas entstehen. Heutige künstlerische Kraft soll die Hinwendung in Trauer, Erschütterung und Achtung symbiotisch verbinden mit der Besinnung in Scham und Schuld. Erkenntnis soll erwachsen können, auch für künftiges Leben in Frieden, Freiheit, Gleichheit und Toleranz.

Aus: Michael Schmitz: Die Kunst des Erinnerns. Das Berliner Holocaust-Denkmal im Fokus von nationaler Identität und universaler Abstraktion, in: Geschichte in Wissenschaft und Unterricht 12 (2004), S.726–743.

● **M 5 Äußerungen zum Holocaust-Denkmal**

a) Der damalige Außenminister Joschka Fischer (Die Grünen) äußerte sich im Jahre 1999:

Alle Demokratien haben eine Basis, einen Boden. Für Frankreich ist es 1789. Für die USA die Unabhängigkeitserklärung. Für Spanien der spanische Bürgerkrieg. Nun, für Deutschland ist das Auschwitz. Das kann nur Auschwitz sein. Die Erinnerung an Auschwitz, das „Nie-mehr-Auschwitz", kann in meinen Augen das einzige Fundament der neuen Republik sein.

Aus: Jan Holger Kirsch: Nationaler Mythos oder historische Trauer? Der Streit um ein zentrales „Holocaust-Mahnmal" für die Berliner Republik. Köln/Weimar/Wien 2003, S.139ff.

10 Arbeitsblatt: Das Mahnmal für die ermordeten Juden Europas

b) *Der US-amerikanische Professor James E. Young gehörte der vom Berliner Senat 1997 eingesetzten Kommission zum Holocaust-Mahnmal an:*
Die deutsche Nation hat unglaublichen Mut bewiesen, indem sie zwölf Jahre lang jene unmöglichen Fragen, die die Denkmal-Debatte vorantreiben, ausführlich behandelt hat.

Da keine andere Nation je versucht hat, sich auf dem steinigen Untergrund der Erinnerung an ihre Verbrechen wiederzuvereinigen oder das Erinnern an diese Verbrechen in den Mittelpunkt ihrer Hauptstadt zu rücken, kann es nicht verwundern, dass dieser Prozess mit derartigen Schwierigkeiten belastet ist. Wo ist denn Japans nationales Denkmal für den Überfall auf Nanking? Wo sind Amerikas nationale Denkmäler für die Sklaverei oder den Genozid an den Indianern? Die Berliner Debatte über die Zukunft des öffentlichen Erinnerns an den Holocaust hat anderen Nationen ein Beispiel dafür gegeben, wie sie mit ihrem eigenen Denkmal-Dämon ringen können.
James E. Young: Was keine andere Nation je versucht hat. Berliner Zeitung vom 18.12. 1998 (Übersetzung A. Heuser).

c) *Der ehemalige Herausgeber des „Spiegels" Rudolf Augstein (1923 – 2002), 1998:*
Nun soll in der Mitte der wiedergewonnenen Hauptstadt Berlin ein Mahnmal an unserer fortwährende Schande erinnern. Die Mahnmal-Debatte kann keine Schlussstrich-Debatte sein. Sie kann aber so auch nicht fortgesetzt werden. Man würde untauglichen Boden mit Antisemitismus düngen, wenn den Deutschen ein steinernes Brandmal aufgezwungen wird. Der als Mahnmal deklarierte ästhetische Entwurf des Architekten Peter Eisenman ist eine Verhöhnung des entsetzlichen Grauens und eine Absage an die allmählich wieder gewonnene Souveränität unseres Landes. Nun gut, dann nur zu. Schafft einen Sammelpunkt für Hooligans aller Art in Berlin. Baut ein monumentales, künstlerisch ohnehin umstrittenes Steinfeld, das „bepinkelt und besprüht werden wird", wie uns der keiner Nazi-Ideologie verdächtige Schriftsteller Johannes Mario Simmel voraussagt.
Rudolf Augstein: „Wir sind alle verletzbar", in: Der Spiegel, 30.11.1998.

d) *Der Schriftsteller Martin Walser (geb. 1927) in einer Rede anlässlich der Verleihung des Preises des Börsenvereins des Deutschen Buchhandels auch zum Holocaust-Mahnmal, 1998:*
In der Diskussion um das Holocaustdenkmal in Berlin kann die Nachwelt einmal nachlesen, was Leute anrichteten, die sich für das Gewissen von anderen verantwortlich fühlten. Die Betonierung des Zentrums der Hauptstadt mit einem fußballfeldgroßen Alptraum. Die Monumentalisierung der Schande.

Der Historiker Heinrich August Winkler nennt das „negativen Nationalismus". Dass der, auch wenn er sich tausendmal besser vorkommt, kein bisschen besser ist als sein Gegenteil, wage ich zu vermuten. Wahrscheinlich gibt es auch eine Banalität des Guten …
Aus: http://www.boersenverein.de/fpreis/mw_rede.htm (Zugriff: 1.8.2009).

Arbeitsaufträge

1. Beschreiben Sie die Wahl des Ortes und die damit verbundene Idee des Mahnmals für die ermordeten Juden in Berlin.
2. Stellen Sie die Argumente der Äußerungen zum Mahnmal (M 5) einander gegenüber und setzen Sie sich mit ihnen auseinander.
3. Nehmen Sie Stellung zur Frage der Verantwortung gerade auch des wiedervereinigten Deutschlands für den Holocaust.

4. Lösungsvorschläge zu den Arbeitsblättern

Arbeitsblatt 1

1. Das Bild des Juden im Kinderbuch „Der Giftpilz" zeigt antisemitische Stereotype (lange Nase, gedrungener Körperbau). Der Jude und seine Frau, die die Kirche verlassen, sind so dargestellt, dass sie trotz ihres Übertritts zum Christentum immer noch von „Christen" deutlich zu unterscheiden sind. Daneben spielt die teure Kleidung (Mantel, Hut, Pelz der Frau) auf die angebliche Gier des „Finanzjudentums" an. Auch wirken die Figuren hinterhältig und heimtückisch und, indem sie den „Deutschen" im Hintergrund den Rücken zuwenden, auch arrogant.
2. Der Text behauptet, dass die „Rassenvermischung" den „rassisch wertvolleren" Volkskörper zerstöre. Die „jüdische Rasse" zerstöre die Völker Europas durch Unterwanderung (Aushöhlung) und wolle am Ende alle Völker beherrschen. In der Formulierung „Seuche ausmerzen" steckt ein klarer Hinweis auf das Ziel der Vernichtung der Juden. Biologistische Sprache: Rassenvermischung, Wirtsvölker, Seuche ausmerzen, Volkskörper, Seuche, Parasiten usw.
3. Z. B.: „Jude bleibt Jude von der Seele und vom Blut." „Parasiten der Menschheit." „Jahrzehntelange Infektion."
4. Die biologische Auffassung begründet die Radikalität des Vernichtungsprozesses. Getötet wird aufgrund der Zugehörigkeit zu einer bestimmten „Rasse". Dies zeigt sich besonders an den Kindern. Gerade Kinder werden zum Opfer des Vernichtungsprozesses, denn im Sinne biologischer Vererbung wird ihr Weiterleben als besonders gefährlich angesehen.
5. Es handelt sich um die Umkehrung des Verursacherprinzips. Der Krieg wird noch im gleichen Jahr vom Deutschen Reich entfesselt. So muss die Rede Adolf Hitlers als ernst gemeinter eigener Plan verstanden werden. Es handelt sich also um ein wichtiges Dokument, das die Verursachung des Krieges durch Hitler belegt. Nimmt man zu dieser Rede weitere Zeugnisse hinzu, wird klar, dass Hitler als Hauptverantwortlicher des Völkermords gelten muss.
6. Gegenüber dem traditionellen Antijudaismus ist der biologisch motivierte Antisemitismus erheblich radikaler. Auch das Konvertieren zum Christentum schützt nicht vor Verfolgung.

Arbeitsblatt 2

1. Eine Klärung folgender Begriffe ist zum Verständnis der Karte notwendig: Aktion T 4, Einsatzgruppen, Durchgangslager, Vernichtungslager, Ghetto, Generalgouvernement.
2. Herkunft: ganz Europa. Die Vernichtungslager befinden sich in einer Todeszone in Ostmitteleuropa, vor allem im besetzten Polen (Generalgouvernement). Es wird auch deutlich, wie hoch die Anzahl der Opfer in Erschießungsaktionen (Polen, Einsatzgruppen in Ostpolen, Baltikum, Sowjetunion) waren – nach Christopher Browning ca. 60 Prozent der Holocaustopfer.
3. Ein Zusammenhang zwischen Krieg und Holocaust ergibt sich relativ klar. Bis zum Zweiten Weltkrieg standen Diskriminierung, Enteignung und Entrechtung im Zentrum der Judenpolitik der Nationalsozialisten. Die Ausnahmesituation des Krieges (Besatzung, Kriegsrecht) schuf die Voraussetzung für die Durchsetzung einer fanatischen Politik der Vernichtung. Sie verschärfte sich noch einmal nach der Kriegswende in der Schlacht bei Stalingrad 1942/43, als die Verantwortlichen darauf zielten, die Vernichtung der europäischen Juden bereits im Krieg durchzuführen.
4. Ein Vergleich der genannten Länder zeigt, dass die Bedingungen sehr unterschiedlich waren und das Schicksal der jüdischen Bevölkerung von mehreren Faktoren abhing:
- Polen: Aufgrund der hohen Dichte der jüdischen Bevölkerung in Polen (ca. 10 Prozent oder 3,35 Mio. Menschen) und weil Polen zum Zentrum der deutschen Vernichtungspolitik gemacht wurde, waren dort die weitaus meisten Opfer zu beklagen. Die radikale Besatzungspolitik auch gegenüber der als minderwertig angesehenen slawischen Bevölkerung machte Polen zum bru-

talen Experimentierfeld nationalsozialistischer Rassen- und Lebensraumpolitik. Menschen aus ganz Europa wurden nach Polen deportiert, unter unmenschlichen Bedingungen in Ghettos eingesperrt und in Vernichtungslagern ermordet.

- Dänemark: Dänemark war seit 1940 von deutschen Truppen besetzt. Durch die Zivilcourage des dänischen Widerstands und der günstigen Lage (Möglichkeit der Flucht in das neutrale Schweden auch auf dem Seeweg) gelang es mehr als 7000 Juden, aus Dänemark zu fliehen. In Verhandlungen gelang es der dänischen Notregierung sogar, in den letzten Kriegswochen die Rückkehr der Überlebenden aus dem Konzentrationslager Theresienstadt zu erwirken.
- Italien: Italien war zwar mit Deutschland verbündet, erließ ebenfalls antijüdische Rassegesetze, beteiligte sich aber bis 1943 (Bildung der radikalen Repubblica de Salò) nicht an der nationalsozialistischen Vernichtungspolitik. Insofern waren besonders mit Deutschland verbündete Staaten in der Lage, ihre Juden zu schützen, sofern sie dies wollten.
- Ungarn: Das Schicksal der ungarischen Juden ist besonders tragisch. Mit dem Deutschen Reich verbündet, weigerten sich die ungarischen Behörden, in der Rassenpolitik mit dem Deutschen Reich zusammenzuarbeiten. Ein sich abzeichnender Seitenwechsel Ungarns (Friedensverhandlungen mit den Alliierten) führte 1944 zur deutschen Besetzung Ungarns. Den nun folgenden Deportationen vor allem nach Auschwitz fielen fast 500 000 Menschen zum Opfer.

Arbeitsblatt 3

1. Diskriminierung und Einweisung in Konzentrationslager; „Abstempeln" durch „Z" im Pass (entsprechend dem „J" für Juden); Schutz- und Rechtlosigkeit in den Lagern gegenüber Schlägen und Hundebissen; kein Schutzraum bei Fliegerangriffen (Berlin!); Deportation in die Vernichtungslager – von ca. 1000 waren am Ende noch 50 am Leben.
2. Die medizinischen Experimente führten oftmals zum qualvollen Tod der „Versuchspersonen". Die Meerwasserversuche machen deutlich, dass grausamste Qualen und das Verdursten der Personen als Teil des Versuchsablaufs eingerechnet wurden. Medizinische Forschung am Menschen darf nur nach ethisch einwandfreien Maßstäben durchgeführt werden, wozu unbedingt die Freiwilligkeit der Teilnahme und die Kontrolle durch eine unabhängige Ethikkommission gehören.
3. Die Einschätzung der Sinti und Roma ist von negativen Vorurteilen geprägt, die das Gerichtsurteil nach dem Krieg wieder aufnimmt. Diese Einschätzung bewirkte bis heute grundlegende Schwierigkeiten dieser Volksgruppe, als Opfer des Holocaust anerkannt zu werden. Viele Sinti und Roma lebten in der Mitte der Gesellschaft, waren als Sportler oder Musiker sehr anerkannt. Die Schilderungen des Gerichtsurteils stehen in eklatantem Widerspruch zum tatsächlichen Geschehen.

Zu 4:

Aspekt	Formulierungen
Verharmlosungen	- „Lebten in offenen Lagern" - „Lag in der Natur der Sache" - „Außerhalb der Arbeitszeit im Allgemeinen in ihrer Freiheit nicht beschränkt" …
Opfer werden zu Schuldigen bzw. Kriminalisierten	- Lagerhaft notwendig, weil sie „ziellos und planlos umherzogen" - „Sich über ihre Person nicht ausweisen konnten" - „Für Spione gehalten wurden"

Arbeitsblatt 4

1. Das Beispiel des Aufstands des Sonderkommandos im Konzentrationslager Auschwitz macht deutlich, wie aussichtslos oftmals der Versuch war, Widerstand zu leisten. Ein Konzentrationslager – mit Wachmannschaften etc. – bietet hierfür die schwierigsten Ausgangsbedingungen. Nur die Berücksichtigung dieser Ausgangssituation macht den Mut der bereits seit längerem unter Diskriminierung, Verfolgung und unmenschlicher Behandlung leidenden Aufständischen deutlich.
2. Keine Hilfe von außen, keine Möglichkeit zu entkommen. Wachmannschaften zu stark.
3. Gerade auch von jüdischer Seite wurde den Holocaust-Opfern der Vorwurf gemacht, dass sie sich zu passiv in ihr Schicksal ergeben hätten, sich wie Lämmer zur Schlachtbank hätten führen lassen. Der Widerstand spielt deshalb eine wichtige Rolle in der Erinnerungskultur an den Holocaust. Die symbolische Bedeutung des Aufstands wird in den Erinnerungen Israel Gutmans explizit thematisiert.
4. Die Charakterstärke einer Roza Robota wird von den Häftlingen mit großer Bewunderung wahrgenommen, da sie selbst die Brutalität und Methoden der SS kennen. Die Widerstandskraft dieser Frau konnte selbst mit allen Methoden der Folter nicht gebrochen werden.

Arbeitsblatt 5

1. Erfahrungen der Betroffenen: Todesangst, vollkommene Hilflosigkeit, Erniedrigung, Behandlung wie Tiere, Trennung der Familien, schließlich Vernichtung der als „nicht arbeitsfähig" Ausgesonderten.
2. Die Zeichnungen sind das einzige visuelle Zeugnis aus der Perspektive der Überlebenden. Insofern sind sie von unschätzbarem Wert, geben sie doch – soweit dies möglich ist – etwas von dem Grauen und der Angst der Opfer wider. Das Bild Olères mit dem Blick in die Gaskammer zeigt den Täter als brutales Werkzeug der Vernichtung – charakterisiert durch Knüppel und Uniform, im Kontrast hierzu die Schutzlosigkeit der Opfer, ihre Angst und teilweise bereits erfolgte Resignation. Die Zeichnung versucht ihnen noch ein Rest an Würde zu lassen, indem etwa die Nacktheit soweit möglich verdeckt wird. Die Zeichnungen von Ella Lieberman-Shiber zeigen den Schrecken in den Gesichtern der Opfer. Die Täter sind in ihrer Darstellung noch stärker als bei Olères entindividualisiert, auf die Werkzeuge ihrer Brutalität reduziert (Hand mit Schlagstock, Stiefel und Taschenlampe).
3. In den Zeichnungen von Ella Lieberman-Shiber werden die Täter als anonyme Werkzeuge der Vernichtung dargestellt: Stiefel, Knüppel, Taschenlampe zeigen ihre „Entmenschlichung". Da sie keine Empathie oder sonstige menschliche Regung für ihre Opfer aufbringen, werden ihre Gesichter nicht gezeigt. Die Gefühle der Opfer versucht sie hingegen deutlich zu machen, indem sie ihre Todesangst darstellt oder durch das einfache Wort „Wohin?!" die quälende Ungewissheit als gemeinsame Erfahrung deutlich macht. Auch David Olères Kontrast zwischen Tätern und Opfern ist ähnlich scharf: Die Todesangst der nackten Frauen und Kinder in der Gaskammer ist durch das grelle Licht besonders markant von den dunklen Tätern im Vordergrund abgehoben, deren Haltung geschäftsmäßig unberührt wirkt – und durch die nach hinten verschränkten Arme signalisieren, dass sie eine für sie alltägliche Routine vollziehen.
4. Tragisch ist die von den Tätern gewollte Verstrickung in den Vernichtungsprozess. Die Opfer werden selbst zu Werkzeugen gemacht (doppelte Viktimisierung): In der Zeichnung von Liebermann-Shiber sind es die Mütter, die ihre Kinder versehentlich ersticken; Olère stellt seine Arbeit unter Zwang im Sonderkommando dar. Viele Überlebende fühlten sich auch deshalb schuldig; gerade die Beteiligten an den Sonderkommandos hatten später Probleme, überhaupt als Opfer anerkannt zu werden. Kitty Hart, die im „Effektenlager Kanada" arbeitete, sieht, dass sie die Hinterlassenschaften von Menschen für die Weiterverwendung sortieren muss, die bereits ermordet worden sind.

Arbeitsblatt 6

1. Himmlers Posener Rede erklärt den Massenmord zur Tugend, Menschen werden ohne Unterschied ermordet. Dies zu ertragen sei nur einer SS-Elite vorbehalten – Moral schließe Mitleid oder Humanität nicht ein. Die breite Masse bringe die notwendige Härte nicht auf. Dass es sich um ein ideologisch-fanatisches Projekt handelt, wird an dem Umstand gezeigt, dass sich die Täter nicht an den Opfern bereichern.
2. Die Bedeutung dieses Tondokument besteht darin, dass einer der Hauptverantwortlichen den Mord an den europäischen Juden offen ausspricht. Dies macht die besondere Qualität gegenüber den vielen anderen erdrückenden Beweisen aus. Das Tondokument belegt die planvolle Ermordung der Juden durch die Nationalsozialisten.
3. Es besteht eine deutliche Diskrepanz zwischen der zentralen Bedeutung Eichmanns für die Organisation des Holocaust und seiner Rechtfertigung als nur Befehlsempfänger. Seine Entschuldigung folgt dem Muster des unschuldigen Bürokraten, der sich als nachgeordnetes Glied in einer Kette versteht und selbst nicht als Täter in Erscheinung tritt.
4. Der hierarchische Aufbau bürokratischer Organisationen macht es den Beteiligten einfach, sich nur als ein „Rädchen" in einem anonymen Gesamtauflauf zu definieren. So sind Funktionäre an einem Mordprozess beteiligt, ohne jemals an der Ermordung von Menschen unmittelbar beteiligt zu sein. Auch ein sehr mächtiger Funktionär wie Eichmann streitet deshalb jedwede Verantwortung für sein Tun ab.

Arbeitsblatt 7

1. Ca. die Hälfte der in Deutschland lebenden Türken hält die Auseinandersetzung mit der „nationalsozialistischen Vergangenheit" für eine Angelegenheit „aller in Deutschland lebenden Bürger". Offensichtlich nimmt also eine große Zahl der migrantischen Jugendlichen das negative Erbe des Nationalsozialismus an. Der Informationsgrad über den Nationalsozialismus erweist sich allerdings als gering: Fast 70 Prozent meinen wenig oder fast nichts über den Holocaust zu wissen. Der offizielle deutsche Umgang mit dem Nationalsozialismus ist den Befragten in der Mehrzahl fremd. Nur 25 Prozent finden ihn überzeugend.
2. Teilweise sind die Ergebnisse widersprüchlich: Die große Bedeutung, die dem Holocaust zugeschrieben wird, führt nicht zur eigenen Beschäftigung mit diesem Thema. Dies hat wohl auch mit der Ablehnung der Art der deutschen Vergangenheitspolitik zu tun. Auf viele Deutschtürken wirkt die intensive Aufarbeitung deutscher Schuld, die eine negative nationale Vergangenheit in das Zentrum nationaler Identität rückt, eher befremdlich.
3. Die qualitativen Interviews der Soziologin Viola B. Georgi zeigen im Gegensatz zur quantitativen Untersuchung die komplizierte Gefühlslage der Jugendlichen mit migrantischem Hintergrund auf. Einerseits stimmen die meisten Interviewten mit der quantitativen Untersuchung insofern überein, als die Auseinandersetzung mit dem Holocaust für alle in Deutschland lebenden Bürger Relevanz besitzt (Interview Fatima). Zum anderen zeigt sich, dass hierdurch auch komplizierte Gefühlslagen entstehen, da die Identifikation mit einem negativen Erbe auch mit Schuldgefühlen verbunden sein kann (Interview Bülent). Am Beispiel des kurdischen Muhrat wird deutlich, dass die Herkunftsgeschichte und das Leiden der Kurden mit dem Schicksal der Juden parallel gesehen wird. Die Gleichsetzung im vierten Interview werden die Schüler eher als untypisch bezeichnen, d.h. eine zu einfache Parallelisierung von Holocaust und Gegenwart von Migranten in der Bundesrepublik wird auch von den meisten Deutschtürken abgelehnt (Interview Turgut).

Arbeitsblatt 8

1. Christian Meier macht deutlich, dass Vergleichen nicht Gleichsetzen bedeutet. Nichts in der Geschichte ist unvergleichbar und ein Vergleich kann gerade die Singularität eines Ereignisses deutlich machen. Somit können auch die kommunistischen Morde in Osteuropa in einen

Vergleich einbezogen werden, es darf dabei aber nicht zu einer platten Gleichsetzung kommen.
2. Christian Meier sieht die Singularität des Holocaust – als etwas bisher in der Geschichte so noch nie da Gewesenes – und schließt sich der Argumentation Eberhard Jäckels an: Ein staatlich geplanter und systematisch durchgeführter Mordplan, der alle Vertreter einer bestimmten „Menschengruppe" unterschiedslos einschloss (Männer, Frauen, Kinder). Hinzufügen sollte man noch, dass sich dieser Vernichtungsplan sich primär auf Bürger anderer Staaten in Europa richtete, was ihn deutlich von anderen Genoziden (wie z.B. in Ruanda, der sich ebenfalls gegen eine ganze Gruppe richtete) abhebt.

Arbeitsblatt 9

Christopher Browning	Daniel Goldhagen
1. Die Beschreibung stellt das Situative in den Vordergrund; schildert die Gefühle von Major Trapp; bezieht Überraschung und Ratlosigkeit der Männer in die Darstellung ein; starke Betonung des gruppenpsychologischen Moments.	1. Die Schilderung bezieht von vornherein Schlussfolgerungen mit ein: „auserwählt waren, die Vision des Führers zu verwirklichen" – „den Traum von der Ausrottung der Juden".
2. „Ganz normale Männer" – sozialpsychologische Schlussfolgerung. Moderne Gesellschaften konditionieren zum Gehorsam und erleichtern durch Bürokratisierung das Abstreifen von Verantwortung. Deshalb ist das Verhalten der Männer des Polizeibataillons nicht als singulär zu beurteilen. Es ist auch in anderen Gesellschaften denkbar. Der Gruppendruck/der Zwang zu konformem Verhalten in der Gruppe spielt eine große Rolle.	2. „Ganz normale Deutsche" – Das Verhalten lässt sich durch den Wunsch erklären, Vollstrecker des Völkermords zu sein. Es spiegelt das Verhalten der normalen Deutschen in der NS-Zeit wider, die den Traum Hitlers von der „Ausrottung der Juden teilten" und nur zu bereitwillig ausführten.

Analyse

Bedeutung hat die Zusammensetzung des Polizeibataillons für beide Autoren, da es sich hier nicht um Vertreter der SS, also fanatische Nationalsozialisten, sondern um „normale" Polizisten handelte. (Dies wird von manchen Autoren in Frage gestellt)

Christopher Browning	Daniel Goldhagen
3. Christopher Browning bezeichnet seine Schlussfolgerungen als „zutiefst beunruhigend". Schließlich gelten sie dann für alle modernen Gesellschaften – für keine (auch die demokratischen) kann ausgeschlossen werden, dass Menschen unter bestimmten Bedingungen zu Mördern werden. Wie alle Historiker bietet er aber keine Konsequenzen aus seiner Analyse an.	3. Daniel Goldhagen schreibt die Ursachen alleine dem deutschen Charakter zu. Er folgt einer Tradition, die die ältere deutsche Geschichte (von Luther zu Hitler) – oder auch den deutschen Sonderweg – für die NS-Verbrechen verantwortlich macht.
4. Der Holocaust ist somit kein einmaliges Ereignis, das nur mit der speziellen deutschen Tradition (Antisemitismus, besondere Autoritätshörigkeit, Bürokratismus) erklärt werden kann. Er ist eine generelle Tragödie, die sich wiederholen könnte.	4. Der Holocaust ist ein speziell deutsches Phänomen, dessen Wurzeln primär in der deutschen Geschichte ankern.

Arbeitsblatt 10

1. Symbolische Bedeutung der Wahl des Ortes für das Denkmal (zentrale Positionierung in geschichtsträchtiger Nachbarschaft; monumentale Größe als unübersehbares Zeichen).
2. Entschiedene Befürworter stehen krassen Gegnern gegenüber. „Gründungsmonument der Neuen Republik" erklärt das Mahnmal zum Nationalmonument und die Erinnerung an den Holocaust zum gemeinsamen geschichtspolitischen Fundament des wiedervereinigten Deutschlands. Eine Ablehnung bedeutet genau auch eine Kritik an der zentralen Bedeutung des Holocaust als Teil nationaler Identität. Besonders interessant ist die Stellungnahme von E. Young als Außensicht, da er gerade die konsequente Erinnerung an die im deutschen Namen begangenen Verbrechen als eine besondere Stärke des nationalen Umgangs mit der Vergangenheit in Deutschland ansieht.

Anmerkungen

1 Von vielen Herrschern regiert.
2 David John Cawdell Irving (geb. 1938) ist ein britischer Geschichtsrevisionist und Holocaustleugner. Er wurde 1963 durch sein Buch zu den Luftangriffen auf Dresden bekannt, das an zentraler Stelle auf einer Fälschung beruht. Seit 1988 bestreitet er die Ermordung von etwa sechs Millionen europäischen Juden durch die Nationalsozialisten, besonders den Vernichtungszweck der Gaskammern und Krematorien des Konzentrationslagers Auschwitz. Er wurde deswegen in mehreren Staaten strafrechtlich verurteilt.

3 Deborah Esther Lipstadt (geb. 1947) ist eine US-amerikanische Historikerin und bekannte Holocaust-Forscherin. Internationale Aufmerksamkeit erreichte sie mit ihrer Darstellung der Geschichte der Holocaustleugnung (Denying the Holocaust, 1993; deutsch: Betrifft: Leugnen des Holocaust, 1994), einer kommentierten Zusammenstellung der Lügen und Halbwahrheiten der international bekannten Holocaustleugner, verbunden mit einer sorgfältigen und sachlich fundierten Analyse und Widerlegung der Argumentationen. Wegen der ihn betreffenden Aussagen dieser Veröffentlichung

strengte David Irving (s. Anm. 2) 1996 vor einem Londoner Gericht einen Prozess gegen Lipstadt und ihren britischen Verlag wegen Beleidigung, übler Nachrede und Geschäftsschädigung an. Lipstadt gewann diesen Prozess im Jahr 2000.
4 Peter Longerich (geb. 1955) ist ein deutscher Historiker an der Universität London. Er gilt als Spezialist für die Geschichte des nationalsozialistischen Deutschlands und insbesondere für den Holocaust. Richard J. Evans (geb. 1947) ist ein britischer Historiker, der sich mit der deutschen Geschichte und insbesondere mit der Zeit des Nationalsozialismus beschäftigt.
5 Der Begriff Generalgouvernement bezeichnet Gebiete in Polen, die 1939 bis 1945 vom Deutschen Reich militärisch besetzt, jedoch nicht in das Reichsgebiet eingegliedert worden waren. „Generalgouverneur" und damit Leiter der Verwaltung war der NSDAP-Funktionär Hans Frank (1900–1946) mit Sitz in Krakau.
6 „Aktion Reinhardt" ist ein Tarnname für die systematische Ermordung aller Juden und Roma des Generalgouvernements. Im Zuge dieser Aktion wurden zwischen Juli 1942 und Oktober 1943 über zwei Millionen Juden sowie rund 50 000 Roma in den drei Vernichtungslagern Belzec, Sobibor und Treblinka ermordet.
7 Victor Klemperer, „Ich will Zeugnis ablegen bis zum letzten." Tagebücher 1933–1945 (Band I–VIII). Berlin 1995. Ders.: Das Tagebuch 1933–1945. Eine Auswahl für junge Leser, 2. Auflage Berlin 1997
8 Das Höcker-Album kann eingesehen werden in der Online-Ausstellung des Holocaust-Memorial in Washington: „Auschwitz through the lens of the SS: Photos of Nazi leadership at the camp" (http://www.ushmm.org/research/collections/highlights/auschwitz/).
9 Aufl. München 1995
10 Goldhagen, Daniel J.: Hitlers willige Vollstrecker. Ganz gewöhliche Deutsche und der Holocaust. Berlin 1996
11 Browning, Christopher: Ganz normale Männer. „Das Reserve-Bataillons 101" und die „Endlösung" in Polen. Hamburg 1993
12 In New Haven (USA) durchgeführtes psychologisches Experiment, das von dem Psychologen Stanley Milgram entwickelt wurde. Es sollte die Bereitschaft durchschnittlicher Personen testen, autoritären Anweisungen auch dann Folge zu leisten, wenn sie in direktem Widerspruch zu ihrem Gewissen stehen, weil sie den Probanden Schmerz zufügen. Das Experiment zeigte, dass die meisten Versuchspersonen durch die Situation veranlasst wurden, sich an den Anweisungen des Versuchsleiters und nicht an dem Schmerz der Opfer zu orientieren.
13 William Montgomery Mcgovern: From Luther to Hitler. New York 1941.
14 Brink, Cornelia: Ikonen der Vernichtung. Öffentlicher Gebrauch von Fotografien aus nationalsozialistischen Konzentrationslagern nach 1945, Berlin 1998.

Literatur

Bastian, Till: Auschwitz und die Auschwitz-Lüge. Massenmord und Geschichtsfälschung, München 1994

Benz, Wolfgang: Lexikon des Holocaust, München 2002

Benz, Wolfgang (Hg.): Überleben im Dritten Reich. Juden im Untergrund und ihre Helfer, München 2003

Brink, Cornelia: Ikonen der Vernichtung. Öffentlicher Gebrauch von Fotografien aus nationalsozialistischen Konzentrationslagern nach 1945, Berlin 1998

Browning, Christopher R.: Ganz normale Männer. Das Reserve-Polizeibataillon 101 und die „Endlösung" in Polen, Hamburg 1993

Friedländer, Saul: Das Dritte Reich und die Juden. Die Jahre der Verfolgung 1933–1939 ; die Jahre der Vernichtung 1939–1945, Gesamtausg., München 2008

Georgi, Viola B.: Jugendliche aus Einwandererfamilien und die Geschichte des Nationalsozialismus, in: Aus Politik und Zeitgeschichte, B 40-41 (2003), S. 40–46

Goldhagen, Daniel Jonah: Hitlers willige Vollstrecker. Ganz gewöhnliche Deutsche und der Holocaust, Berlin 1997.

Herbert, Ulrich (Hg.): Nationalsozialistische Vernichtungspolitik 1939–1945. Neue Forschungen und Kontroversen, Frankfurt/M. 2001

Hilberg, Raul: Die Vernichtung der europäischen Juden. Die Gesamtgeschichte des Holocaust, 3 Bde. Berlin 1982 (engl. Ausgabe 1961)

Longerich, Peter: Politik der Vernichtung. Eine Gesamtdarstellung der nationalsozialistischen Judenverfolgung, München 1998

Longerich, Peter: Der ungeschriebene Befehl. Hitler und der Weg zur „Endlösung", München 2001

Meseth, Wolfgang/Proske, Matthias/Radtke, Frank-Olaf: Schule und Nationalsozialismus. Anspruch und Grenzen des Geschichtsunterrichts, Frankfurt/M. 2004

Gerhard Schneider

Der 9. November als deutscher Erinnerungsort

Ab dem Jahr 1984 erschien in Frankreich das von dem Historiker Pierre Nora (geb. 1931) herausgegebene, schließlich sieben Bände umfassende Werk „Les Lieux de Mémoire". Mit Erscheinen dieses Werkes, in dem mehr als 100 solcher „Orte" vorgestellt werden, fand der Begriff „Lieux de mémoire" – im Deutschen meist mit „Erinnerungsorte" bzw. „Gedächtnisorte" übersetzt – Eingang in die Historiographie. Damit verbunden ist die Vorstellung, dass sich die kollektiven Erinnerungen der Menschen, die Identität der Nation oder das kollektive Gedächtnis einer Gruppe von Menschen an „Orten" oder „Örtlichkeiten" manifestieren. „Das können einfache Gedenkstätten sein, etwa Statuen großer Männer, Kriegerdenkmäler oder die Gräber der französischen Könige in Saint-Denis. Symbole und Embleme wie die Trikolore oder die Marseillaise, Marianne oder der 14. Juli gehören ebenso dazu wie Gebäude (Notre-Dame, das Schloss von Versailles, der Eiffelturm) oder die großen Texte der nationalen Erinnerung, etwa die Erklärung der Menschenrechte, der Code Napoléon, aber auch Geschichtsbücher wie die Grandes Chroniques de France, die französische Geschichte von Ernest Lavisse oder die Werke der Schule der Annales. Da sind die Trennungslinien, die durch Frankreich gehen, etwa zwischen Katholiken und Hugenotten, zwischen Nord und Süd, der Rechten und der Linken, aber auch tiefe Gemeinsamkeiten – la douce France, das Land und seine Grenzen, die Sprache. Und nicht zuletzt die vielen Namen, in denen sich Frankreich wieder erkennt, von Charlemagne über die heilige Johanna und den Sonnenkönig bis Descartes."* Mit „Erinnerungsort" ist also die Vorstellung verbunden, dass sich das kollektive Gedächtnis einer Nation in einem nicht nur topographisch verstandenen Ort niedergeschlagen und dauerhaft verankert hat, sondern auch in Mythen, Institutionen (auch solche etwa wie die Tour de France), Ereignissen, Kunstwerken usw.

Im Anschluss an Pierre Nora erschienen in mehreren anderen Staaten Europas vergleichbare nationale Studien, so auch seit 2001 in Deutschland.

---

* Etienne François/Hagen Schulze (Hg.): Deutsche Erinnerungsorte, Bd. 1, München 2001, S. 16; s. auch die Einleitung von Pierre Nora zum ersten Band der Lieux de mémoire: La République, Paris 1984, v. a. S. XXXIV ff.

Für viele Deutsche ist der 9. November *der* nationale „Schicksalstag". Denn der Zufall wollte es, dass auf dieses Datum mehrere Ereignisse fallen, die für das deutsche Volk und teilweise darüber hinaus auch für Europa von schicksalshafter Bedeutung waren und sind. Von vielen wurde dieser Tag gar als Nationalfeiertag vorgeschlagen.[1]

9. November 1848

An diesem Tag wurde der 1807 in Köln geborene Abgeordnete des Frankfurter Parlaments Robert Blum durch kaiserliche Truppen standrechtlich erschossen. Blum war am 13. Oktober 1848 als Lei-

Bild auf S. 150: Brennende Synagoge in Hannover, 9. November 1938

ter einer Delegation der Frankfurter Nationalversammlung nach Wien gereist, wo es zu Beginn des Monats zwischen kaiserlich-österreichischen Truppen, die zur Niederschlagung der aufständischen Ungarn aufgebrochen waren, und Wiener Arbeitern, Studenten und meuternden Soldaten, die den Abmarsch zu verhindern suchten, zu blutigen Straßenkämpfen gekommen war. Beim Sturm auf das Kriegsministerium wurde der österreichische Kriegsminister Theodor Graf Baillet von Latour von der aufrührerischen Menge gelyncht. Der Hof mit Kaiser Ferdinand floh am 7. Oktober in das mährische Olmütz. Österreichische und kroatische Truppen erstürmten Ende Oktober 1848 die Wiener Innenstadt. Blum hatte sich während seines Wiener Aufenthalts agitatorisch betätigt und war am 4. November 1848 im „Gasthof zur Stadt London" verhaftet worden. Ein Standgericht verurteilte ihn am 8. November 1848 zum Tode durch den Strang. Zum ehrenvolleren Tod durch Erschießen „begnadigt", wurde Blum am 9. November exekutiert. Blums politische Agitation mitten in der Wiener Aufstandsbewegung und sein Tod unter Missachtung seiner Abgeordnetenimmunität machten ihn zu einer der ersten Symbolgestalten der noch jungen Arbeiterbewegung.

9. November 1918

An diesem Tag verkündete der am 3. Oktober 1918 zum Reichskanzler ernannte Prinz Max von Baden eigenmächtig und ohne deren Zustimmung die Thronentsagung Kaiser Wilhelms II. und des Kronprinzen. Der Kaiser hat diese dann erst am 28. November 1918 unterzeichnet. Prinz Max von Baden trat von seinem Amt als Reichskanzler zurück. Philipp Scheidemann rief von einem Fenster des Reichstagsgebäudes und kurz darauf noch einmal von einem Fenster der Reichskanzlei die Republik aus mit den berühmten Worten „Das Alte und Morsche, die Monarchie ist zusammengebrochen. Es lebe das Neue, es lebe die deutsche Republik!" (Abb. 1). Die Regierungsgeschäfte als kommissarischer Reichskanzler übernahm der Vorsitzende der SPD, Friedrich Ebert, der nach den Wahlen zur Nationalversammlung vom 19. Januar 1919 am 11. Februar 1919 zum ersten Reichspräsidenten der Weimarer Republik gewählt wurde. Ebenfalls am 9. November 1918 proklamierte Karl Liebknecht, Mitbegründer des Spartakusbundes, die „Freie Sozialistische Deutsche Republik" (Abb. 2). Das Schlossportal IV, von dem aus Liebknecht seine Proklamationsrede hielt, wurde vom Abriss des Berliner Stadtschlosses im Jahr 1950 verschont und befindet sich noch heute eingefügt in das 1964 fertiggestellte ehemalige Staatsratsgebäude der DDR.

Der 9. November 1918 markierte einen End- und Wendepunkt der deutschen Geschichte. Schon als der Krieg noch voll im Gange war, ahnten viele Menschen, dass nach Beendigung des Krieges nichts mehr so sein würde wie zuvor und dass eine Epoche zu Ende ginge. In den Wochen seit dem

Abb. 1: Der SPD-Politiker Philipp Scheidemann (1865-1939) ruft die Republik aus, 9. November 1918

Abb. 2: Das Mitglied der Spartakusgruppe (ab November 1918 Spartakusbund) Karl Liebknecht (1871–1919) spricht vor dem Innenministerium, 6.12.1918. Am 9. November 1918 rief er die „Freie Sozialistische Republik Deutschland" aus. Ein Foto davon existiert nicht

August 1918, verbreitete sich in den höchsten Spitzen der Generalität und der Politik die Überzeugung, dass der Krieg nicht mehr zu gewinnen sei.

Nachdem sich die Nachricht von den Ereignissen des 9. Novembers 1918 von Berlin aus nach und nach im ganzen Reich verbreitet hatte, ahnte man nun auch dort, dass etwas Außerordentliches geschehen war – und fürchtete die daraus resultierenden Konsequenzen. Zwar war der Waffenstillstand zu diesem Zeitpunkt noch nicht vollzogen – er wurde erst zwei Tage später, am 11. November, in Compiègne unterzeichnet –, für die noch amtierende Regierung des Prinzen Max von Baden stand aber fest, dass die bereits im Gang befindlichen Waffenstillstandsvereinbarungen außerordentlich schwere Belastungen für die Zukunft Deutschlands bringen würden. Mit der Übertragung der Macht auf Friedrich Ebert glaubten die noch immer einflussreichen alten Eliten, in ihren Augen Schlimmeres, nämlich die Etablierung einer Räterepublik nach russischem Vorbild, verhüten zu können. Am selben Tag war es in Berlin zu spontanen Aktionen gekommen; aus dem ganzen Reich liefen Meldungen ein, wonach Arbeiter und desertierte Soldaten Rathäuser besetzt, in den Kasernen befindliche Soldaten entwaffnet und die lokale Amtsgewalt übernommen hätten. Mit den Worten „Ich lege Ihnen das Schicksal des Deutschen Reiches ans Herz" hatte sich Prinz Max von Baden aus der Verantwortung geschlichen und Friedrich Ebert die Verantwortung für die Wiederherstellung der Ordnung auferlegt. Der „Rat der Volksbeauftragten", der sich aus je drei Mitgliedern der SPD und der USPD zusammensetzte, bezeichnet sich als „die aus der Revolution hervorgegangene Regierung". Er ist genau wie der „Vollzugsrat" aus einer Versammlung der Berliner Arbeiter- und Soldatenräte hervorgegangen. Der „Vollzugsrat" verstand sich als das übergeordnete revolutionäre Organ, das für Deutschland eine Räteverfassung anstrebte, während die Mehrheitssozialdemokratie als Ziel eine parlamentarische Demokratie proklamierte. In der Folgezeit kämpften Mehrheitssozialisten und Rätesozialisten um die Macht. Die aus den teilweise gewaltsamen Auseinandersetzungen hervorgegangene Weimarer Republik war der erste demokratische Verfassungsstaat auf deutschem Boden, wenngleich ein unvollendeter und wenig gefestigter. Wie immer man die Weimarer Republik auch im Ablauf der (deutschen) Geschichte verorten wird, bleibt es unbestritten, dass der Übergang vom Kaiserreich zur Republik, manifest geworden in den Ereignissen des 9. November 1918, für die deutsche und europäische Geschichte von größter Bedeutung ist.

9. November 1923

An diesem Tag scheiterte der Versuch Hitlers und seiner Anhänger, durch einen Putsch in München die Macht in Bayern an sich zu reißen. Hitler hat-

Abb. 3: Hitler-Putsch, Barrikaden am Kriegsministerium in der Schönfeldstraße in München, 9. November 1923

te geplant, nach dem erfolgreichen Putsch von Bayern aus – wie dies Mussolini in Italien im Oktober 1922 mit seinem „Marsch auf Rom" vorgemacht hatte – nach Berlin zu marschieren, um auch dort die Macht zu übernehmen. Diese Aktion ist als „Hitler-Putsch" oder „Hitler-Ludendorff-Putsch" in die Geschichtsbücher eingegangen (Abb. 3).

Auch in anderen deutschen Regionen war es im Laufe des Jahres 1923, vor allem aber im so genannten „deutschen Oktober", zu Umsturzversuchen gekommen. In Sachsen war aus einer „Einheitsfront" von KPD und SPD die „Regierung der republikanisch-proletarischen Verteidigung" hervorgegangen. Ziel der KPD war es, nach dem Vorbild der russischen Oktoberrevolution von 1917 in Deutschland die Macht zu übernehmen. Anordnungen der Reichsregierung wurden missachtet. Am 22. Oktober 1923 marschierten Reichswehrtruppen in Sachsen ein. Die sächsische Regierung wurde vom Reichspräsidenten ihres Amtes enthoben. Fast gleichzeitig kam es in Thüringen zu ähnlichen Konflikten. In der Pfalz und im Rheinland betrieben Separatisten die Loslösung vom Reich. In vielen Teilen Deutschlands agitierten völkische Nationalisten und Rechtskonservative für die Errichtung einer Diktatur.

Am spektakulärsten war aber der Münchener Hitler-Putsch. Dort regierte seit dem Ende des Ruhrkampfes der von der Reichsregierung nach Artikel 48 der Weimarer Verfassung zum Generalstaatskommissar ernannte ehemalige bayerische

Ministerpräsident Gustav Ritter von Kahr mit diktatorischen Vollmachten. Als er am 8. November 1923 im Münchener Bürgerbräukeller vor einer großen Zuhörerschaft eine Rede hielt, wurde diese Versammlung von Nationalsozialisten, darunter Hitler und Göring, gesprengt. Hitler rief die „Nationale Revolution" aus, erklärte die bayerische und die Reichsregierung für abgesetzt und versuchte von Kahr auf seine Seite zu ziehen, was zunächst auch erfolgreich zu sein schien. Doch schon wenige Stunden später, mittlerweile war der 9. November angebrochen, an dem der Staatsstreich durchgeführt werden sollte, verkündete von Kahr über den Rundfunk die Auflösung der NSDAP sowie einiger völkischer Freikorps. Dennoch haben Hitler und seine Putschisten den Staatsstreich initiiert. Im Schusswechsel mit der Polizei kamen 14 Putschisten und vier Polizisten ums Leben. Die NSDAP wurde in ganz Deutschland verboten, Hitler in einem spektakulären Prozess zu fünf Jahren Festungshaft verurteilt, von denen er aber nur knapp neun Monate absaß und anschließend auf Bewährung freikam.

Der dilettantisch vorbereitete und durchgeführte Hitler-Putsch ist seiner eigentlichen Bedeutung nach nicht gravierender gewesen als andere Versuche, die Weimarer Republik zu zerstören. Dass er aber derart fest im kollektiven Gedächtnis der Deutschen verankert ist, hängt damit zusammen, dass er von der Gegenwart aus betrachtet wie ein Fanal für all das gelten kann, was danach geschah. Schon unmittelbar nach Niederschlagung des Hitler-Putsches hat die nationalsozialistische Propaganda mit der Legendenbildung begonnen und die Putschisten zu Heroen stilisiert. Alljährlich fanden Totenfeiern statt, auf denen der „revolutionären Tat" und der bei dieser Aktion „Gefallenen der Bewegung" („Blutzeugen") gedacht wurde. Nach der „Machtergreifung" der Nazis im Jahr 1933 hatten die pompösen Erinnerungsfeiern am 9. November den Charakter eines Staatsaktes. Die Feier am 9. November 1938 war der Auslöser für die sog. Reichskristallnacht (s. u.). 1934 stiftete Hitler als höchste Parteiauszeichnung der NSDAP den sog. Blutorden, eine Medaille zur Erinnerung an den 9. November 1923, der allen ca. 1500 Putschisten verliehen wurde.

9. November 1938

An diesem Tag fand im Alten Rathaus in München eine Feier zum Gedächtnis an die Nationalsozialisten statt, die anlässlich des Hitler-Putsches am 9. November 1923 ums Leben gekommen waren. Während dieser Feier gab Joseph Goebbels, Reichsminister für Volksaufklärung und Propaganda, den Befehl zur bis dahin schärfsten und grausamsten Verfolgung deutscher Juden. Im Verlauf und in der Folge dieser – wie die Nationalsozialisten behaupteten: „spontanen" – Aktion, jetzt „Reichspogromnacht" genannt, wurden etwa 400 Menschen jüdischer Abstammung ermordet oder in den Tod getrieben. Außerdem wurden mehr als 1400 Synagogen und ein großer Teil der jüdischen Friedhöfe in Deutschland und Österreich teilweise

Abb. 4: Unter den Augen der Bürger: Die brennende Synagoge in Essen, 9. November 1938.

oder ganz zerstört, Kultgegenstände profaniert und geschändet. Zahlreiche Wohnungen und über 7000 Geschäfte jüdischer Bürger wurden beschädigt, einige auch geplündert; rund 30 000 überwiegend wohlhabende Juden (sog. Aktionsjuden), deren Namen bereits vor dem Pogrom in Listen verzeichnet worden waren, wurden im Zuge der Reichspogromnacht in die Konzentrationslager Dachau, Buchenwald und Sachsenhausen eingeliefert und dort ohne jeden Rechtsgrund festgehalten und misshandelt. Wie viele von ihnen in der Haft starben, ist nicht mehr feststellbar. Bis zum Sommer 1939 wurden die Überlebenden nach und nach wieder entlassen und zur Auswanderung genötigt, wobei sie ihren Besitz zurücklassen mussten.

Den Vorwand für den Novemberpogrom lieferte das Attentat Herschel Grynszpans auf den der NSDAP angehörenden Legationssekretär an der deutschen Botschaft in Paris, Ernst Eduard vom Rath. Der 1921 in Hannover geborene Grynszpan war polnischer Staatsbürger jüdischen Glaubens wie seine Eltern, die bereits 1911 nach Hannover gekommen waren. Er lebte seit 1936 in Paris bei seinem Onkel. Anfang Oktober 1938 erging eine Verordnung der polnischen Regierung, wonach die Pässe aller länger als fünf Jahre im Ausland lebenden Polen am 30. Oktober 1938 ungültig würden, sofern sie nicht ein neues Visum eines polnischen Konsulats erhielten. Damit hätte die polnische Regierung die rechtliche Möglichkeit gehabt, den im Ausland lebenden polnischen Juden eine Wiedereinreise nach Polen zu verweigern. In Deutschland lebten seinerzeit mehrere Zehntausend polnische Juden, teilweise illegal. Am 26. Oktober 1938 forderte die Reichsregierung Polen ultimativ auf, die Rückkehrmöglichkeit dieser Personengruppe auch in Zukunft zu garantieren, andernfalls man sie umgehend ausweisen würde. Als die polnische Regierung dies ablehnte, wurden die polnischen Juden im Reich festgenommen und Ende Oktober an die polnische Grenze gebracht. Da die polnischen Grenzbeamten diesen die Einreise verweigerten, mussten sie mehrere Tage lang im Grenzbereich ohne ausreichende Nahrung und unter unmenschlichen Bedingungen kampieren, bis der polnische Staat ihnen die Einreise schließlich doch noch gewährte. Unter den Betroffenen waren auch die Eltern und die Geschwister des Herschel Grynszpan. Wohl aus Empörung über diese Behandlung seiner Familie[2] erschoss dieser Ernst vom Rath bei dessen Betreten der Pariser Botschaft.

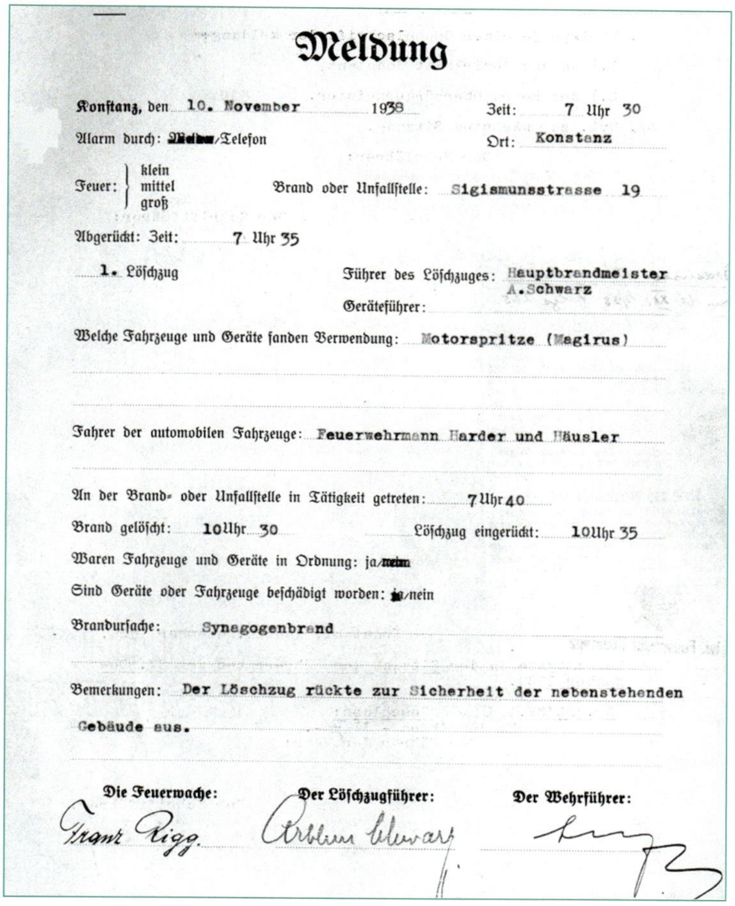

Der Pogrom vom 9./10. November 1938 wurde von der NS-Propaganda mit dem Attentat auf

Abb. 5: Die Feuerwehr verhinderte nur das Übergreifen des Feuers auf Gebäude, die neben den Synagogen standen. Bericht der Freiwilligen Feuerwehr Konstanz vom 10. November 1938

vom Rath gerechtfertigt. Übergriffe auf Wohnungen, Geschäfte und Synagogen hatten in einigen deutschen Gemeinden bereits schon zwei Tage zuvor begonnen. Am 9. November erlag Ernst vom Rath seinen Verwundungen, was den in München zu einer Gedenkfeier des Hitler-Putsches von 1923 versammelten führenden Nationalsozialisten am selben Abend bekannt geworden war. Diese erließen von dort aus noch vor Mitternacht Anordnungen zum gewaltsamen Vorgehen gegen Juden und deren Häuser, Geschäfte und Synagogen. Nahezu überall im Reich haben daraufhin SA und SS mit ihren Zerstörungsaktionen begonnen, an denen sich mancherorts auch einfache Bürger beteiligten. Feuerwehr und Polizei sorgten nur für den Schutz der Nachbargebäude (s. Abb. 5). Die Mehrheit der nichtjüdischen Bevölkerung schaute zu. Widerstandshandlungen von Nichtjuden waren äußerst selten. In den Tagen nach dem Pogrom ergingen mehrere Gesetze, die die vollständige

Enteignung der deutschen Juden und deren zwangsweise Auswanderung zum Ziel hatten. Den Juden wurde eine „Buße" in Höhe von einer Milliarde Reichsmark für den bei der Aktion entstandenen Sachschaden auferlegt. Weitere Gesetze folgten, die die vollständige Entrechtung der Juden und vielfach deren finanziellen Ruin zur Folge hatten.

Der Pogrom vom November 1938 markiert eine Wegscheide im Prozess der nationalsozialistischen Verdrängungs- und Vernichtungspolitik gegen die jüdischen Mitbürger. Erschien vielen der „April-Boykott" von 1933 noch als eine einmalige Aktion der gerade neu etablierten NS-Regierung zur Einschüchterung der Juden, so führte die nachfolgende „Judengesetzgebung" zur Verdrängung jüdischer Ärzte, Rechtsanwälte, Künstler, Wissenschaftler usw., später dann auch Industrieller und Geschäftsinhaber aus ihren Berufen und Betrieben („Arisierung"). Die Nürnberger Gesetze vom September 1935 schufen die juristische Grundlage für eine weitere Entrechtung der Juden in Deutschland. Viele von ihnen suchten nun verstärkt nach Möglichkeiten, Deutschland zu verlassen, wobei es ihnen nur in sehr beschränktem Maße möglich war, auch nur einen Bruchteil ihres Besitzes mitzunehmen. Diejenigen, die Deutschland, wo ihre Familien teilweise seit Jahrhunderten ansässig und verwurzelt gewesen waren, nicht verlassen wollten und konnten, sahen sich mit weiteren diskriminierenden Gesetzen konfrontiert, die es ihnen unmöglich machten, ein halbwegs bürgerliches Leben zu führen. Manche von ihnen waren überzeugt, dass mit den Nürnberger Gesetzen der Tiefpunkt der Verfolgungsmaßnahmen erreicht gewesen sei; eine weitere Verschärfung der Verfolgungsmaßnahmen schien ihnen undenkbar. Die Vorgänge vom November 1938 machte diese trügerische Hoffnung gänzlich zunichte. Walter H. Pehle zitiert in der Einleitung zu seinem Buch „Der Judenpogrom 1938" (Frankfurt/M. 1988), was ein Betroffener unter dem Eindruck des Novemberpogroms dachte: „Damals glaubten wir, daß dies der Höhepunkt der Judenverfolgung sei. In Wahrheit war es das letzte Alarmsignal vor der Vernichtung", die dann nur wenige Jahre später einsetzen sollte und zur fast vollständigen Vernichtung des deutschen und großer Teile des europäischen Judentums führte. Tatsächlich stellte der Novemberpogrom eine Radikalisierung der NS-Judenpolitik dar. Deren praktische Durchführung und die Haltung der Mehrheitsbevölkerung ihr gegenüber, ferner die Profanierung und Vernichtung der Kultstätten und -gegenstände der Juden machten deutlich, bis zu welchem Grad das rechtsstaatliche Bewusstsein der meisten Deutschen bereits verloren gegangen war.

9. November 1989

28 Jahre nach dem Bau der Berliner Mauer und angesichts der immer undurchdringlicheren innerdeutschen Grenze, mit der die DDR-Regierung den Exodus ihrer Bürger zu verhindern versuchte, wurden am Abend des 9. November 1989 überraschend die Berliner Grenzübergänge geöffnet. Dies beschleunigte den Zusammenbruch der DDR und die deutsche Wiedervereinigung.

Abb. 6: Nach der Maueröffnung vor dem Brandenburger Tor, 10. November 1989

Trotz der Etablierung zweier deutscher Staaten im Jahr 1949 blieben die Sektorengrenzen innerhalb von Berlin für die Menschen in der Stadt passierbar. Dies nutzten viele Bürger der DDR und Ost-Berlins, aber auch Polens und der Tschechoslowakei, um ihre Heimat zu verlassen. Zwischen 1949 und 1961 verließen etwa 2,6 Millionen Menschen die DDR und Ost-Berlin, darunter viele gut ausgebildete junge Arbeitskräfte, ferner solche der technischen Intelligenz, der freien Berufe und des Kulturlebens. Nach Ansicht der DDR-Regierung behinderte diese Abwanderung die Entwicklung der DDR und bedrohte schließlich gar deren Existenz. Der Bau der Berliner Mauer („antifaschistischer Schutzwall") ab dem 13. August 1961 und der Ausbau der Sicherungsanlagen entlang der innerdeutschen Grenze sollten die DDR konsolidieren. Bei dem Versuch, die schwer bewachte innerberliner Grenze zu überwinden, wurden mehr als 100 Personen getötet (genaue Zahlen existieren nicht)[3]. Hatten ab 1964 in der DDR zunächst nur Rentner die Möglichkeit, in den Westen zu reisen, so kamen vor allem ab den 1970er-Jahren im Zuge der neuen Ostpolitik der Bundesrepublik auch jüngere Bürger in den Genuss von Reiseerleichterungen. Unter dem Einfluss der Perestroika- und Glasnost-Politik Gorbatschows, die sich auch auf die „Bruderstaaten" Polen und Tschechoslowakei auswirkten, von der DDR-Führung aber abgelehnt wurden, erstarkte die Opposition innerhalb der DDR. Dies ließ die mangelnde Legitimation des Herrschaftssystems immer deutlicher zutage treten. Zunehmend wurden auch Mängel in der Wirtschaft deutlich, die nicht imstande war, die mit Blick auf den Westen gewachsenen Bedürfnisse der eigenen Bevölkerung angemessen zu befriedigen. Überdies verbreitete sich in großen Teilen der DDR-Bevölkerung die Überzeugung, dass auf absehbare Dauer keine Reformen zu erwarten seien. Im Laufe des Jahres 1989 verschärfte sich die Kritik angesichts offenkundiger Wahlfälschungen. Die Lage spitzte sich zu, nachdem die ungarische Regierung am 11. September 1989 den Grenzübertritt nach Österreich auch für DDR-Bürger legalisiert hatte. Gleichzeitig besetzten Tausende von Bürgern der DDR bundesrepublikanische Botschaften in verschiedenen Ostblockhauptstädten, um ihre Ausreise zu erzwingen. In mehreren Städten der DDR, allen voran in Leipzig, fanden in dieser Zeit Montagsdemonstrationen statt, zu denen zeitweise mehrere Hunderttausend Menschen zusammenfanden. Die Demonstranten forderten eine demokratische Neuordnung der DDR, das Ende der SED-Herrschaft und Reisefreiheit („Wir sind das Volk"). Noch anlässlich der Feierlichkeiten zum 40. Jahrestag der DDR am 7. Oktober 1989 glaubte die Staatsführung, die Krise bewältigen zu können. Wegen seiner fortdauernden Reformunwilligkeit konnte das Regime aber nicht mehr auf die Unterstützung der Schutzmacht Sowjetunion rechnen. Auch der Sturz Honeckers und die von seinem Nachfolger Krenz sofort eingeleiteten Reformen konnten es nicht mehr stabilisieren.

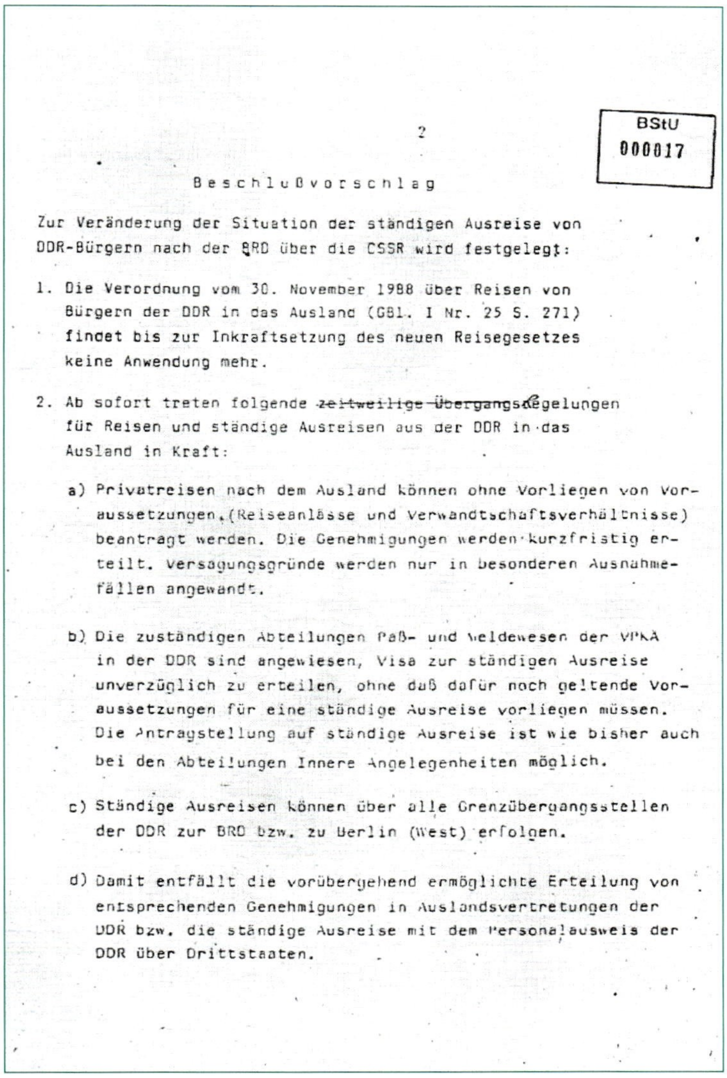

Abb. 7: „Beschlussvorschlag" des DDR-Ministerrates, den Günter Schabowski in der Pressekonferenz am 9. November 1989 vorlas

Seit dem 6. November 1989 beschäftigten sich verschiedene politische Institutionen der DDR mit einem neuen Reisegesetz. Eine Vorlage an den Ministerrat wurde am 9. November im Umlaufverfahren gebilligt, sollte aber erst am 10. November 1989, morgens um 4 Uhr, über die DDR-Nachrichtenagentur ADN veröffentlicht werden. Die vom Zentralkomitee leicht abgeänderte Ministerratsvorlage wurde dem Mitglied des Politbüros der SED, Günter Schabowski, übergeben (Abb. 7). Im Rahmen einer am Abend vom Fernsehen live übertragenen Pressekonferenz, in der über die Ergebnisse der Tagung des Zentralkomitees der SED berichtet werden sollte, antwortete Schabowski auf die Frage eines italienischen Journalisten zum Reisegesetz etwas wirr: „Privatreisen nach dem Ausland können ohne Vorliegen von Voraussetzungen – Reiseanlässe und Verwandtschaftsverhältnisse – beantragt werden. Die Genehmigungen werden kurzfristig erteilt. Die zuständigen Abteilungen Pass- und Meldewesen der VPKÄ – der Volkspolizeikreisämter – in der DDR sind angewiesen, Visa zur ständigen Ausreise unverzüglich zu erteilen, ohne dass dabei noch geltende Voraussetzungen für eine ständige Ausreise vorliegen müssen. Ständige Ausreisen können über alle Grenzübergangsstellen der DDR zur BRD erfolgen …" Auf die erneute Zwischenfrage: „Wann tritt das in Kraft?" antwortete Schabowski: „Das tritt nach meiner Kenntnis … ist das sofort, unverzüglich." Nach zweimaliger Zwischenfrage eines Journalisten: „Gilt das auch für Berlin-West?", findet Schabowski schließlich den entsprechenden Passus der Vorlage: „Die ständige Ausreise kann über alle Grenzübergangsstellen der DDR zur BRD bzw. zu Berlin-West erfolgen".[4] Unter dem Massenansturm der Ostberliner Bevölkerung überqueren noch am selben Abend viele Tausende Ostberliner die innerstädtische Grenze. Mit der Öffnung der Berliner Mauer setzte der Prozess ein, der im folgenden Jahr zur Vereinigung der beiden deutschen Nachkriegsstaaten führte.

9. November – ein gebrochener Erinnerungsort

In dem dreibändigen Werk „Deutsche Erinnerungsorte"[5] taucht keines der hier genannten Daten explizit auf; implizit sind sie aber gleichwohl präsent, sei es, dass statt des Datums der Sachverhalt, für den das Datum steht[6], beschrieben wird, oder sei es, dass in anderen Kontexten das Datum Erwähnung findet.[7] Von den fünf in diesem Essay genannten Daten dürften zwei besonders fest und dauerhaft (jedenfalls noch für die nähere Zukunft) im kollektiven Gedächtnis der Deutschen verankert sein: der 9. November 1989 als ein erfreuliches Datum und der 9. November 1938 als Beginn einer neuen Ära nationalsozialistischer „Judenpolitik", die als „Rückfall in die Barbarei" (Wolfgang Benz) bezeichnet wurde. Demgegenüber haben die drei weiteren Daten ihren Ort in der Erinnerung der Deutschen weitgehend verloren. Dies gilt vor allem für den 9. November 1848. Kaum jemand kann mit diesem Thema heute noch etwas anfangen. Vor allem die Person Robert Blums, der sein Leben für die republikanische Sache geopfert hatte, ist heute weitgehend in Vergessenheit geraten, obwohl er noch lange über seinen Tod hinaus in großen Teilen der Bevölkerung als Märtyrer verehrt wurde – allerdings fast ausschließlich im republikanisch gesinnten Bürgertum und in der Arbeiterschaft.

Bei den beiden anderen Daten hingegen sind die Ereignisse, für die sie stehen, noch vielen gegenwärtig: der 9. November 1918 als der Zeitpunkt, an dem eine ganze Epoche zu Ende ging, und der 9. November 1923, mit dem sich eine neue, schreckliche Ära lautstark und gewaltsam ankündigte. Das Ende der Monarchie war den einen eine logische Folge der verfehlten Politik des Kaiserreichs, der es nicht gelang, die zentrifugalen Kräfte der Bevölkerung zu integrieren, falls dies überhaupt intendiert gewesen ist, und eine Konsequenz des Ersten Weltkriegs; den anderen war der 9. November 1918 das Startsignal für etwas Neues, bis zu diesem Zeitpunkt in Deutschland noch nie Dagewesenes, an das sich viele Hoffnungen knüpften.

Der 9. November 1923 stand für manche Zeitgenossen „nur" für einen der vielen Umsturzversuche der ersten Jahre der Weimarer Republik. Für diejenigen aber, die den Putsch unternehmen, und für deren Gefolgsleute war der Hitler-Putsch ein Fanal, der in dem Maße mit Bedeutung aufgeladen wurde, wie die „Hitler-Bewegung" in der

Bevölkerung an Zustimmung gewann. So konnte er ab 1933 zum bedeutenden Gedenktag werden. In den letzten 60 Jahren wurde ihm unterschiedliche Beachtung zuteil: In der Hochphase der Studentenbewegung Ende der 1960er-Jahre meinten nicht wenige Bürger, in den Straßenkämpfen und Demonstrationen ein Zeichen erkennen zu können, das sie an die frühen Jahre der Weimarer Republik erinnerte, als die Existenz des jungen Staates gefährdet schien – ungeachtet der Tatsache, dass die Ziele der Studentenbewegung nichts mit jenen der Hitler-Putschisten gemein hatten.

Die Reichspogromnacht von 1938 ist heute ein Gedenktag, an dem in vielen deutschen Gemeinden Gedenkfeiern mit Kranzniederlegungen, Gedenkgottesdienste, Gespräche mit Zeitzeugen, Lesungen, Podiumsdiskussionen, Kunstaktionen, Mahnwachen und gelegentlich auch Ausstellungen und Enthüllungen von Gedenktafeln stattfinden. Das war nicht immer so. In den ersten Jahrzehnten der Bundesrepublik blieb das Gedenken weitgehend auf die gewaltsamen Vorgänge am 9./10. November selbst reduziert, während die späteren Deportationen und der Holocaust selbst („Endlösung") in den Gedenkreden kaum Erwähnung fanden. Dies sollte sich erst mit dem 40. Jahrestag des Novemberpogroms 1978 ändern. In der Zwischenzeit hatte die Geschichtsforschung damit begonnen, die Geschichte der Judenverfolgung und -vernichtung umfassend und differenziert aufzuarbeiten. Lokal- und regionalgeschichtliche Forschungen dokumentierten den Grad der Beteiligung auch einfacher Bürger an diesen Vorgängen. Zuvor war das Thema der Judenvernichtung mit der Haltung verdrängt worden, dass es sich dabei um ein „von den Nazis" begangenes Verbrechen gehandelt habe, an dem die Bürger gänzlich unbeteiligt gewesen seien. Dies und die verbreitete Komplizenschaft bzw. Hinnahmebereitschaft eines großen Teils der Bevölkerung erschienen nun nicht mehr haltbar. Im Kontext dieses Bemühens um eine Differenzierung und Vertiefung des Gedenkens wurde auch versucht, den die Ereignisse verharmlosenden und verhöhnenden Begriff „Reichskristallnacht" zumindest aus dem offiziellen Sprachgebrauch zu eliminieren und durch „Reichspogromnacht" zu ersetzen. Einen zusätzlichen Schub erhielt das Gedenken in der Folge des im Januar 1979 ausgestrahlten Fernsehfilms „Holocaust – Die Geschichte der Familie Weiß". An die Stelle eines allgemeinen Gedenkens, bei dem hinter Zahlen und Abläufen die betroffenen Individuen und deren Opfergeschichte oft verschwanden, wurde in den lokalen Gedenkveranstaltungen jetzt vielfach an Menschen erinnert, deren Namen in den Gemeinden noch nicht gänzlich in Vergessenheit geraten waren. Die Judenverfolgung bekam dadurch ein Gesicht.

Träger dieser Gedenkfeiern zum 9. November 1938 sind neben den Kommunen auch verschiedene gesellschaftliche Gruppen mit unterschiedlicher politischer Orientierung wie die Gesellschaft für christlich-jüdische Zusammenarbeit, die Vereinigung der Verfolgten des Nazi-Regimes (VVN), Gewerkschaftsgruppen und Parteien, kirchliche Gruppen usw. Oft sind es die Jugendorganisationen solcher Gruppen, die die Feiern am 9. November ausrichten und gestalten. Auch an Schulen wird dieses Tages regelmäßig gedacht. In manchen Städten finden die Feiern am ehemaligen Standort der Synagoge statt. Kommunale Gedenkveranstaltungen korrespondieren mit Veranstaltungen auf Bundesebene, so etwa mit jenen im Bundestag. Heute tritt in den Feierlichkeiten am 9. November der eigentliche Gedenkanlass deutlich zurück. Er ist manchmal nur der Ausgangspunkt für Warnungen vor zunehmendem Antisemitismus, Neonazismus und Fremdenfeindlichkeit in der Gesellschaft. In den achtziger Jahren des 20. Jahrhunderts waren die Feiern am 9. November Anlass, um die allzu schleppende Bestrafung nationalsozialistischer Verbrechen zu kritisieren. In den neunziger Jahren wurde gelegentlich auch die als unzureichend empfundene und zu spät in Gang gekommene Wiedergutmachung angeprangert. Trotz dieser gelegentlichen Akzentverlagerungen besteht kein Zweifel, dass dieses Gedenken seinen festen Platz in der kommunalen und nationalen Erinnerungskultur hat.

Im Gedächtnis derjenigen Deutschen, die als Zeitgenossen das Ereignis miterlebt haben, ist der Tag der Maueröffnung am 9. November 1989 mehr als der Nationalfeiertag am 3. Oktober 1990 zum Symbol für die Wiedervereinigung geworden.

Dies ist umso erstaunlicher, als an diesem Tag selbst kaum jemand schon ahnen konnte, dass noch nicht einmal ein Jahr später die Wiedervereinigung vollzogen sein würde. Fast drei Jahrzehnte lang war die Berliner Mauer weltweit nicht nur das Symbol der deutschen Teilung; sie war vielmehr das sichtbare Zeichen des Kalten Krieges, der die Weltpolitik mindestens bis zum Machtantritt Michail Gorbatschows beherrschte. Es war daher nur verständlich, dass der 9. November 1989 in der Diskussion um einen deutschen Nationalfeiertag zeitweise eine gewisse Rolle spielte.[8] Gerade die Tatsache, dass der 9. November so spannungsreich konnotiert ist und Anlass zu ganz unterschiedlichem Gedenken bietet, ließ diesen Tag in den Augen der Vertreter dieser Idee als besonders geeignet erscheinen, dokumentiere er doch die Brüche, Gefährdungen und Schattenseiten der deutschen Geschichte. Durchgesetzt werden konnte diese Idee aber nicht. Gerade diese Widersprüchlichkeiten, für die das Datum 9. November steht, waren es, die dazu führten, dass der 9. November als Nationalfeiertag nicht ernsthaft in Erwägung gezogen wurde. Man entschied sich für einen „neutraleren" Tag und damit auch für einen Tag gleichsam ohne Gesicht, der an nichts, jedenfalls nichts Emotionales, erinnert, außer an einen Formalakt – den Beitritt der DDR zur Bundesrepublik Deutschland.

Träger der Feierlichkeiten an diesem ziemlich emotionsfreien Tag sind Politiker in Bund, Ländern und Gemeinden, an die die Bürger das Feiern und Gedenken gleichsam delegiert haben. Der deutsche Nationalfeiertag ist ein durch und durch „ziviler" Tag, ohne Militärparaden und Fahnen, wie dies etwa für Deutschlands Nachbarland Frankreich[9], aber auch für viele andere (junge) Staaten Usus ist. Mag sein, dass die verbreitete Indifferenz, mit der die meisten Deutschen diesem Tag begegnen, etwas mit den historischen Erfahrungen zu tun hat, mit denen die Deutschen – auch die Nachgeborenen – imprägniert zu sein scheinen.

Der 9. November ist ein vielfach geteilter und gebrochener Erinnerungsort. Sieht man einmal vom 9. November 1848 ab, hat jedes Ereignis, für das dieses Datum steht, eine bis in die Gegenwart reichende Wirkungsgeschichte. Wie gezeigt, hatten diese Daten zu verschiedenen Zeiten unterschiedliche Bedeutung. Diese kann wachsen oder gar ganz verschwinden, und man kann nicht ausschließen, dass ein sich aus der Erinnerungskultur allmählich ausblendender Erinnerungsort nicht doch irgendwann einmal wieder ans Licht gehoben, d. h. wiederentdeckt wird. Eine nationale Erinnerungskultur knüpft sich allenfalls an den 9. November 1989. Wer den Erinnerungsort Reichs-pogromnacht 1938 pflegt, nimmt die Gegenwart anders wahr als jemand, für den dieser Tag bzw. dieses Ereignis nicht mehr bedeutsam ist. Wen der 9. November 1990 gleichgültig lässt, den wird auch das Zusammenwachsen der beiden Teile Deutschlands wenig interessieren. Der Erinnerungsort 9. November – das sind die für dieses Datum stehenden Ereignisse und die an diese geknüpften Erinnerungsbedürfnisse, in denen sich das Gedächtnis der Deutschen in besonderem Maße kondensiert, verkörpert oder kristallisiert hat.[10]

Stimmen für den 9. November als Nationalfeiertag

Manfred Stolpe, ehem. Ministerpräsident:
Nationalfeiertag Deutschlands sollte der 9. November sein. An diesem Tag sind die wichtigsten Entscheidungen gefallen. Die Zahl der Menschen, die sich freiliefen, hatten eine Größenordnung erreicht, die nur noch durch Blutvergießen zu verhindern gewesen wäre. Die Machthaber (Sowjetunion und DDR-Staatsführung) beugen sich dem moralischen Druck der friedfertigen Massen, ließen die Demonstrationen ungehindert und anerkannten den Souverän „Wir sind das Volk".

Ernst Benda, ehem. Präsident des Bundesverfassungsgerichts:
Vom 17. Juni als Nationalfeiertag kann jetzt leichten Herzens Abschied genommen werden, weil damit nicht mehr das Missverständnis verbunden sein wird, auf das Ziel der staatlichen Vereinigung sollte verzichtet werden. Der 9. November bringt besser als jeder andere Tag die Erinnerung an die dunkelsten und die hellsten Tage der neueren deutschen Geschichte zum Ausdruck; dies wäre ein gutes Datum für einen nationalen Feiertag.

Manfred von Ardenne, Wissenschaftler:
Als Nationalfeiertag sollte der 9. November gewählt werden. Er ist der menschlich bewegendste Tag in der deutschen Nachkriegsgeschichte, und dieser Tag verkörpert die in der deutschen Geschichte einzigartig dastehende unblutige Befreiung des Volkes durch das Volk.

Christian Graf von Krockow, Historiker und Publizist:
Gelassenheit statt immer währender Hysterie setzt Selbstbewusstsein voraus, Selbstbewusstsein, Geglücktes statt Mißgunst. Hierfür könnte der 9. November das Zeichen setzen für einen Sieg auf dem Felde der Zivilcourage. Dabei würde die andere Erinnerung nicht aus-, sondern ausdrücklich eingeschlossen: an den 9. November 1918, den die Panik deutscher Untertanen zum angeblichen Verbrechen stempelte, das dann durch das reale, durch Brandfackeln in Gotteshäusern 1938 getilgt werden sollte.
Die Zeit v. 15.5. 1990, S.3f. u.v. 22.6.1990, S.25

Stimmen gegen den 9. November als Nationalfeiertag

Lea Rosh, Journalistin und Fernsehdirektorin:
Ich bin wirklich empört, dass immer wieder und immer noch der 9. November ins Gespräch gebracht wird. Steht das wirklich für das Geschichtsbewußtsein der Deutschen? Ganz abgesehen vom Marsch auf die Feldherrnhalle – sollen die Opfer der so genannten Reichskristallnacht wirklich ein zweites Mal verhöhnt werden? Es wäre ein feiner Nationalfeiertag für Nichtjuden und Juden, in Deutschland und anderswo.

Heinz Galinski, ehem. Vorsitzender des Zentralrats der Juden in Deutschland:
Ich warne davor, den 9. November als einen Nationalfeiertag ins Auge zu fassen. Die Bedeutung dieses Tages, der außer im vergangenen Jahr mit der Reichsprogromnacht im Jahre 1938 auch schon 1918 und 1923 zum Fanal wurde, ist dazu angetan, mehr zu belasten denn zu beflügeln. Die Tatsache allein, dass ein solcher Vorschlag als ernsthafte Möglichkeit erwogen wird, empfinde ich als ein Alarmzeichen, als Zeichen der mangelnden Lernfähigkeit.

Antje Vollmer, Bundestagsabgeordnete der Grünen:
Mein Vorschlag: Wenn wir es schaffen würden, wenigstens in der Frage der Demokratie ein Stückchen Parität zwischen der DDR und der Bundesrepublik zu praktizieren, wenn wir aus zwei unterschiedlichen demokratischen Formulierungen eine neue Verfassung erarbeiten würden, wenn die dann eines Tages verabschiedet würde – den Tag will ich gerne feiern. Dabei wird es uns doch wohl gelingen, ein Datum für diesen Tag auszugucken, der nicht so ein gespenstiges Doppelgesicht trägt wie der 9. November.

Ernst Nolte, Historiker:

Heute zeigt sich, dass das Grundgesetz – bildlich gesprochen – stärker und klüger gewesen ist als wir alle, Interlektuelle und Politiker gleichermaßen, die wir entweder an den Möglichkeiten einer „Wiedervereinigung unter westlichen Vorzeichen" verzweifelten oder gar in der Zweistaatlichkeit einen Fortschritt sehen wollten. Dieser Einsicht wird am ehesten Rechnung getragen, wenn der 23. Mai als Nationalfeiertag gewählt wird. Am 17. Juni aber hat das Grundgesetz zum ersten Mal seine innere Mächtigkeit unter Beweis gestellt. Der 9. November wiederum ist derjenige Tag, an dem die ganze Vielfalt und Widersprüchlichkeit der deutschen Geschichte am augenfälligsten wird: Der Tag der deutschen Zusammenbruchsrevolution 1918, des nationalsozialistischen „Marsches der Feldherrnhalle", 1923, des befohlenen Judenprogroms von 1938 und der friedlichen, aber zunächst auf die Einkaufsstraßen West-Berlins und Westdeutschlands abgelenkten Revolution von 1989. Kein Tag gibt einen so starken Anstoß zum Nachdenken wie dieser. Ernshaftes Nachdenken und massenhafte Feiern lassen sich jedoch schwerlich in eins zusammenbringen, und mir schiene es das Beste zu sein, den 17. Juni als den Tag der ersten und bloß vorläufig gescheiterten Bewährung des Grundgesetzes zum Nationalfeiertag Gesamtdeutschlands in einem freiheitlichen Europa zu machen.

Die Zeit v. 15.6.1990, S.3f., u. v. 22.6.1990, S.10.

Der 9. November als allgemeiner deutscher Gedenktag?

Michael Wolffsohn, Historiker:

Ein nationaler Gedenktag sollte Licht und Schatten der nationalen Erfahrung und Erlebnisse versinnbildlichen. Wir dürfen uns und anderen nicht vorgaukeln, dass die Geschichte Deutschlands nur Anlass zu Frohsinn böte. Nachdenklichkeit und Trauer sind angebracht, doch nicht nur Nachdenklichkeit und Trauer, sondern auch Frohsinn und Jubel. Mein Vorschlag: Der 9. November. An diesem Datum verdichtet sich die deutsche Geschichte des zwanzigsten Jahrhunderts.

Die Bürde und Würde des Menschseins und des Deutschseins symbolisiert der 9. November. Außerdem symbolisiert er die deutsche Identität in ihren tragischen Verkettungen, besonders der deutsch-jüdischen. Für die Bürde haften alle Deutschen. Die Würde dieses Tages verdanken wir allein den Menschen in der DDR. Der Jubel vom 9. November löste vor allem in der jüdischen Welt Ängste aus. So Elie Wiesel: „Bis 1989 war der 9. November überall das Datum der Kristallnacht. Plötzlich ist das alles vergessen, und wir erinnern uns des 9. Novembers als des Tages, an dem die Berliner Mauer zusammenbrach. Und das bedrückt mich, denn es zeigt, daß der Raum unserer Erinnerung zu schrumpfen beginnt".

Gerade weil und wenn der 9. November nationaler Gedenktag in Deutschland wird, kann der Raum der Erinnerung nicht schrumpfen.

Der 9. November werden künftig immer alle und auf jeden Fall gedenken. Das ist sicher. Und weil es sicher ist, muß es sinnvoll gesteuert werden. Wird der 9. November nicht nationaler Gedenktag, ist das folgende Szenario nicht nur möglich, sondern wahrscheinlich und auch gefährlich. Die einen jubeln ausschließlich über den 9. November 1989, über den politischen Fall der Mauer. Die anderen gedenken allein des 9. Novembers 1938, der ermordeten Menschen und brennenden Synagogen.

Die einen – das werden die meisten nichtjüdischen, die anderen – das werden die meisten jüdischen Deutschen sein. Die deutsch-jüdische Kluft würde größer und gefährlicher – und sogar noch zelebriert. Im Bilde gesprochen: Die Sektkorken der jubelnden Deutschen flögen in die weinenden Augen der Juden. Eine entsetzliche Vorstellung. Vertreter der deutschen Juden haben mehrfach erklärt, das der 9. November auf keinen Fall ein nationaler Gedenktag werden dürfte. Eine „Verhöhnung der Juden" wäre ein solcher Gedenktag, verkündeten wohlmeinende Nichtjuden. Beide sind dabei, wie mir scheint, nicht die besten Vertreter der jüdischen Sache. Nur das gemeinsame Gedenken von Nichtjuden und Juden, vor allen Deutschen, sichert die Würde und Bürde dieses Tages und damit auch das angemessene Gedenken an die deutsche Geschichte in ihrer Gesamtheit, in Bezug auf Licht und Schatten. Nach vollzogener Umkehr der Deutschen ist das Verhindern der Wiederkehr eine gemeinsame Aufgabe von Deutschen und Juden.

Der Vorschlag, den 9. November zum nationalen Gedenktag zu erklären, ist defensiv und offensiv zugleich. Er soll durch die beim Gedenken vorgetragenen Gedanken zum Nachdenken und zur Verhinderung der Wiederkehr des Bösen erziehen. Er soll außerdem dafür sorgen, dass aus verständlicher Freude nicht Übermut werde.

Michael Wolffsohn: Deutsche Symbole, in: Die politische Meinung, Heft 253, S. 25–28

Anmerkungen

1 Vgl. Bodo von Borries: Der 9. November – (K)ein möglicher Nationalfeiertag? In: Pädagogik 11/1998, S. 41–44. Zuletzt: Michael Jürgs: Einheit? In: Süddeutsche Zeitung Magazin Nr. 38 v. 19.9.2008, S. 14.
2 Es gibt darüber hinaus Indizien dafür, dass Grynszpan eine homosexuelle Beziehung mit vom Rath eingegangen sei, der versprochen hatte, sich für Grynszpans Eltern einzusetzen.
3 Edgar Wolfrum schreibt: „An diesem Monstrum [gemeint ist die Berliner Mauer, G.S.] fanden 239 Menschen den Tod." (Die Mauer, in: Deutsche Erinnerungsorte, hg. v. Etienne François und Hagen Schulze, Bd. I, München 2001, S. 553).
4 Zit. nach Hans-Hermann Hertle: Chronik des Mauerfalls. Die dramatischen Ereignisse um den 9. November 1989, Berlin 5. Aufl. 1997.
5 Etienne François/Hagen Schulze (Hg.): Deutsche Erinnerungsorte, 3 Bände, München 2001.
6 Zum Beispiel: Hartmut Zwahr: „Wir sind das Volk!", in: Deutsche Erinnerungsorte (wie Anm. 3), Bd. II, S. 253 ff.; Wolfrum: Die Mauer (wie Anm. 3), S. 552 ff. (zum 9. November 1989).
7 Wolfgang J. Mommsen: Die Paulskirche, in: Deutsche Erinnerungsorte, Bd. II, S. 4 ff.; mit ausdrücklicher Erwähnung der Erschießung Robert Blums am 9.11.1848 (S. 58); Gustav Seibt: Das Brandenburger Tor, in: ebd., Bd. II, S. 67 ff. (zum 9. November 1989); Sabine Behrenbeck: „Heil", in: ebd. Bd. III, S. 313 (zum 9. November 1923); Klaus Neumann: Mahnmale, in: ebd., Bd. I, S. 622 ff. (zum 9. November 1938).
8 Siehe hierzu Klaus Bergmann: Multiperspektivität. Geschichte selber denken, Schwalbach 2000, S. 253–257; Bergmann macht hier Vorschläge, wie die Kontroverse um den 9. November im Geschichtsunterricht multiperspektivisch behandelt werden könnte.
9 Der „14. Juli" zählt bei Pierre Nora zu den „Lieux de mémoire"; vgl. Christian Amalvi: Le 14-Juillet. Du Dies irae à Jour de fête, in: Les Lieux de Mémoire, Bd. I: La République, Paris 1984, S. 421–472.
10 Das ist in leicht abgewandelter Form das, was Pierre Nora im Rückblick über die „Lieux de mémoire" Frankreichs geschrieben hat: „Mein Vorhaben bestand darin, an die Stelle einer allgemeinen, thematischen, chronologischen oder linearen Untersuchung eine in die Tiefe gehende Analyse der ‚Orte' – in allen Bedeutungen des Wortes – zu setzen, in denen sich das Gedächtnis der Nation Frankreich in besonderem Maße kondensiert, verkörpert oder kristallisiert hat" (Pierre Nora: Zwischen Geschichte und Gedächtnis, Berlin 1990, S. 7).

Herausgeber und Autoren

Dr. Markus Bernhardt, geb. 1959
Pädagogische Hochschule Freiburg
Professor für Geschichte und ihre Didaktik

Christian Heuer, geb. 1974
Pädagogische Hochschule Freiburg, Abteilung Geschichte
Wissenschaftlicher Mitarbeiter

Dr. Martin Lücke, geb. 1975
Freie Universität Berlin
Lehrkraft für besondere Aufgaben, Didaktik der Geschichte

Dr. Vadim Oswalt, geb. 1957
Universität Gießen
Professor für Didaktik der Geschichte

Dr. Hans-Jürgen Pandel, geb. 1940
Universität Halle/Wittenberg
Professor em. für Didaktik der Geschichte

Dr. Gerhard Schneider, geb. 1943
Pädagogische Hochschule Freiburg
Professor em. für Geschichte und ihre Didaktik

Bildquellenverzeichnis

S. 8 aus: Unser Jahrhundert im Bild, Gütersloh 1964, S. 459

S. 9 Bildarchiv Preußischer Kulturbesitz | Krupski

S. 10 Bildarchiv Preußischer Kulturbesitz | Hans Hubermann

S. 13 Ullsteinbild Berlin | W. Frentz

S. 17 Bildarchiv Preußischer Kulturbesitz

S. 22 Süddeutsche Zeitung Photo/DIZ München Scherl

S. 25 Bildarchiv Preußischer Kulturbesitz

S. 27 Ullsteinbild Berlin

S. 30 Bildarchiv Preußischer Kulturbesitz

S. 31 Bildarchiv Preußischer Kulturbesitz | Zermin

S. 33 Ullsteinbild Berlin

S. 35 Ullsteinbild Berlin | W. Frentz

S. 36 picture-alliance | ZB | © dpa-Report | Foto: Karlheinz Schindler

S. 37 Adam Tooze (Adam Tooze, Ökonomie der Zerstörung. Die Geschichte der Wirtschaft im Nationalsozialismus. München 2008, Pantheon/Siedler

S. 44 Bundesarchiv Koblenz

S. 46 Mit freundlicher Genehmigung des Chronik-Verlages im Bertelsmann-Verlag

S. 53/1 cinetext | Sammlung Richter

S. 53/2 aus: Leni Riefenstahl, Olympia. Dokumentation zum Olympia-Film, Ausgabe Köln, Taschen-Verlag 2002, S. 139

S. 53/3 ebd., S. 183

S. 53/4 ebd., S. 185

S. 54/1 Bundesarchiv Koblenz

S. 54/2 Bildarchiv Preußischer Kulturbesitz | Spudich

S. 54/3 Ullsteinbild Berlin

S. 55 aus: Leni Riefenstahl, Olympia. Dokumentation zum Olympia-Film, Ausgabe Köln, Taschen-Verlag 2002, S. 196

S. 70 Rheinisches Bildarchiv Köln

S. 73 Bildarchiv Preußischer Kulturbesitz

S. 76/1 Archiv für Kunst und Geschichte | Bildarchiv Pisarek

S. 76/2 Bildarchiv Preußischer Kulturbesitz | Hermann Otto

S. 78/80/83/85/91/92 Bildarchiv Preußischer Kulturbesitz

S. 81 Bildarchiv Preußischer Kulturbesitz | Heinrich Hoffmann

S. 85 aus: Dokumente über die Verfolgung der jüdischen Bürger in Baden-Württemberg durch das nationalsozialistische Regime 1933-1945. 1. Teil. Im Auftrag der Archivdirektion Stuttgart bearbeitet von Paul Sauer. Stuttgart 1966,

S. 89/1 Rheinisches Bildarchiv Köln

S. 89/2 NS-Dokumentationszentrum, Köln

S. 94 picture-alliance | dpa | Foto: Arno Burgi

S. 95 Michael Wildt

S. 98 picture-alliance | © dpa-Report | Foto: Martin Athenstädt

S. 110: aus: Weiss, Ann, The Last Album. Eyes from the Ashes of Auschwitz-Birkenau, New York/London 2001, S. 71

S. 112 Bildarchiv Preußischer Kulturbesitz | Franz Weber

S. 115 Bildarchiv Preußischer Kulturbesitz

S. 116 picture-alliance | dpa | © epa-Bildfunk | Foto: U.S._Holocaust_Memorial_Museum

S. 119 Deutsches Historisches Museum, Berlin, Bildarchiv

S. 123 Ullsteinbild Berlin

S. 125 Bildarchiv Preußischer Kulturbesitz

S. 126 picture-alliance | © dpa-Bildarchiv

S. 130/1-2 aus: Ella Liebermann-Shiber, Am Rande des Abgrunds, Alibaba-Verlag Frankfurt a. M. 1997, S. 79 und 89

S. 133 Bildarchiv Preußischer Kulturbesitz

S. 134 Bildarchiv Preußischer Kulturbesitz | Bayrische Staatsbibliothek | Heinrich Hoffmann

S. 138 picture-alliance | photoshot | Foto: Band Photo

S. 139 picture-alliance | © dpa-Fotoreport | Foto: Erwin Elsner

S. 141 Archiv für Kunst und Geschichte | L. M. Peter

S. 150 Historisches Museum Hannover, HAZ-Hauschild-Archiv

S. 152/1 Bildarchiv Preußischer Kulturbesitz

S. 152/2 Ullsteinbild Berlin | Willy Römer | photothek

S. 153 Bildarchiv Preußischer Kulturbesitz | Bayrische Staatsbibliothek | Heinrich Hoffmann

S. 154 Bildarchiv Preußischer Kulturbesitz
S. 155 Stadtarchiv Konstanz | StaKN S XXIV Fasz. 38
S. 156 Bildarchiv Preußischer Kulturbesitz | Klaus Lehnartz

Nicht in allen Fällen war es möglich, die Inhaber von Rechten an einzelnen Abbildungen zu ermitteln. Sollten berechtigte Ansprüche bestehen, wenden Sie sich bitte an den Verlag.

Multimediale Unterrichtssoftware zum Thema „Nationalsozialismus"

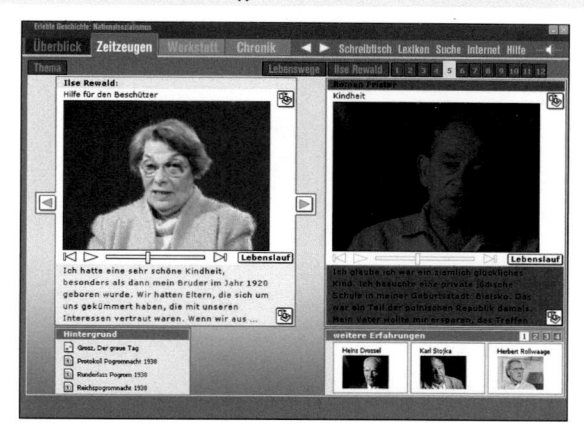

Erlebte Geschichte: Nationalsozialismus
Zeitzeugeninterviews und Unterrichtsvorschläge digital

Neue Perspektiven für den Geschichtsunterricht: Diese Software verknüpft Zeitzeugeninterviews mit anderen Quellen und Arbeitsblättern. Auswahl und Anordnung der Einzelthemen sind eng auf die Bildungspläne aller Bundesländer abgestimmt.

Konzeption

Thematische Überblicke bieten multimediale Zugänge zur Zeit des Nationalsozialismus und vermitteln schnelle Orientierung.

Der *interaktive Bereich Zeitzeugen* enthält zwei Zugänge:
- Im *Zugang über Lebenswege* erzählen Zeitzeugen über Ereignisse und ihre Erfahrungen im Nationalsozialismus.
- Im *thematischen Zugang* vermitteln Aussagen von Zeitzeugen eine multiperspektivische Sicht zur Geschichte des Nationalsozialismus.

In der *Werkstatt* finden die Schüler/innen Bild- und Tonquellen, Texte, Originalfilmaufnahmen, interaktive Karten und Schaubilder. Hier leiten schülerorientierte Arbeitsaufträge und methodische Hinweise für die Quellenarbeit den Lernprozess an.

Das *digitale Arbeitsfenster* hilft, Arbeitsmaterialien individuell zu erstellen.
Ein *Begriffs- und Personenlexikon* sowie eine *Chronik* bieten Material für Referate, Facharbeiten und Projekte.
Gefördert vom Bundesministerium für Bildung und Forschung.

Ausgezeichnet mit der Comenius-Medaille, dem Digita und der Giga Maus.

Systemanforderungen:
PC: Windows 98, ME, 2000, XP, Vista, Pentium 450 MHz, 256 MB RAM

DVD-ROM (Version für PC-Netzwerk)
Whiteboard ✓ Schullizenz
978-3-06-064267-0 ◇   € 205,95

CD-ROMs Einzellizenz
978-3-06-064269-4 ● ◇   € 72,95

Handreichungen für den Unterricht
978-3-06-064277-9 □ ◇   € 5,95

Überleben - Karla Frenkel-Raveh
Eine Zeitzeugin berichtet
In einfachen, gerade für Jugendliche eindrucksvollen Beiträgen schildert Karla Frenkel-Raveh ihre Odyssee - ohne zu beschönigen, aber auch ohne anzuklagen. Die eingespielten historischen Originaldokumente und Autorenbeiträge sind im Geschichts-, Politik- und Religionsunterricht einsetzbar: als Einstieg oder Projekt zum Thema Menschlichkeit und Toleranz.

Hörbuch-CDs
978-3-06-064271-7 ◇   € 15,95

Multimediale Unterrichtssoftware zum Thema „Nationalsozialismus"

Erinnern für Gegenwart und Zukunft
Überlebende des Holocaust berichten

Hrsg. v. Shoah-Foundation.

Speziell für den Unterricht an deutschen Schulen: Im Zentrum stehen Interviews mit Überlebenden; ausgehend von ihren Schilderungen eröffnet sich ein Zugang zu den Ereignissen des Holocaust und der Geschichte des Nationalsozialismus.

Systemanforderungen:
PC: Windows 95, 98, ME, NT 4.0, 2000, XP, Pentium 200 MHz (350 MHz empf.), 32 MB RAM.
Mac: OS 8.1 (empf. 8.6 oder höher), 32 MB RAM
Ausführliche Systemanforderungen finden Sie unter www.cornelsen.de

CD-ROM
Erfordert 32 MB Arbeitsspeicher
Einzellizenz
978-3-464-64464-5 ● ◇ € 25,50

CD-ROMs mit Handreichungen für den Unterricht (64461-4)
Erfordert 32 MB Arbeitsspeicher
(für nicht vernetzte PCs) [Whiteboard ✓]
Schullizenz
978-3-464-64466-9 ◇ € 74,95

Handreichungen für den Unterricht
978-3-464-64461-4 ☐ ◇ € 9,95

Handreichungen für den Unterricht für Bayern
978-3-464-64460-7 ☐ ◇ € 9,95

Gegen Antisemitismus

Hrsg.: Zentrum für Antisemitismusforschung (TU Berlin);
American Jewish Committee (Büro Berlin);
Landesinstitut für Schule und Medien Berlin-Brandenburg.

Antisemitische Vorurteile gab es schon im Mittelalter und gibt es auch noch heute. Die Software motiviert dazu, sich mit eigenen Ressentiments auseinanderzusetzen und dabei kritische Medienkompetenz zu erwerben. Die Schüler/innen erlangen einen Blick für antijüdische Stereotype; eigene vorhandene Vorurteile werden aufgespürt und hinterfragt. Sie entwickeln das Vermögen, antisemitische Darstellungen zu erkennen und zu entschlüsseln sowie Medien auf ihren antisemitischen Gehalt hin zu analysieren. Die Software ist Teil des Projekts *Fit machen für Demokratie und Toleranz* vom Zentrum für Antisemitismusforschung, dem Berliner Landesinstitut für Schule und Medien (LISUM) und dem Berliner Büro des American Jewish Committee.

Systemanforderungen:
PC: Windows XP, Vista, Pentium 450 MHz, 128 MB RAM (256 MB empf.)
Ausführliche Systemanforderungen finden Sie unter www.cornelsen.de

Ausgezeichnet mit dem Erasmus EuroMedia Award.

CD-ROM [Whiteboard ✓]
Einzellizenz
978-3-06-064492-6 ● ◇ € 30,50